长沙海关年鉴

2022

《长沙海关年鉴（2022）》编纂委员会——编著

中国海关出版社有限公司
·北京·

图书在版编目（CIP）数据

长沙海关年鉴．2022/《长沙海关年鉴（2022）》编纂委员会编著．—北京：中国海关出版社有限公司，2023.3

（中国海关史料丛书）

ISBN 978－7－5175－0673－7

Ⅰ．①长…　Ⅱ．①长…　Ⅲ．①海关—长沙—2022—年鉴　Ⅳ．①F752.55－54

中国国家版本馆 CIP 数据核字（2023）第 048890 号

长沙海关年鉴（2022）

CHANGSHA HAIGUAN NIANJIAN（2022）

作　　者：《长沙海关年鉴（2022）》编纂委员会
责任编辑：刘白雪
出版发行：中国海关出版社有限公司
社　　址：北京市朝阳区东四环南路甲 1 号　　邮政编码：100023
编 辑 部：01065194242－7521（电话）
发 行 部：01065194221/4238/4246/5127（电话）
社办书店：01065195616（电话）
https://weidian.com/?userid=319526934（网址）
印　　刷：北京盛通印刷股份有限公司　　经　　销：新华书店
开　　本：889mm×1194mm　1/16
印　　张：19.5　　字　　数：365 千字
版　　次：2023 年 3 月第 1 版
印　　次：2023 年 3 月第 1 次印刷
书　　号：ISBN 978－7－5175－0673－7
定　　价：200.00 元

《长沙海关年鉴（2022）》编纂委员会

编辑说明

一、《长沙海关年鉴》由长沙海关组织编纂，是全面、客观、系统记述长沙海关发展历程和各方面职能的资料性文献，每年出版一卷，本卷为首卷。

二、《长沙海关年鉴（2022）》以习近平新时代中国特色社会主义思想为指导，坚持辩证唯物主义和历史唯物主义的立场、观点和方法，全面系统记载2021年长沙海关改革发展的基本情况、重要举措、重大事件以及成绩和经验。

三、《长沙海关年鉴（2022）》记载时间为2021年1月1日至12月31日。鉴于本卷为首次编纂，综合反映长沙海关发展的前言、特载、专记等内容适当上溯。

四、《长沙海关年鉴（2022）》记述范围为长沙海关及所属部门、隶属海关、直属事业单位管辖事务。

五、《长沙海关年鉴（2022）》采用类目、分目、条目的编辑体例，分特载、专记、党的建设、业务建设、综合保障、隶属海关、直属事业单位、人物荣誉、大事记、海关统计资料10个类目。卷首设有专题图片。撰稿人按姓氏笔画排序。

六、《长沙海关年鉴（2022）》统计数据和单位名称以及标点符号均按国家有关规定执行，计量单位采用国家法定计量单位和国际单位，技术规范、专业名词从规范要求。

七、《长沙海关年鉴（2022）》文稿资料由长沙海关各部门、单位指定专人负责搜集、编写，经各单位、部门领导审核后提供。

前　言

湖南设关历史悠久，1899 年设立岳州关，1904 年设立长沙关，后又分别于 1939 年和 1947 年裁撤。1985 年 9 月，长沙海关沐浴着改革开放的春风正式开关。

2018 年 4 月，根据党中央、国务院的决定，原湖南出入境检验检疫局管理职责和队伍划入长沙海关，设有副厅级缉私局，内设机构 18 个，隶属海关单位 17 个，事业单位 4 个，干部队伍近 1,000 人，历史性实现湖南各市州海关机构全覆盖，队伍更加壮大、职能更加优化、机构设置更加科学、监管服务更加高效。

长沙海关业务管辖范围点多、面广、线长、门类齐全，有 3 个一类口岸、3 个自由贸易试验片区、5 个综合保税区、2 个保税物流中心、25 个海关监管作业场所、11 个指定监管场地。长沙海关辖区范围为湖南省全境，业务门类齐全。长沙海关连续 12 年获评湖南省平安建设先进单位，连续 10 年保持“平安单位”称号，连续 3 年省绩效考核优秀，2019 年成功获评省级文明标兵单位。所属长沙黄花机场海关旅检现场、永州海关报关大厅先后荣获“全国青年文明号”称号。

2021 年，长沙海关始终坚持以习近平新时代中国特色社会主义思想为指导，坚决落实党中央、国务院重大决策部署，在海关总署党委的坚强领导下，深入推进“五关”建设，扎实开展“基层基础建设年”活动，全面服务国家经济社会发展大局，全面服务湖南“三高四新”战略定位和使命任务，党建工作、队伍管理、业务执法、运行保障基础更加牢固，各项工作有序推进、成果丰硕。2021 年，长沙关区监管货运量 2,655.8 万吨，税收入库 101 亿元；监管集装箱 28.6 万箱次，监管运输工具 4.7 万辆艘；实有备案企业 2.2 万个；监管出入境人员 2.4 万人次；监管邮件、快递总数 216.3 万件。长沙关区货物检验检疫 10 万批次，货值 367.8 亿元。长沙关区刑事立案 33 起；行政立案 319 起。

“治天下者以史为鉴，治郡国者以志为鉴。”长沙海关历来重视海关历史研究工作。《长沙海关年鉴（2022）》（以下简称“本年鉴”）是长沙海关的首部年鉴，意义重大，影响深远。本年鉴以习近平新时代中国特色社会主义思想为指导，严把政治关、史实关、特色关、服务关，集中、全面、客观地反映了2021年长沙海关发展的基本成果，是长沙海关对外宣传的重要窗口，也为各级领导决策提供了价值较高的历史资料和科学依据，更为社会主义现代化海关的改革发展提供了强大的精神动力和丰富的史实支撑。

本年鉴是在长沙海关党委的关心下，在全关各部门、各单位的支持下，在百余名撰稿人的直接参与下完成的。在此谨向各部门、单位以及付出辛勤劳动的全体编纂人员致以诚挚的谢意！希望年鉴工作者继续秉承精品意识、责任意识、前瞻意识、服务意识，与时俱进、潜心钻研，用辛勤的汗水，编纂出更具权威性、更具全面性、更具史料性的高品质年鉴。

由于经验不足、水平受限，加之时间紧迫、工作量大，本年鉴中不足和错讹之处在所难免，恳请专家和读者指正，为今后的编纂工作提出宝贵意见。

目　录

第四篇　业务建设

第五篇　综合保障

第六篇　隶属海关

第七篇　直属事业单位

第八篇　人物荣誉

第九篇　大事记

第十篇　海关统计资料

附　录

“中国海关史料丛书”编委会

海关专题图片

领导活动

◀ 2021年2月5日，长沙海关工作会议暨全面从严治党工作会议召开

2021年2月12日，关党委书记、关长李全（前排左四）通过视频连线慰问邮局海关监管现场值班关员，关党委委员焦德高（前排右三）、蒋莉（前排左三）、黄志强（前排右二）、韦泳亮（前排左二）、刘志明（前排右一）、张相梅（前排左一）参加慰问 ▶

▲ 2021年3月11日，关党委书记、关长李全（右一）到邵阳海关调研

▲ 2021年5月8日，关党委书记、关长李全（左一）为韶山海关“立志堂”团建阵地揭牌

◀ 2021年5月19日，关党委书记、关长李全（前排左二）调研益阳海关

2021年1月14日，关党委委员、缉私局局长焦德高（中）到岳阳海关缉私分局调研 ▶

◀ 2021年12月1日，关党委委员、副关长蒋莉（后排中间）参加“世界艾滋病日”专题宣传活动

2021年6月1日，关党委委员、副关长黄志强（中）到星沙海关驻浏阳办事处调研

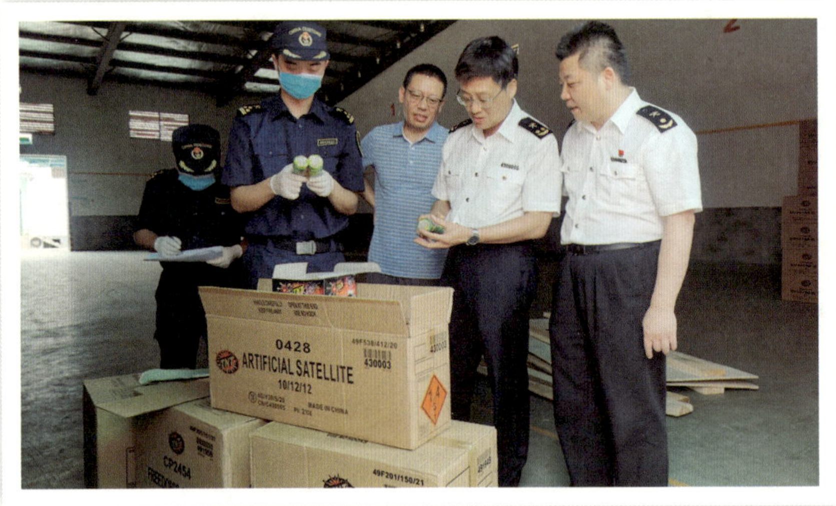

2021年9月15日，关党委委员、副关长韦泳亮（右二）现场调研出口烟花爆竹企业复工复产情况

2021年8月9日，关党委委员、纪检组组长张相梅（右一）到华晨电子科技有限公司开展调研

党的建设

2021年7月16日，海关总署“现场监管与外勤执法权力寻租”专项整治实地检查组进驻长沙海关开展检查工作 ▶

◀ 2021年4月13日，海关总署党委第九巡视组巡视长沙海关党委动员会召开

2021年11月12日，长沙海关集中收看党的十九届六中全会新闻发布会 ▶

◀ 2021年6月22日，长沙海关举行“光荣在党50年”纪念章颁发仪式

◀ 2021 年 5 月 6 日，长沙海关举行升旗仪式

2021 年 3 月 26 日，长沙海关邀请韶山毛泽东同志纪念馆馆长阳国利同志作专题授课 ▶

◀ 2021 年 4 月 19 日，长沙海关党委理论中心组扩大学习班到湖南革命陵园开展“缅怀先烈 致敬英雄”活动

2021年4月25日，韶山海关党支部开展支部委员讲党课活动

2021年5月20日，长沙邮局海关举办“学党史、忆初心、表忠心”主题党日活动

2021年5月27日，机场海关开展“阅读红色经典 讲好党史故事”阅读分享会

◀ 2021年6月2日，保健中心党支部开展“学史崇德”专题党史学习教育

2021年6月21日，长沙海关参加湖南省直机关“奋斗百年路 启航新征程”湖南首发站启动仪式 ▶

◀ 2021年4月19日，长沙海关党委理论中心组扩大学习班到湖南革命陵园开展“缅怀先烈 致敬英雄”活动

▶ 2021年6月23日，长沙海关党史学习教育宣讲团赴怀化海关开展宣讲送课服务

◀ 2021年6月28日，怀化海关开展“庆百年辉煌　聚奋进力量”七一联欢会

▶ 2021年6月29日，岳阳海关组织“赓续红色精神，汲取奋进力量”微党课和“永远跟党走”演讲比赛

◀ 2021年7月1日，常德海关、常德海关缉私分局开展“学党史 颂党恩”主题文艺汇演活动

2021年7月1日，娄底海关举行升国旗仪式暨重温入党誓词仪式 ▶

◀ 2021年7月1日，张家界海关在口岸现场举行“我心向党、奋斗终身”宣誓活动

2021年7月2日，衡阳海关党总支在红湘党群教育微展馆开展“砥砺新征程　共筑中国梦”主题党日活动 ▶

◀ 2021年7月24日，办公室党支部开展“传承红色基因，强化担当作为”主题党日活动

2021年9月30日，张家界海关开展“我和我的祖国”庆国庆文艺活动 ▶

◀ 2021年12月10日，星沙海关办公室党支部开展弘扬“中国精神”主题党日活动

疫情防控

◀ 2021年1月7日，星沙海关对进口集装箱货物开展新冠病毒检测采样和预防性消毒工作

2021年1月19日，机场海关开展进口非冷链货物新冠病毒检测和预防性消毒工作 ▶

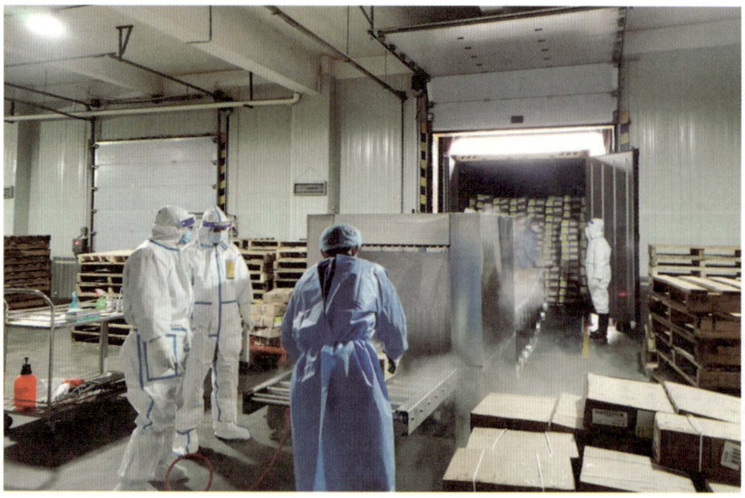

◀ 2021年1月21日，星沙海关指导进口食品外包机械消毒

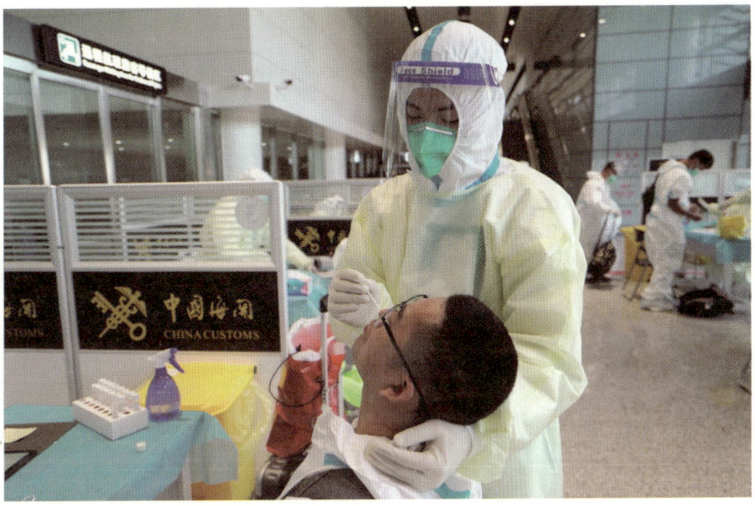

2021年2月18日，机场海关对入境航班人员开展新冠病毒核酸采样

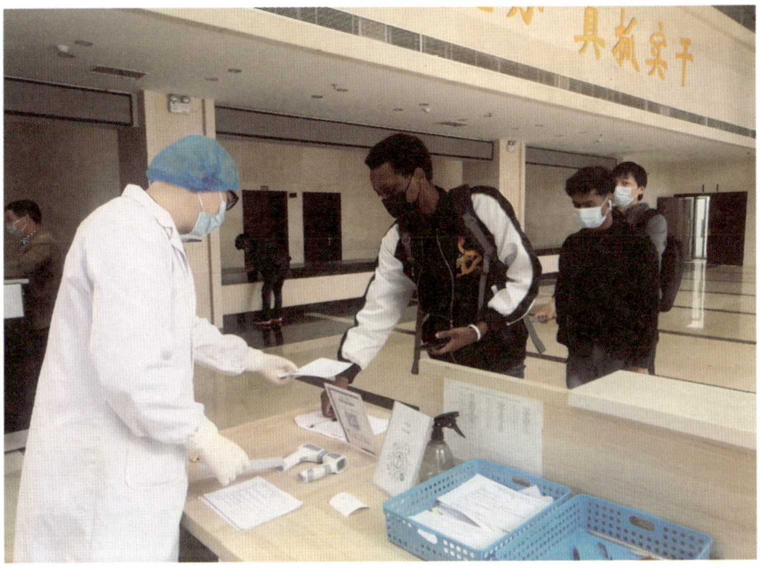

2021年3月26日，保健中心对体检者预检分诊严格落实新冠肺炎疫情防控工作

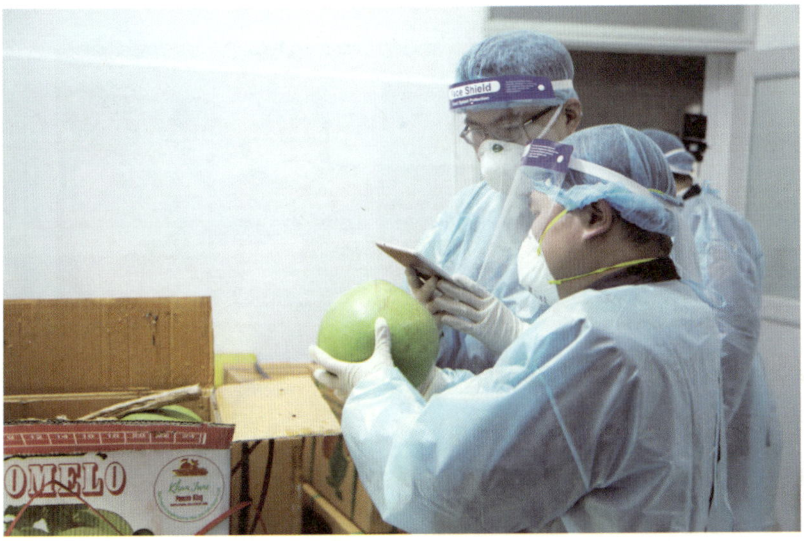

2021年4月11日，张家界海关保障口岸首趟全货机航班顺利通航

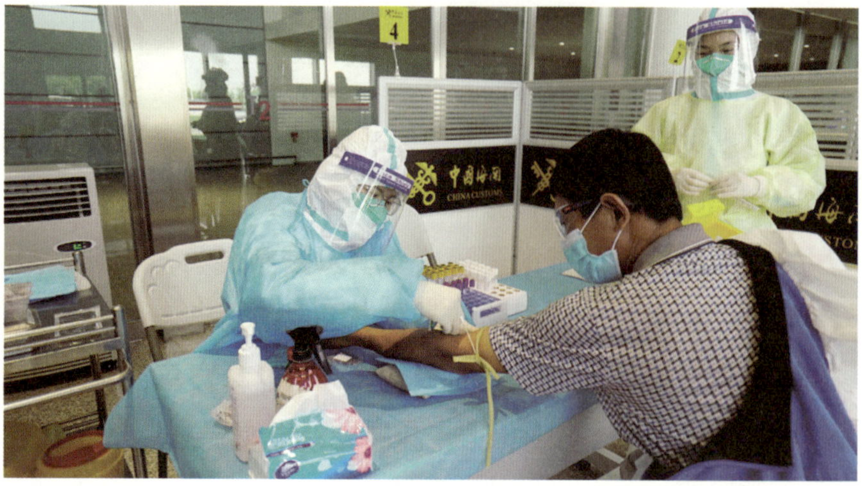

◀ 2021年4月29日，机场海关对入境定期航班（内罗毕）开展检疫监管

2021年5月11日，机场海关对来自印度金奈的货运航班实施登临检疫 ▶

◀ 2021年6月30日，卫检处、人教处举办封闭管理人员个人安全防护能力提升培训

2021年10月28日，韶山海关开展新冠肺炎疫情防控工作人员安全防护穿戴与脱卸演练

2021年10月29日，株洲海关开展新冠肺炎疫情防控应急处置演练

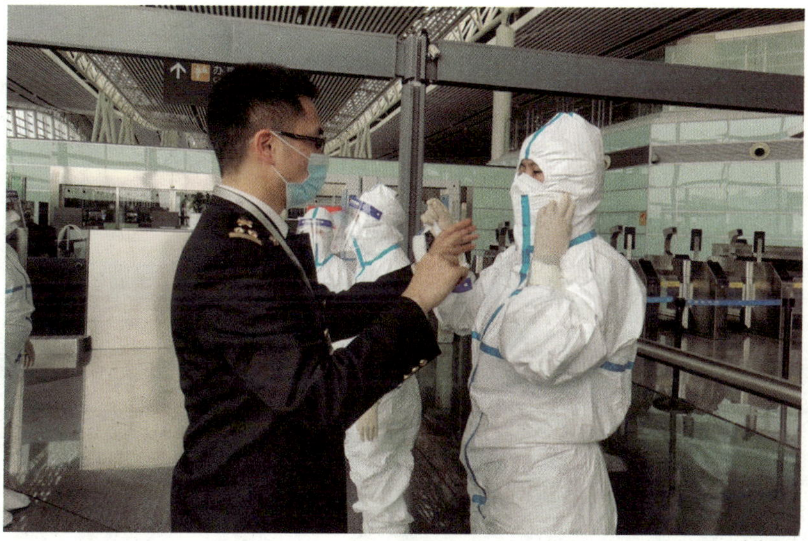

2021年12月23日，机场海关开展新冠病毒采样及防护技能专题跟班作业和实操培训

业务建设

◀ 2021年11月11日，长沙海关与湖南省商务厅签署合作备忘录

2021年7月6日，长沙海关与中国建设银行湖南省分行签署战略合作协议 ▶

◀ 2021年1月19日，湖南省政府新闻办为长沙海关举行专场新闻发布会

2021年6月17日，长沙海关参与海关总署“红色传承　红色湘关”在线访谈

2021年9月16日，株洲海关保障湘粤非铁海联运班列首发

2021年3月31日，星沙海关保障首列东盟国际货运班列首发

2021年9月26日，星沙海关开展第二届中国—非洲经贸博览会商品现场监管 ▶

◀ 2021年8月3日，长沙海关靠前帮扶助力非洲干辣椒首次进口

2021年4月14日，岳阳海关开展“国门生物安全进校园”普法宣传活动 ▶

◀ 2021年4月22日，怀化海关对出口危化品及包装使用鉴定进行现场查验

2021年4月22日，娄底海关对拟注册果园开展实蝇监测布点工作 ▶

◀ 2021年5月12日，岳阳海关监管首批保税仓储平行进口路虎出区开展“国六检测”

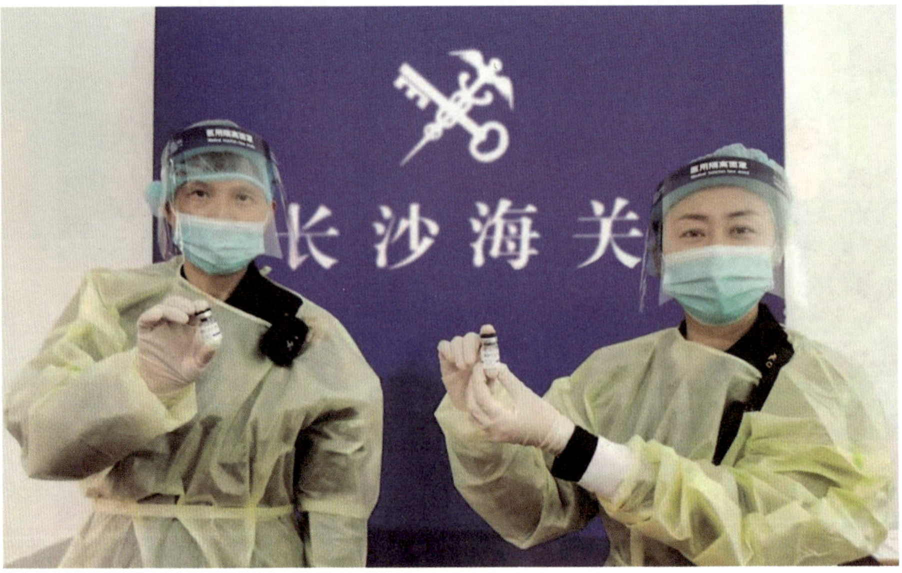

2021年5月24日，长沙邮局海关在进境邮件中截获A型肉毒素

2021年5月31日，韶山海关对一批进口货物木质包装作销毁处理

2021年6月2日，常德海关对进口的法国大麦开展后续监管

◀ 2021年6月4日，湘西海关赴永顺县调研莓茶产业

2021年6月7日，动植检处开展进境生皮现场监管跟班调研 ▶

◀ 2021年6月9日，湘西海关调研辖区特色茶油加工产业

2021 年 6 月 16 日，▶
长沙海关关税处、株洲海关赴南方工业有限公司开展税政调研

◀ 2021 年 6 月 17 日，株洲海关赴时代新材开展出口风电整机《区域全面经济伙伴关系协定》（RCEP）原产地规则应用培训

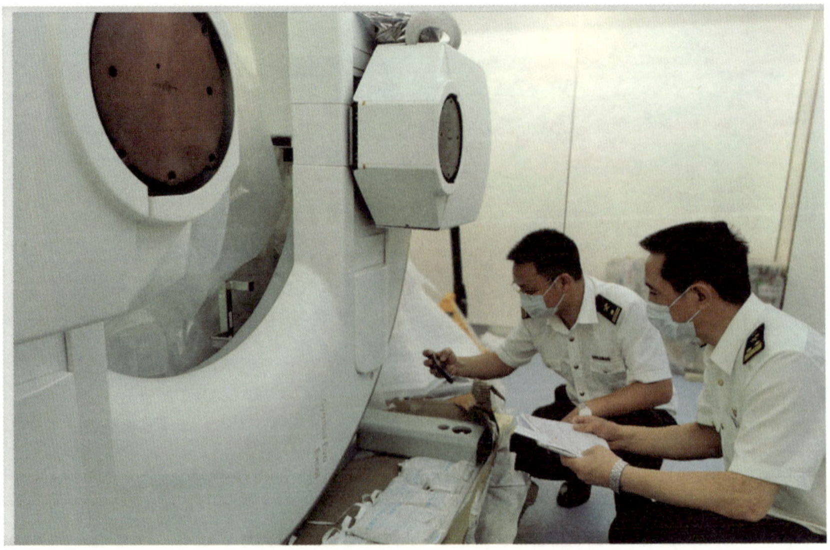

2021 年 6 月 21 日，邵阳 ▶
海关对 2021 年首次进口医疗设备进行目的地检验

◀ 2021年6月23日，益阳海关验放一批出口香港地区的小龙虾

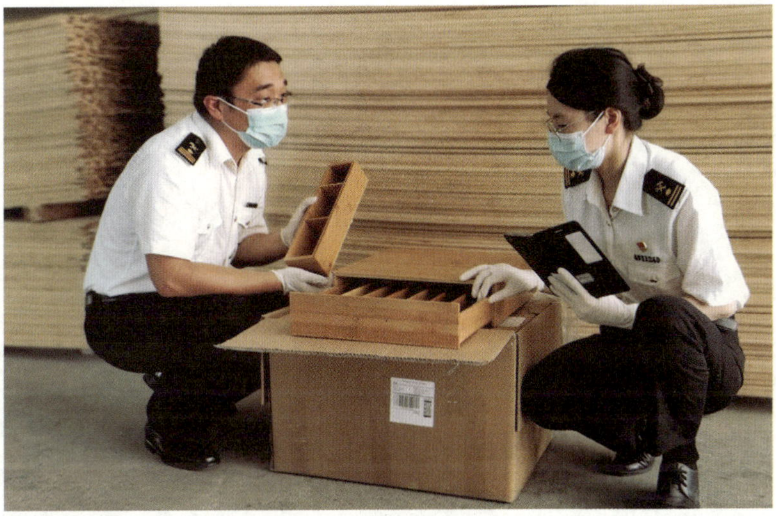

2021年7月26日，益阳海关对出口竹制收纳盒开展检验检疫 ▶

◀ 2021年8月26日，永州海关开展供港澳蔬菜种植基地定期管理类核查

2021年10月29日，星沙海关到长沙比亚迪汽车有限公司开展现场监管 ▶

◀ 2021年11月24日，郴州海关对供港澳水果基地开展日常监管

2021年12月7日，永州海关开展禁毒联点督导及禁毒宣传进校园工作 ▶

◀ 2021年12月8日，株洲海关保障2021中国国际轨道交通和装备制造产业博览会举办

2021年12月17日，郴州海关对出口越南鲟鱼开展现场查验 ▶

◀ 2021年12月23日，星沙海关对湖南省博物馆展览进行巡查监管

队伍风采

◄ 2021年12月3日，长沙海关举行2021年宪法宣誓仪式

2021年1月22日，湖南省直机关工作委员会（直工委）“送文艺进机关下基层”活动走进长沙海关 ►

◄ 2021年2月5日，长沙海关举行写楹联送祝福活动

2021年3月5日，怀化海关开展“关爱乡村留守儿童·努力推动乡村振兴”助学志愿服务活动 ▶

◀ 2021年3月18日，长沙海关赴对口帮扶点狮院村开展“春暖乡村”爱心捐赠活动

2021年4月9日，人教处、政工办、离退办联合开展队列训练 ▶

◀ 2021年4月16日，财务处、法规处联合开展内务规范强化月队列训练

2021年4月22日，长沙黄花机场海关组织内务督察问题整改“回头看” ▶

◀ 2021年5月8日，长沙海关驻村帮扶工作队正式进驻永州市江永县和兴村开始乡村振兴工作

2021 年 6 月 11 日，后勤管理中心端午节前为干部职工提供自制手工香棕 ▶

◀ 2021 年 7 月 9 日，娄底海关开展“书香娄关”读书分享会活动

2021 年 7 月 12 日，湖南省计量检测研究院来长沙海关交流学习工会工作和职工书屋创建情况 ▶

2021年10月8日，▶
益阳海关举行升国旗仪式

◀ 2021年11月10日，技术中心、保健中心开展消防知识培训及应急演练

第一篇

特载

长沙海关概况、主要职能、组织架构

概况

“洞庭波涌连天雪，长岛人歌动地诗。”在湖南这片历史悠久、人文荟萃的沃土上，金钥匙与商神杖交响出一部流光溢彩的华美乐章，铸就了一座巍然耸立的国门雄关——中华人民共和国长沙海关。

长沙海关辖区范围为湖南省，负责各项海关管理工作，贯彻执行与海关管理相关的法律、法规、规章、规范性文件和相关技术规范，负责本关区征税、监管、缉私、出入境检验检疫、统计等工作。

长沙海关于1904年始建，1947年裁撤，1984年重建。它既是一个有历史文化底蕴的老关，又是一个改革开放后重建和成长起来的有发展潜力和空间的新关。为贯彻落实党中央关于“将国家质量监督检验检疫总局的出入境检验检疫管理职责和队伍划入海关总署”的改革部署，按照海关总署的统一安排，自2018年4月20日起，湖南出入境检验检疫局转隶至长沙海关，统一以长沙海关名义开展工作，各隶属检验检疫机构亦统一以长沙海关相关隶属机构名义对外开展工作。机构改革后，长沙海关的职责更宽广，队伍更壮大，海关事业进入了一个全新的发展阶段。目前，长沙海关下设17个隶属海关单位，覆盖了全省14个市州，人数已由建关初期的60余人发展到现在的近1,000人。

长沙海关全面贯彻“政治建关、改革强关、依法把关、科技兴关、从严治关”要求，以准军事化纪律部队为标准，不断加强队伍建设；坚持以人为本，充分利用湖南革命传统教育的优势资源，让关员从这块红色的热土上吸取无穷的营养，关员们具有良好的政治素质和思想素质，具有较强的拒腐防变能力和抵御风险能力。多年来干部队伍比较稳定，没有发生过重大执法腐败案件，执法环境也相对较好。地方党政和广大企业对长沙海关目前的行风状况表示满意。

长沙海关业务门类比较齐全，机构布局覆盖了湖南省各市州，恢复建关30多年来，业务规模不断壮大，监管货运量、报关进出口总值、税收征管、查缉走私等业务增幅高，发展快。长沙海关坚持全面深化改革，持续推进全国通关一体化改革，关税保证保险、“自报自缴”、企业税单自行打印等改革有效落地。监管网络逐步健全，办公设施日趋完备，通关管理、执法评估、海关统计、法制建设、技术开发等多项工作在全国海关有一定影响。

一曲曲雄壮磅礴的交响乐，正饱含着新的希冀与追求，回荡在三湘大地上。蓬勃发展的长沙海关，将在海关总署党委的坚强领导下，更好服务国家经济社会发展大局，更好服务湖南“三高四新”战略定位。

主要职能

海关是国家进出关境监督管理机关，实行垂直领导体制。长沙海关是受海关总署直接领导，负责指定口岸及相关区域范围内海关工作运行管理、监督监控的正厅级直属海关，领导隶属海关。长沙海关管理本关区各项海关工作。主要职责是：

（一）负责本关区贯彻落实党中央、国务院关于海关工作的方针政策和决策部署，在履行职责过程中坚持和加强党对海关工作的集中统一领导，履行全面从严治党主体责任。

（二）负责贯彻执行与海关管理相关的法律、法规、规章、规范性文件和相关技术规范，负责本关区征税、监管、缉私、出入境检验检疫、统计等工作。

（三）监控研判本关区各类执法风险、管理风险和廉政风险并组织防范和化解，负责本关区基层党组织建设、队伍建设和日常管理工作。

（四）完成海关总署交办的其他工作。

组织架构

- 内设机构
  - 办公室
  - 法规处
  - 综合业务处
  - 关税处
  - 卫生检疫处
  - 动植物检疫处
  - 进出口食品安全处
  - 商品检验处
  - 口岸监管处
  - 统计分析处
  - 企业管理和稽查处
  - 财务处
  - 科技处
  - 督察内审处
  - 人事教育处
- 其他机构
  - 机关党委（思想政治工作办公室）
  - 监察室
  - 离退办干部办公室
- 隶属海关单位
  - 长沙黄花机场海关
  - 长沙邮局海关
  - 星沙海关
  - 株洲海关
  - 韶山海关
  - 衡阳海关
  - 邵阳海关
  - 岳阳海关
  - 常德海关
  - 益阳海关
  - 张家界海关
  - 郴州海关
  - 永州海关
  - 怀化海关
  - 娄底海关
  - 湘西海关
  - 长沙海关风险防控分局
- 直属事业单位
  - 长沙海关技术中心
  - 湖南国际旅行卫生保健中心（长沙海关口岸门诊部）
  - 中国电子口岸数据中心长沙分中心
  - 后勤管理中心

在2021年长沙海关工作会议暨全面从严治党工作会议上的讲话

长沙海关党委书记、关长　李全

（2021年2月5日）

同志们：

这次会议的主要任务是：以习近平新时代中国特色社会主义思想为指导，深入学习贯彻党的十九大和十九届二中、三中、四中、五中全会、中央经济工作会议精神，认真落实全国海关工作会议、全国海关全面从严治党工作会议部署，总结工作、分析形势、明确思路，研究部署2021年工作。下面，我代表关党委讲3点意见：

一、2020年和“十三五”时期工作回顾

2020年是极不平凡、值得铭记的一年。面对严峻复杂的国际形势、艰巨繁重的发展任务，特别是新冠肺炎疫情的严重冲击，我们坚决贯彻落实习近平总书记重要指示批示精神和党中央重大决策部署，扎实推进“五关”建设。新一届关党委旗帜鲜明提出“讲政治、谋发展、讲团结、有作为、守纪律”五点共识和“守土尽责、遵守纪律、顾全大局、建立信任”四点要求，推动各项工作取得新成绩。

（一）政治机关建设全面加强。

巩固深化主题教育成果，强化政治机关意识教育，组织党委中心组学习27次，举办党的十九届四中、五中全会精神专题轮训，推动学习贯彻习近平新时代中国特色社会主义思想走深走心走实，增强“四个意识”、坚定“四个自信”、做到“两个维护”。聚焦“五个走在前（政治建设走在前、凝心聚力走在前、履职尽责走在前、固本强基走在前、正风肃纪走在前）”，高标准建设“三表率一模范”机关，在省直单位作经验交流。抓实“第一议题”制度，规范总关和隶属海关月度形势分析及工作督查例会，建立政治部工作例会、业务工作例会、纪检监察工作例会，坚决贯彻落实习近平总书记重要指示

批示精神。坚持常态督查、季度通报、挂账销号，持续抓实中央巡视整改。因地制宜、精准帮扶，2 个驻村扶贫队获省委考核优秀。我关省级文明标兵单位通过复核，5 个隶属海关成功获评省级文明（标兵）单位。

（二）口岸疫情防控取得阶段性胜利。

第一时间启动口岸重大公共卫生突发事件应急处置机制，建立两级指挥体系和 5 项工作机制，坚决筑牢国门第一道防线。坚持特事特办、从快从简，验放进口防疫物资 2,200 余万件，保障了疫情初期“生命通道”畅通。坚持“外防输入、内防反弹”，严格执行“三查三排一转运”，积极应对长沙增加为第一入境点城市，落实联防联控机制，强化口岸防控闭环管理。持续推进口岸核心能力建设，同步严防非洲猪瘟、沙漠蝗等疫情疫病传入，严防疫情叠加。抓实内部疫情防控，加强专业人才梯队建设，实现“打胜仗、零感染”，我关 2 个集体、7 名党员分获总署党委、湖南省委抗击新冠肺炎疫情先进表彰。

（三）维护国门安全有力有效。

加强进口肉类和乳制品、出口危化品等质量安全监管。开展防疫物资出口质量监管专项行动。实施“两仓”建设三年规划，新设“两仓”6 家，累计达 22 家。开展知识产权保护“龙腾 2020”专项行动，深入开展安全生产专项整治，推动解决湖南烟花爆竹安全监管和出口通道问题。深化“统计 + 研究”，高质量完成 3 项重点商品、15 万字的课题研究任务。坚决贯彻落实海关缉私部门管理体制调整部署，出台加强打私工作“1 + 6”细化落实文件，强化对缉私工作的业务领导和综合保障。深入推进“国门利剑 2020”“蓝天 2020”等打私专项行动，扎实开展“三清三查”（在缉私部门开展“清遗留案件、清线索、清罚没物品”，在海关业务部门、隶属海关、风控分局开展“查线索移交、查‘两简案件’办理、查涉案财物管理”工作）专项工作。

（四）服务开放发展更加有为。

聚力“六稳”“六保”，制定实施防疫情、帮复产、稳外贸 12 条措施、支持稳外贸稳外资 22 条措施，全年湖南进出口 4,874.5 亿元，创历史新高，增长 12.3%，高出全国 10.4 个百分点。3 个新设隶属海关顺利开关运行，实现湖南各市州海关机构全覆盖。全力支持湖南“三高四新”战略实施和自由贸易试验区建设，涉及海关的 48 项创新制度分类有序推进落实。支持综合保税区高质量发展。支持中欧班列常态化运营，衡阳班列实现首发，长沙实现“天班”开行，全省累计发运 500 余列。张家界机场开通首条国际货运航线。积极开展税政调研，10 项调整建议被国务院关税税则委员会采纳，创历史新高。积极争取总署政策支持，及时解决湖南进口龙虾按混合规格“统货”申报难题。创新动植物检疫监管模式，协调推动恢复暂停 21 个月的湖南供澳活猪业务，支持永州蔬菜直供香港，全年湖南农产品出口 117 亿元，增长 28.3%。支持贸易新业态快速发展，跨境电商、市场采购贸易成为外贸新增长点。

（五）全面深化改革蹄疾步稳。

落实“改革 2020”部署，“两步申报”应用率高于全国平均水平，“两段准入”试点顺利启动，“两轮驱动”“两类通关”“两区优化”平稳推进。积极推广应用“提前申报”、关税保证保险等改革，妥善化解大额税单出险问题。加强国际贸易“单一窗口”应用，持续压缩整体通关时间，进出口整体通关时间较 2017 年分别压缩 78.25%、72.91%。深化“放管服”改革，推进跨部门“双随机、一公开”联合监管，精简、下放 4 项行政审批事项，压减 5 项加工贸易内部核批事项，长沙国际邮件互换局在中部地区率先实现“邮快跨”业务同场监管。自主完成 AR 眼镜等 14 个科技“微创新”项目，推广应用智慧卫检系统、4G 对讲机等先进技术，搭建现场监控指挥“四位一体”支撑平台，监管现场智能审图、集中审像、智能卡口实现全覆盖，业务科技一体化成效不断增强。出台加强对隶属海关业务指导 10 条措施，基层执法规范性、统一性稳步提升。加强日志管理、清单管理、风险管理、授权管理和场所管理，海关业务数据安全防线得到加强。

（六）全面从严治党纵深推进。

深入推进“强基提质工程”，健全落实党建责任清单，坚持“一支部一品牌一特色”，评定首批 16 个“四强”党支部示范点，5 个支部获评全国海关基层党建示范或培育品牌，1 个支部获评省直机关示范支部，我关荣获湖南省基层党建工作示范点。深入开展“贴着海关发财”“灯下黑”等专项整治，建成副科级以上党员领导干部廉政档案，精准运用监督执纪“四种形态”。探索构建大监督体系，完善打私反腐“一案双查”工作机制，与省纪委监委签署监督执纪执法工作合作备忘录，夯实纪律监督和监察监督一体贯通基础。启动“两级一岗”（处级职责、科级职责和岗位职责）试点，推行“三单对账”管理、“满负荷工作法”，严格规范考勤、请销假、因私出国（境）等日常管理，干部队伍精气神明显改善，纪律规矩意识深入人心。抓好分级分类培训，干部学时、学分达标率均为 100%。积极稳妥推进养老保险改革，用心用情做好离退休干部工作，队伍凝聚力、幸福感明显增强。

（七）综合保障效能稳步提升。

持续推进法治建设，制度“立改废”60 项，清理规范性文件 13 项，干部学法考法合格率 100%，1 个基层单位获评全省疫情防控普法先进集体。全员写信息渐成风气，信息、宣传成果突出，排名创历史新高。办文办会、督查督办、机要档案、应急值班等工作扎实有效。完成 9 个专项督察、4 个隶属海关审计。加强预算绩效管理，预算执行率 99.33%，取得历史最好成绩。开展节能型机关建设、资产清查、张家界基地改革，黄花机场海关建设、保健中心搬迁改造等重点项目稳步推进，后勤保障事务实现“一网通办”。海关学会、工青妇组织作用有效发挥，获评全国总工会“职工书屋”示范点、湖南省直首批“青年理论学习小组”。抓实抓细综治工作，连续第11年获评省平安建设先进单位、9年保持“平安单位”称号。

2020年是我国“十三五”规划收官之年。“十三五”期间，我关历届党委（党组）班子接续用力、攻坚克难，全关上下团结一心、砥砺奋进，各项工作取得长足进步。五年来，我们突出政治建关，坚决贯彻落实习近平总书记重要指示批示精神和党中央重大决策部署，扎实推进主题教育，机构改革、中央巡视整改、疫情防控、脱贫攻坚等重点任务交出合格答卷，政治机关意识不断强化。五年来，我们深化改革强关，海关机构在湖南各市州全覆盖，海关特殊监管区域数量位居中西部第一，支持湖南自由贸易试验区、跨境电商综试区等一批重大平台获批，全国通关一体化、“海关改革2020”等重大改革接续推进，进出口通关时间大幅压缩，口岸营商环境持续优化。五年来，我们坚持依法把关，筑牢检验检疫、口岸监管、打击走私立体防线，国门安全屏障更加牢固。入库税款迈入“百亿”时代，助推湖南外贸逆势上扬、跨越进位，累计进出口1.64万亿元，增长22.8%，全国排名从2016年第19位提升至2020年第14位。五年来，我们加快科技兴关，完成13个署级科技项目部署和23个关级项目开发应用，新一代风险作业系统、智能审图、H986等先进技术和设备全面应用，实验室检测能力不断提升，“智慧海关”建设加速推进。五年来，我们全面从严治关，完成两级党组改党委，党的领导体制机制不断完善、基层党建工作质量稳步提升，干部队伍建设全面加强，清廉海关建设深入推进，准军事化纪律部队面貌焕然一新，为各项事业发展提供了坚强保障。

回顾过去五年的发展历程，我们成功应对各种风险挑战，我关工作在为国把关、服务发展中的彰显度和作用大幅提升，干部队伍在政治上经受了历练、能力上实现了提升、作风上得到了淬炼，深化了做好新时代关区工作的规律性认识：一是必须始终坚持以习近平新时代中国特色社会主义思想为指导，增强“四个意识”、坚定“四个自信”、做到“两个维护”，保证方向不偏、信仰更坚；二是必须始终坚持树牢垂直领导意识，马上就办、真抓实干，锲而不舍、一以贯之，坚决贯彻落实习近平总书记重要指示批示精神和党中央重大决策部署，坚决贯彻落实总署各项工作要求；三是必须始终坚持强化监管优化服务，牢记监管是海关最基本、最重要的职责，严格依法行政，深化改革创新，精准服务地方高质量开放发展；四是必须始终坚持严的主基调抓管理带队伍，把全面从严治党、从严治关落到实处，用铁的纪律锻造准军事化纪律部队，打造高素质专业化干部队伍；五是必须始终坚持凝聚团结向上的人心力量，用团结的力量压倒一切，战胜一个又一个风险挑战，不断书写我关事业高质量发展新篇章。这些经验弥足珍贵，需要倍加珍惜、长期坚持并不断丰富完善。

事非经过不知难。上述成绩的取得，是习近平新时代中国特色社会主义思想引领的结果，是总署党委正确领导的结果，是地方党政和社会各界鼎力支持的结果，更是全体干部职工辛勤奉献的结果。在此，我代表关党委，向全关干部职工、离退休老同志，表示衷心感谢并致以崇高的敬意！

二、分析把握形势，明确工作思路

（一）进入现代化新征程开启之年，我们要更加旗帜鲜明讲政治。

党的十九届五中全会开启全面建设社会主义现代化国家新征程。今年是“十四五”的开篇之年，也是新征程的开启之年，开好局、起好步意义十分重大。我们要立足“两个大局”，心怀“国之大者”，放眼全局谋一域，不断提高把握新发展阶段、贯彻新发展理念、构建新发展格局的政治能力和战略眼光，敢于担当、善于作为，不折不扣贯彻落实习近平总书记重要指示批示精神和党中央重大决策部署。要牢牢把握政治机关属性，坚持习近平新时代中国特色社会主义思想的科学指引，坚决做到“两个维护”，始终从政治上认识、分析、解决问题，从政治上谋划、部署、推动工作，不断提高政治判断力、政治领悟力、政治执行力，确保不掉队、不走偏，迈好第一步、见到新气象。

（二）迈入“十四五”发展阶段，我们要全面把握“五关”建设新内涵。

面对新形势新任务，总署党委提出到2035年基本建成社会主义现代化海关的远景目标，并丰富完善了“五关”建设新内涵。我们要深悟笃行“五关”建设新要求，全面强化政治建关，大幅提升政治建设水平；纵深推进改革强关，大幅提升制度创新和治理能力；全面加强依法把关，大幅提升法治建设水平；深入推进科技兴关，大幅提升科技创新应用水平；持续推进从严治关，大幅提升干部队伍素质。要紧扣“十四五”时期海关事业发展目标任务，不断固根基、扬优势、补短板、强弱项，在社会主义现代化海关建设新征程中实现新作为、展现新担当。

（三）外部环境依然严峻复杂，我们要不断增强开放监管能力。

当前，境外疫情仍在加速蔓延，病毒发生新的变异；与此同时，外来入侵物种冲击日益严峻，境外其他重大疫情疫病多发高发，输入渠道更加多样，口岸疫情防控难度不断加大。打击“洋垃圾”、象牙等濒危物种及制品走私，以及查缉涉枪、涉毒、涉恐、涉暴物品的压力与日俱增，烟花爆竹等危化品安全监管风险不容忽视。海关处在对外开放安全防控“第一线”，维护国门安全责无旁贷。我们要坚决落实总体国家安全观，牢固树立底线思维、问题导向，不断增强开放监管能力，严防死守确保国门安全。坚持决心不变、标准不降、力度不减，不断提升监管效能，做到管得住、放得开。要正确处理好改革创新与请示报告的关系，有规定必须执行，决不能以改革创新为名在制度执行上打折扣、搞变通，确保各项业务改革在强化监管的前提下有序推进落实。

（四）湖南实施“三高四新”战略，我们要主动作为服务高质量发展。

近年来湖南外贸实现快速增长，特别是2020年克服疫情不利影响，进出口总值创下历史新高，但外贸依存度低、开放平台效益不强的短板仍然存在，先进制造业领域“卡脖子”问题依然突出，疫情对外贸外资的冲击仍将继续，稳中提质任务依然艰巨。当前全省正在大力实施“三高四新”战略，加快高水平开放高质量发展，地方党政对海关工作需求更多、期盼更高，这是我们事业发展的重要机遇，也是对业务执法水平的重大挑战。海关处在国内国际双循环的“交汇枢纽”，我们要充分发挥海关职能作用，发挥机构布局全覆盖优势，全面提升执法能力和服务水平，主动融入、精准发力，持续优化口岸营商环境，支持培育外贸发展新优势，为建设现代化新湖南做出新的更大贡献。

（五）我关处在爬坡过坎关键时期，我们要夯实基层基础为长远发展积势蓄能。

机构改革后，我们的职责更宽广、队伍更壮大，但基层基础工作没有完全跟上，“1+1>2”的效果没有充分发挥，成为制约我关事业高质量发展的关键因素、主要矛盾。比如：关检队伍、业务融合与“化学反应、脱胎换骨”要求还有差距，队伍整体思想观念还没有适应新海关建设要求；基层治理能力与机构布局还不相匹配，基层基础相对比较薄弱；制度建设、信息化建设、监管方法手段还不适应新的发展形势和职责任务要求；有的同志政治能力还不够强，运用政治眼光观察和分析问题的能力不够强，对一些重大工作就事论事、一般化处理；有的部门职责不够清、协同配合不够紧、抓落实效率不够高，推诿扯皮现象依然存在；有的工作还存在虚化、弱化问题，干事创业、创先争优的精气神还有欠缺；从严管理还没有形成常态，严的主基调还没有唱响，面临的执法风险、管理风险、廉政风险依然严峻；党建与业务“两张皮”问题尚未彻底解决，基层党建工作质量亟待提升。我们要正视问题矛盾、找准方法路径，下大力气抓实抓好基层基础工作，着力解决制约我关事业发展的“卡脖子”问题，为红色湘关建设奠定坚实基础。我们要把所有的不如意、不如愿放在2020年，以向上、向善、向前的姿态迎接2021年春天的到来！

理念是行动的先导。在全面系统分析新形势、新要求、新任务的基础上，关党委认为，2021年我关工作的总体思路是：以习近平新时代中国特色社会主义思想为指导，深入贯彻党的十九大和十九届二中、三中、四中、五中全会精神，增强“四个意识”、坚定“四个自信”、做到“两个维护”，认真落实总署“五关”建设要求和湖南“三高四新”战略部署，紧扣“基层基础、效率质量”，突出抓好基层、建强基础，更好统筹发展和安全，强化监管优化服务，不断提升制度创新和治理能力建设水平，全面开启红色湘关建设新征程，以优异成绩庆祝建党100周年。

落实2021年工作思路，要重点把握以下几点：

（一）把准“一个主题”。

就是奋力推动红色湘关建设。关党委决定用两至三年的时间，聚焦“基层基础、效率质量”，通过突出重点、分年实施、逐步推进，努力把长沙海关建设成为“政治信念坚定、基层基础牢固、能力作风过硬、效率质量优良”的红色湘关。

（二）明确“两个阶段”。

建设好红色湘关，必须在夯实基层基础、提升效率质量上下功夫、求实效。要充分认识基层基础与效率质量是一个前后相继、有序衔接、递进升级、互为促进的有机整体。抓基层、打基础，是提效率、强质量的前提和基石；提高效率质量，是夯实基层基础工作的内在要求。综合形势分析和调研了解的情况，我关目前最突出的短板、最薄弱的环节就是基层基础工作，抓发展决不能丢掉基础工作而急功近利、拔苗助长、好高骛远。因此，关党委决定分两个阶段稳步推进，2021年为“基层基础建设年”，重点解决基层基础薄弱问题，提升基层治理效能，推动基础建设全面加强；取得成效后，再将工作重心转到提效率强质量、推动红色湘关高质量发展上去。

（三）坚持“三个导向”。

一是责任导向。压紧压实各级领导班子和领导干部抓基层、强基础的主体责任，要沉下心来，眼睛向下、重心下移，任务细化到人、量化到岗，部署工作倾斜基层，督促检查盯住基层，考核评价突出基层，一级抓一级、一级带一级，形成大抓基层、大打基础的鲜明导向。二是问题导向。把发现问题、解决问题作为加强基层基础工作的牵引，既要对突出问题集中攻坚，强化根源整治，加强制度机制建设；又要坚持分类指导、精准发力，各部门各单位从不同职责任务、不同工作特点的实际出发，认真细致查摆，拿出问题清单，分门别类、精准施治。越是情况复杂、基础薄弱的地方，越要突出重点、抓住关键，着力解决基层群众反映的突出问题，着重解决基层组织自身存在的突出问题。对一些久拖不解，病症在下面、病根在上头的问题，要自上而下，共同解决。三是实绩导向。坚持用成绩单说话，引导干部队伍真正把心思用在干事创业上，把精力用在狠抓落实上，努力形成勇于担当、敢于负责、善于攻坚的用人导向。既要面向基层一线，把会抓、敢抓、善抓基层基础工作的干部识别出来、提拔起来、重用起来；也要从领导和骨干力量上优先加强基层、充实基层，使基层成为年轻干部争相拼搏、建功立业的主战场和实现自我价值追求的成长地。

（四）实现“四个牢固”。

一是党建工作基础牢固。基层党组织建设实现标准化规范化，“一支部一品牌一特色”效果更加突出。文化建设“五个好”活动全面开展，关史馆、“红色堂”建成并发挥作用，机关“灯下黑”问题得到整治，党建与业务“两张皮”得到实质解决，文明创建成果丰硕。“大监督”体系全面覆盖，全面从严治党“最后一公里”顺利畅通。二是队伍管理基础牢固。处科级领导班子团结有力，“五点共识”“四点要求”深入人心，“两级一岗”全面推行，绩效考评、“三单对账”管理、“满负荷工作法”全面落实，及时表彰奖励等正向激励机制不断完善，日常考勤、个人有关事项报告、严禁酒驾醉驾等纪律规矩意识入心入行。三是业务执法基础牢固。业务改革落准、落细、落实，对隶属海关业务指导机制更加顺畅，现行监管制度和操作规程执行规范到位，风险隐患排查和防控能力提升，业务专家、岗位能手不断增多，全员打私绩效保持较好水平，干部综合素质逐渐与工作职能职责相匹配，地方政府和社会各界对海关执法的认同感、获得感得到提升。四是运行保障基础牢固。“马上就办、真抓实干”融入精神血脉，文风会风得到明显改善，“人人写信息”固化为习惯，新闻宣传提质增效，制度“立改废”形成常态，重点工作督察全面覆盖，预算执行保持序时进度，后勤保障效能稳步提升。

三、聚焦基层基础，统筹做好2021年重点工作

（一）政治建设要有新成效。

全面加强理论武装。巩固深化主题教育成果，以庆祝建党100周年为契机，深入学习贯彻习近平新时代中国特色社会主义思想，高质量抓好两级党委中心组学习，开展党的十九届五中全会精神轮训，抓好各级领导干部专题培训，深入推进青年理论学习提升工程，认真开展“四史”教育，引领党员干部加强党性锻炼、党性修养，不断提高政治能力。

坚决做到“两个维护”。紧扣“讲政治、守纪律、负责任、有效率”要求，深入推进模范机关建设。抓实“第一议题”制度，发挥好三个例会制度作用，走好“两个维护”第一方阵。完善上下贯通、执行有力的抓落实工作机制，坚决贯彻落实习近平总书记重要指示批示精神和党中央重大决策部署。总结定点扶贫工作经验，接续助推乡村振兴。

强化政治机关建设。认真落实意识形态责任制，坚决维护意识形态安全和政治安全。进一步健全完善两级党委工作规则，细化“三重一大”议事范围及决策程序，坚决落实民主集中制。把政治生态建设作为一项经常性、基础性工作，严格落实组织生活制度，严肃党内政治生活，持续推进政治机关意识教育。抓好党的优良传统和作风教育，组织开展“党旗在基层一线高高飘扬——以实际行动庆祝中国共产党成立100周年”“我为群众办实事”活动。严明政治纪律和政治规矩，严查诬告乱告，落实干部澄清制度，切实保护党员干部干事创业积极性，营造“向上、向善、向前”的浓厚氛围。

（二）深化改革要有新气象。

加强制度建设。深化制度建设，坚持动态清理，着力解决制度盲点和模糊地带，构建系统完备、科学有效的制度体系。强化制度执行，进一步规范行政决策，健全激励执法资格取得和管理，落实行政执法责任制，严格规范执法行为和行政自由裁量权行使。加强普法宣传，抓好干部学法考法、法治培训和执法资格考试，强化干部法治思维，提升干部法治素养。

推动改革落地生效。以“两步申报”改革为牵引，对各类改革举措进行关联耦合，全面推动“改革2020”落地砸实。按照脱胎换骨的要求，对关检业务流程全面梳理优化，推动环节嵌入、处置优化，推进关检全面深度融合。强化业务综合协调，推动业务管理体系重构，明确各部门、层级、岗位的权责清单、职责边界，细化岗位操作指引，优化业务流程，统一执法尺度。坚持底线思维，注重防范和化解改革可能伴生的安全准入、税收和监管风险。深入探索自主改革创新，按规定及时请示报告，争取上级各项改革部署在我关落地生根、开枝散叶。

强化科技支撑应用。坚持用现代技术理念和技术手段推动管理理念、机制、方式变革，重点应用到管理、服务、后勤保障等领域，加快形成先进的、系统完备的科技应用体系。积极推动关检信息化融合等改革应用项目建设推广。探索规划海关数字化发展，不断优化实验室管理体制和运行机制，打造“智慧大楼”，持续开展“微创新”工作。强化基层信息安全，建立长效机制，全方位确保网络安全、数据安全和业务安全。

（三）强化监管要有新作为。

提高实际监管效能。落实总署“两轮驱动”改革部署，拓展风险信息情报来源，提升人工分析布控精准度，提高查验有效性。积极跟进表单化查验指令等改革，提高指令可实施性和查验规范性、有效性。用好H986、智能审图等设备，提高查发水平。推进行李物品、免税品、邮递物品监管智能化、规范化建设，完善旅检“无感通关”模式。加强口岸监管环节反恐维稳，严格进出口贸易禁限管控。推广

“互联网 + 稽核查”监管，加强涉税、涉检等重点领域专项稽查，扩大主动披露适用范围到检验检疫领域。深化海关信用管理体系建设，开展 AEO 企业认证。加强保税监管场所管理，细化准入退出条件。持续开展“龙腾”知识产权海关保护行动。严格管控虚假贸易，做好统计监测预警。

切实做好税收工作。涵养税基、深挖税源、依法征管，全力完成税收预算目标，提高关税征收吻合度。继续加强税收监控分析，强化归类审价，持续做好原产地管理工作。推进自报自缴、汇总征税，强化关税保证保险风险监控。加强属地纳税人管理，严格高效做好减免税审核。

筑牢国门检验检疫防线。毫不放松抓好常态化疫情防控，严格落实疫情防控各项要求，确保“打胜仗、零感染”。举一反三严防埃博拉等疫情疫病传入，防止疫情叠加。加强口岸核心能力建设，提升国际旅行健康服务水平。优化动植物检疫监管模式，加强进出境动植物及产品风险监测与预警，做好进出境农产品安全风险监控和国门生物安全监测。开展进口食品“国门守护”行动，做好进口食品监督抽检、风险监控和准入管理，探索优化自由贸易试验区政策创新，高质量承办好中非食品农产品安全论坛。完善进出口商品安全风险预警和快速反应监管体系，优化合格评定方式，加强进出口危险货物及其包装、旧机电、进口汽车、进口消费品等重点敏感商品监管。

严厉打击走私。坚决贯彻海关缉私部门管理体制调整部署，加强对打私工作的组织领导，全力做好缉私保障。深化全员打私，深入推进“智慧缉私”建设，强化专业打击，构建防控、监管、打击一体化的打私体系。扎实开展“国门利剑 2021”等专项行动，严厉打击象牙等濒危动植物及其制品、洋垃圾、涉枪涉毒、重点涉税商品、农产品、冻品等走私。深化反走私源头治理、综合治理，推动地方政府发挥打击走私的基础作用，形成反走私强大合力。

（四）优化服务要有新成果。

促进外贸提质增效。加强税政调研，落实减税降费政策，支持工程机械等产业关键技术、设备及零部件进出口。落实促进加工贸易转型升级措施，推动向产业链两端延伸。加强外贸形势分析和政策研究，为关党委和地方党政提供决策参考。积极参与进出口商品技术标准修制订，合理运用技术性贸易措施，指导企业应对贸易壁垒。支持扩大对非经贸交流，加强中非经贸博览会及签约项目政策指导和通关保障，探索研究对非贸易监管新模式。

优化口岸营商环境。深化“放管服”改革，落实精简行政许可事项要求，拓展“多证合一”改革、“双随机、一公开”监管。深化“单一窗口”建设，推动精简进出口环节监管证件和随附单证，巩固压缩整体通关时间成效，降低进出口环节合规成本。推行“互联网 + 海关”，优化“一网通办”。

支持开放平台发展。着力服务湖南自由贸易试验区建设，确保涉及海关48项创新制度落实落细。立足需求导向，多“走出去”学、“请进来”教，积极开展“首创性”探索。支持湖南综合保税区功能、政策和管理整合优化。支持现有口岸平台叠加更多指定口岸和指定监管场地功能，推进长沙空港、岳阳城陵矶港高质量发展，促进张家界空港多元化发展。支持常德航空口岸、岳阳航空口岸（货运专属）等扩大开放，支持岳阳城陵矶水运口岸拓展江海直达航线，促进中欧班列业务发展，助力湖南对接融入“一带一路”等建设。

（五）综合保障要上新台阶。

抓好内控机制建设。认真落实内控主体责任，进一步筑牢“三道防线”。统筹开展经济责任审计和专项审计，把落实重大决策部署情况作为审计重点，实现审计监督全覆盖。加大督察审计整改力度，倒逼完善制度、加强管理、规范执法。深化新海廉平台应用，建立成果转化整改长效机制。定期通报督察审计查发问题，建立“问题库”，对屡查屡犯的要从严问责。

提高政务运行效能。严格公文办理和审核把关制度执行，改进文风会风，守住精文减会的硬杠杠。推进“互联网＋政务服务”，确保政务保障运转高效。加强信息报送和新闻宣传策划，力争多出精品，考核排名有新突破。优化值班应急管理，各隶属海关要抓紧建立24小时值班室。不断提升机要保密、档案管理、政务公开、信访和建议提案办理等工作水平。提高督查检查实效，确保政令畅通、令行禁止。

提升财务和后勤服务水平。树牢“过紧日子”的思想，树立全关财务一盘棋理念，各级领导班子都要想方设法开源节流、综合理财。各事业单位要明确收入目标，积极克服困难，千方百计做大业务、搞好经营。全面深化预算绩效管理，提升预算执行效能，加强对政府采购、涉案财物、重点基建项目以及经济实体等领域的管控。提升后勤服务保障质量，做好固定资产清查和整合优化工作。

（六）党建质量要有新提升。

巩固深化强基提质工程。建立健全党建工作制度机制，提升基层党建标准化规范化水平。研究制定党建与业务深度融合具体措施，着力破解“两张皮”问题，深化“灯下黑”问题整治。持续抓好“四强”党支部建设，推动组织生活创新和质量提升，着力打造一批有特色、叫得响的基层党建品牌，擦亮全省基层党建工作示范点。强化检查考核，将党建工作日常考核与年度考核目标任务纳入平时考核体系，健全季度检查制度，完善党建工作述职评议制度。用好湖南红色资源，因地制宜建好用好关史馆、“红色堂”宣传阵地。用好新媒体平台，提高质量，多推典型，讲好湘关故事，传播正能量。

强化准军事化纪律部队建设。深入开

展内务规范强化月等活动，深化“好差评”系统应用，持续加强纪律作风建设。加大视频检查和现场随机检查、暗访力度，严格落实问责措施，强化纪律作风日常养成。深入推进红色湘关文化建设，认真开展“读一本好书、写一篇好文章、提一条好建议、做一件好事、做一名好关警员”活动，高标准推动文明单位、青年文明号创建工作，充分发挥群团组织作用，激发队伍活力。加强和改进思想政治工作，严管要硬碰硬，厚爱要心贴心，在政策允许范围内为广大干部职工多办实事、多办好事。

（七）队伍建设要有新面貌。

突出政治过硬，健全领导班子和领导干部动态分析研判机制，科学精准考察识别干部，加大选配和调整力度，大力培养选拔优秀年轻干部，加强执法一线科长队伍建设。加强干部交流调整，不断优化人力资源配置。突出管好处级领导班子和领导干部，落实好“三个十”工作要求，全面实行“三单对账”管理，建立领导干部实绩档案，实现一人一册、精准画像。整体有序推进职务职级并行，强化职级干部日常管理考核，充分发挥好职务职级并行的激励效应。全面推广“两级一岗”，做到责任到人到岗、风险有效防控。深入开展全员培训，灵活组织专项培训，积极开展岗位练兵和技能比武，不断提高干部业务素养和实操能力。深化队伍建设综合管理平台应用，规范领导干部配偶、子女及其配偶经商办企业行为，加强因私出国（境）管理，严格落实个人有关事项报告等制度。认真开展机构改革“回头看”，厘清部门职责边界。稳步推进事业单位绩效考核薪酬制度改革。用心用情做好离退休干部工作。

（八）清廉海关建设要有新局面。

认真落实十九届中央纪委五次全会精神，把严的主基调长期坚持下去，一体推进不敢腐、不能腐、不想腐。突出政治监督，做深日常监督，强化压力有效传导，推动严格落实主体责任、监督责任。持之以恒落实中央八项规定及实施细则精神，毫不松懈纠治“四风”，深化整治形式主义、官僚主义，健全基层减负机制。始终保持反腐败高压态势，深化打私反腐“一案双查”，紧盯一线执法腐败问题，紧盯群众身边的腐败问题，“零容忍”惩处。用好“制度＋科技”手段规范权力运行，扎紧制度笼子，强化源头防腐。坚持系统观念，加快构建横向到边、纵向到底的大监督体系，综合运用巡察、督察审计、纪检监察及职能部门的监督力量，明确协同监督的定位、原则和重点，建立协作配合机制，统筹规划，分类监督，不断增强监督治理效能。创新监督方式方法，今年要对内设处室开展巡察审计，防止“灯下黑”。建立监督部门的暗访机制，明晰工作规则。综合用好监督执纪“四种形态”，特别要在用好“第一种形态”上下更大功夫，及时对“小问题”进行“大扫除”。

发挥廉政教育基础性作用，强化警示教育，常态化抓好思想道德和党纪国法教育，引导全体干部职工知敬畏、存戒惧、守底线。

高标准推进“基层基础建设年”，高质量完成2021年工作，关键在各级领导干部。下面，我再对领导干部提3点要求：

一是要切实提高政治判断力。领导干部要持续深化政治理论学习，不断增强科学把握形势变化、精准识别现象本质、清醒明辨行为是非、有效抵御风险挑战的能力，善于从政治上观察和处理问题、研究谋划工作，做到在重大问题和关键环节上头脑特别清醒、眼睛特别明亮，做到明大势，善于从一般事务中发现政治问题，善于从倾向性、苗头性问题中发现政治端倪，善于从错综复杂的矛盾关系中把握政治逻辑，敢于同各种错误言行作斗争，站稳政治立场、把牢政治方向、提高政治站位、保持政治定力。

二是要切实提高政治领悟力。领导干部担的是政治责任，必须持续深入学习习近平新时代中国特色社会主义思想和党中央精神，做到融会贯通、真信笃行。及时跟进学习领会习近平总书记重要讲话和指示批示精神，准确把握党中央重大决策部署战略意图，坚持用党中央精神分析形势、推动工作，常怀“国之大者”，放眼全局谋一域，围绕大局精准发力，要增强政治敏感性，将海关工作置于国家整体发展中去思考谋划，充分发挥海关职能作用，在全面建设社会主义现代化国家新征程中作出新的更大贡献。

三是要切实提高政治执行力。领导干部要经常同习近平总书记对海关工作的重要指示批示精神、党中央精神对表对标，做到不掉队、不走偏，不折不扣抓好贯彻落实。要把坚持底线思维、坚持问题导向贯穿工作始终，做到见微知著、防患于未然；要强化责任担当，知责于心、担责于身、履责于行，敢于直面问题，不回避矛盾，不掩盖问题，出了问题要敢于承担责任；要强化纪律规矩意识，突出准军事化纪律部队特色，坚决做到闻令而动、令行禁止。

同志们，做好20221年各项工作任务艰巨、责任重大。让我们紧密团结在以习近平同志为核心的党中央周围，坚定信心、团结一心，真抓实干、开拓进取，奋力建设红色湘关，以优异成绩迎接建党100周年！

最后，我代表关党委给大家拜个早年，向全关干部职工、离退休老同志，以及你们的家人致以节日的问候和新春的祝福，祝大家在新的一年里身体健康、工作顺利、阖家幸福！

谢谢大家！

第二篇

专 记

庆祝中国共产党成立100周年和党史学习教育

2021年是中国共产党成立100周年。长沙海关强化政治机关建设，围绕庆祝中国共产党成立100周年和党史学习教育重点工作，扎实开展系列学习教育活动，奋力推动红色湘关建设，努力实现“学党史、悟思想、办实事、开新局”目标。

一、庆祝中国共产党成立100周年

2021年是中国共产党成立100周年，长沙海关开展了庆祝建党百年系列工作。长沙海关将庆祝中国共产党成立100周年系列活动作为一项重要政治任务，与开展党史学习教育结合起来、与做好中心工作结合起来，规定动作到位，自选动作有特色，确保活动的针对性和实效性，切实把活动效果转化为红色湘关建设的强大动力。

一是组织收听收看习近平总书记在庆祝中国共产党成立100周年大会上重要讲话现场直播；举行升国旗仪式，组织新党员宣誓和老党员重温入党誓词。

二是召开隆重热烈的庆祝大会。举行授衔仪式，11名关警员分享“我讲家乡党史故事”，评选表彰“两优一先”142名（个）、“红色关姐”10人、“湘关好青年”22人。

三是开展温暖人心的走访慰问。通过举行颁发仪式、上门慰问等方式，为58名“光荣在党50年”老党员颁发纪念章；开展新老党员座谈会；关长带队开展走访慰问各类老党员、困难党员代表31人次。

四是编排精彩纷呈的文艺节目。拍摄《浏阳河畔的赞歌》，组织参加中央驻湘财税库关系统文艺汇演。还举办了书画摄影作品展；编发了《湘关记忆5》；紧扣国庆节特殊时间节点，组织开展“喜迎佳节、祝福祖国”微视频展播，都取得积极成效，在浓厚庆祝氛围的同时，也很好地提升了长沙海关的影响力。

二、党史学习教育

一是长沙海关关党委制订学习教育方案，各部门、单位迅速贯彻落实，把党史学习教育作为一项重要政治任务加以推进；全关成立了6个巡回指导组对39个部门、单位开展全覆盖巡回指导。

二是长沙海关关党委举办党史学习教育专题学习暨理论学习中心组学习活动4次、读书班1期、党的十九届六中全会精神专题学习班1期，党委书记带头讲授专题党课，带头就六中全会精神作专题辅导，带头传达学习省第十二次党代会精神；坚持领导带头、以上率下，形成一级带着一级学、一级带着一级干的良好局面。成立宣讲团，累计开展党史学习教育宣讲20多场次。

三是各隶属海关党委及基层党组织认真学习党史，以及习近平总书记在党史学习教育动员大会上、在庆祝中国共产党成立100周年大会上的重要讲话精神等内容，形成了浓厚学习氛围。组织开展“永远跟党走”群众性主题教育宣传活动及“四史”宣传教育，召开了专题组织生活会。

四是深入开展“我为群众办实事”实践活动。关党委形成了16个方面重点项目清单、111条具体措施，全部完成销账，我关1个项目（助力中国高铁出海的“海关牵引系统”）入选海关总署“百佳项目”。

（撰稿人：黎中意）

学习宣传贯彻党的十九届六中全会精神

党的十九届六中全会于2021年11月在北京召开。十九届六中全会是在中国共产党成立一百周年的重要历史节点，在“两个一百年”奋斗目标的历史交汇期召开的一次非常重要的会议，时机特殊、意义重大，在党的历史上具有重要的里程碑意义。长沙海关深入学习贯彻全会精神，关党委第一时间印发《深入学习宣传贯彻党的十九届六中全会精神 开展“百名党员谈体会”活动方案》，把学习宣传贯彻党的十九届六中全会精神作为重要政治任务抓紧抓实。

一、迅速掀起学习热潮

开展党委中心组学习。2021年12月初，长沙海关举行以“全面准确把握党的十九届六中全会精神，自觉以全会精神引领和指导工作”为主题的党委理论学习中心组（扩大）学习暨党的十九届六中全会精神专题学习班，党委书记带头讲授专题党课，带头就六中全会精神作专题辅导，传达学习省第十二次党代会精神。各隶属海关及时组织党委理论学习中心组进行专题学习，结合实际确定思考题开展研讨交流，为广大党员作出表率。

组织基层党组织学习。2021年，长沙海关直属机关党委召开机关党委会议带头学习十九届六中全会精神，组织专兼职党务干部开展集中培训，机关党委委员加强指导督导，推动所在党（总）支部、联系党（总）支部开展学习。机关党委（政工办）在月度支部工作指引中列明每月学习主题。各党（总）支部利用“三会一课”、主题党日，守正创新，每月至少开展1次以上的分专题集体学习，做到了学习覆盖内容和人数均达到100%。各党（总）支部书记为全体党员讲党课。

开展青年政治大学习。2021年，长沙海关开展青年政治大学习。各团支部、青年理论学习小组组织开展专题学习、交流研讨，引领团员青年将爱国爱党热情转化为建设“红色湘关”的实际行动。机关团委召开关区青年理论学习研讨会。构建“线上＋线下”“组学＋自学”“宣讲＋互动”立体学习网格，机关抓总、基层组织，统筹安排、保证时间。3 名同志获得省直工委青年理论学习活动征文特等奖、一等奖、三等奖。2 名同志的作品被《机关党建》等刊物刊发。42 篇好文章被《湘关记忆 5》收录。

开设专栏学习。2021 年，长沙海关在管理网开设“深入学习宣传贯彻十九届六中全会”专栏，及时上传学习资料，更新活动动态，刊载学习进展以及各部门、单位主要负责人撰写的心得体会等学习成果，营造浓厚学习氛围。

开展“百名党员谈体会”活动。以开展“百名党员谈体会”活动为载体，组织关区不同层级、不同岗位党员干部通过会议发言、读书分享、理性思考等不同方式谈学习十九届六中全会精神的认识、体会和感受，推动全体党员干部立足工作实际，深入学习贯彻十九届六中全会精神，坚持不懈用习近平新时代中国特色社会主义思想武装头脑指导实践。在“红色湘关”订阅号开辟“百名党员谈体会”专栏，及时选登优秀心得体会，促进互学互鉴。择优向总署金钥匙、地方各新媒体平台和“学习强国”等推荐。

二、开展十九届六中全会精神集中学习轮训

长沙海关严格落实总署要求，坚持“安全第一、质量为要”，根据疫情形势，采取“线上 + 线下”“主会场 + 分会场”方式，分 2 期开展处级干部十九届六中全会精神集中轮训。关区共 186 名海关关员参加轮训，参训率 100%，合格率 100%。

一是科学设置培训课程。会同中国海关管理干部学院为长沙海关处级干部轮训科学设置培训课程，设立“十九届六中全会精神总体解读”“推进政治机关党建高质量发展”等专题课程，引导学员强化政治机关意识，筑牢忠诚信仰。开设“当前国际形势与中国外交政策”“习近平总书记关于总体国家安全观的重要论述”等课程，补齐学员能力短板、扩展国际视野，不断增长实干本领。开设“‘两个确立’的依据和决定性意义”“深刻认识中国共产党百年奋斗的历史意义和历史经验”等课程，带领学员从党的百年奋斗重大成就和历史经验中感受真理力量，持续激发奋进动力。

二是加强学风建设。健全班主任跟班管理制度，每个培训班安排专人跟班，负责维护教学秩序、落实教学任务、强化学员管理。严格执行培训纪律，明确请假管理和请假回看补学制度，将纪律教育作为专题培训的“第一课”。每日实行上午、下午两次考勤，通过“实签到”+“云点名”+“日反馈”等方式，切实加强督学。建立学员学习台账，对每位学员课堂参与、结业测试和研讨交流情况实施清单式管理，做到 100% 完成课程学习、100% 参加研讨交流、

100%考核合格。

三是确保全员覆盖。严格落实处级干部全员覆盖要求，统一安排培训任务和考试评估，确保应训尽训，应考尽考。加强与缉私局沟通协调，统筹安排缉私局25名处级干部参加专题培训。

（撰稿人：黎中意）

统筹口岸新冠肺炎疫情防控和促进外贸稳增长工作

2021 年，长沙海关坚决贯彻落实习近平总书记重要讲话和重要指示批示精神，坚决贯彻落实总署党委部署要求，坚持政治统领，从严从紧抓好新冠肺炎疫情外防输入，统筹推进口岸常态化新冠肺炎疫情防控和促进湖南外贸稳增长各项工作。

2021 年，长沙海关第一时间落实湖南省新冠肺炎疫情防控各项要求，成立统筹口岸新冠肺炎疫情防控和促进外贸稳增长工作指挥部，统一领导、指挥新冠肺炎疫情防控和稳外贸促发展工作，全年召开统筹口岸新冠肺炎疫情防控和促进外贸稳增长指挥部会议 18 次。全面履行法定职责，坚决做到“五个不漏、四个到位”，严密筑牢口岸检疫防线，在做好口岸进境防疫工作的同时，实现海关工作人员零感染。坚持“人、物、环境同防”，检疫出入境交通工具 2,328 架（艘）次、出入境人员 2.43 万人次，同比分别减少 49.86%、91.42%。落实“多病共防”，检出疟疾 2 例。

2021 年，长沙海关落实“六稳”“六保”任务要求，聚焦“三高四新”战略定位和使命担当，积极推动签署并迅速落实署省新一轮合作备忘录，研究出台支持“三高四新”战略定位和使命任务具体措施 21 项，出台支持长江经济带建设相关意见，优化落实系列稳外贸稳外资政策举措。主动研究“卡脖子”核心技术对我省经济社会发展的影响，全面落实减税降费政策措施，支持轨道交通、航天航空、工程机械等装备和优势产能走出去。坚持做好税政调研，帮助湖南省企业充分享受政策红利。推行企业集团加工贸易监管改革，解决了以往保税料件难以在集团内企业间流转的问题，仅蓝思科技一家企业年内就节省经营成本 400 万元。积极推动跨境电商新零售、市场采购“白名单”等新政落地实施，跨境电商、市场采购贸易额分别增长 73.8%、7.4%。出台助力乡村振兴促进农产品出口 18 项措施，助推湖南省农产品出口 133.4 亿元，增长 29%，安全保障湖南省供港澳活猪 3.2 万头，增长 21.7%。全力保障防疫物资通关，成立工作专班，所有的业务现场对进出口的防疫物资开设专门受理窗口和绿色通道，全天候24小时提供应急通关保障，做到特事特办、从简从快、即到即提，确保进口防疫物资通关“零延时”。

2021年，长沙海关推行中欧班列出口货物“提前申报”“铁路进出境快速通关”业务模式，通关时间从313分钟压缩至16分钟；全力保障装备制造、自由贸易试验区、市场采购等定制化特色专列常态开行，助推湖南省中欧班列2021年发运量突破1,000列，增长近1倍。

（撰稿人：邓大为　邓思芸　杨　柳）

推动签署《海关总署　湖南省人民政府合作备忘录》

2021 年 4 月 25 日，《海关总署 湖南省人民政府合作备忘录》在北京举行签署仪式，海关总署署长倪岳峰和湖南省省长毛伟明代表双方签署。海关总署党委委员、办公厅（国家口岸管理办公室）主任黄冠胜、湖南省副省长何报翔以及长沙海关党委书记、关长李全等同志参加签署仪式。

一、签署背景

自 2010 年起，海关总署、湖南省人民政府深化合作。2010 年 8 月 5 日双方围绕主动服务国家中部崛起战略、长株潭城市群“两型社会”试验区和湘南三市先行先试示范区建设首次签署合作文本。时隔 10 年，2021 年 4 月 25 日，双方再次在北京签署合作备忘录。《海关总署 湖南省人民政府合作备忘录》由长沙海关和湖南省政府办公厅在多次商讨的基础上，形成代拟稿，之后又多方征求意见，几易其稿，修改完善，形成送审稿。

二、合作内容

此次署省签署合作备忘录，旨在深入贯彻落实习近平总书记重要指示批示精神，进一步深化署省在对外开放领域的协同合作，建设社会主义现代化海关，支持湖南加快打造内陆地区改革开放高地，促进构建新发展格局。根据合作备忘录，海关总署将围绕湖南实施“三高四新”战略，支持湖南工程机械、轨道交通、航空航天、生物医药等先进制造业和战略性新兴产业发展，在自由贸易试验区试点开展相关产品的保税维修业务，支持湖南与国外海关、国内沿海沿边省（区、市）建立通关协作机制，在自由贸易试验区框架下探索开展对非洲贸易新模式。支持湖南行业龙头企业主导或参与国家、国际标准制定修订，指导开展国外技术性法规、标准等收集分析、研究评议和成果转化，加大企业信用培育、知识产权海关保护力度，打造具有核心竞争力的科技创新高地。支持湖南自由贸易试验区海关制度创新，建设中非经贸深度合作先行区，增设海关特殊监管区域等开放平台及区港联动建设，支持长沙航空口岸打造中西部地区面向《区域全面经济伙伴关系协定》（RCEP）桥梁枢纽及面向非洲门户枢纽，岳阳城陵矶水运口岸拓展江海直达航线和接力航线，长沙铁路北站建设中欧班列集拼中心。指导湖南提升口岸公共卫生核心能力，提高口岸动植物检疫、进出口危化品和食品安全监管技术保障能力。湖南省将统筹规划口岸平台建设，强化对海关通关监管能力建设的保障，支持海关“智慧监管”、进出口商品质量安全风险预警和快速反应监管体系、口岸公共卫生核心能力等建设，加大国际贸易“单一窗口”建设力度。统筹推进湖南省内海关特殊监管区域、保税监管场所高质量发展，切实落实主体责任，强化安全监管，注重优势互补、错位发展、体现特色。加强打击走私综合治理，支持健全联合打击走私工作机制、国门安全与非传统性风险联防联控机制，巩固海关查获走私冻品由地方归口处置工作机制成果。

三、合作成效

长沙海关关党委多次召开会议研究推动署省合作备忘录签署事宜，要求以此为契机，深入贯彻落实习近平总书记考察湖南重要讲话精神，认真抓好海关支持湖南各事项的细化落实，全力服务湖南自由贸易试验区建设和开放型经济高质量，奋力在打造“三个高地”新征程中贡献海关力量。

一是全力支持打造国家重要先进制造业高地。落实各项减税降费措施和税收优惠政策，支持引进国外核心技术和产品，支持轨道交通、航天航空、工程机械等装备和优势产能走出去，支持有业务需求的综合保税区发展保税维修业务，联合地方商务、环保部门制订监管方案，加强政策宣传和业务指导。探索长株潭集约化通关、区港联动一体化等重点改革，进一步提高通关效率，促进优势产能高效率、低成本走出国门。与建设银行合作开展“关银一 KEY 通”，并在全国率先实现制卡代理点覆盖全省各市州，便利外贸企业就近申领电子口岸“共享盾”。

二是全力支持打造具有核心竞争力的科技创新高地。争取海关总署支持建成技术性贸易措施调查研究中心（非洲），系全国海关第二个区域性调查研究中心。加大企业信用培育和知识产权海关保护力度。联合商务部门摸排形成 35 家 AEO 重点培育企业名单，优先培育岳阳观盛、五矿铜业等龙头企业和圣湘生物等 11 家“专精特新”小巨人。

三是全力支持打造内陆地区改革开放高地。充分发挥海关在自由贸易试验区深化改革“试验田”中的作用，坚持大胆试、大胆闯、自主改，推动 32 项创新举措落地实施，全国首创进口转关货物内河运费不计入完税价格、进口龙虾混装监管、外国人才来华工作一站式服务中心等制度创新成果，邮快跨业务同场监管案例获国务院自贸办推介，推行中欧班列“铁路进出境快速通关”“出口运抵直装”等业务新模式，压缩通关时间。助推铁路班列和多式联运业务发展，跟进支持长沙铁路北站中欧班列集拼中心建设，2021年全省中欧班列发运量突破1,000列，增长近1倍。

（撰稿人：张　露）

服务湖南“三高四新”战略定位和使命任务

2021年，长沙海关结合湖南省、长沙海关工作实际，研究出台《长沙海关关于服务湖南省“三高四新”战略的实施意见》，从支持打造国家重要先进制造业高地等4个方面，提出指导用好用足国家政策、加强重点领域税收调研、支持制造产业创新发展等21项支持措施。2021年，湖南省进出口贸易额达5,988.5亿元，同比增长22.6%，创历史新高。

一是深化改革为扩大开放加速赋能。2021年，长沙海关全国首创“进口转关货物内河运费不计入完税价格”创新举措获海关总署批复，“国际邮快跨业务同场监管”获国务院自贸工作部际联席会议办公室推介，推动29项创新举措落地实施，自由贸易试验区建设海关单独或牵头改革任务完成率85.7%。推行中欧班列出口“运抵直装”“提前申报”等改革举措，助推湖南发运量增长至1,000余列。争取市场采购贸易方式出口预包装食品试点，长沙成为全国第3个试点城市。积极推广企业集团加工贸易监管改革，自主开展综合保税区卡口改革、区港联动一体化，推动中非易货贸易、市场采购“白名单”等新业态新模式成功试点。创新实施实验室一体化运行机制，在全国海关作经验交流。全面落实企业信用管理制度改革，注册企业突破2万家。

二是优化服务为外贸发展提质增效。参与推进非洲产品准入进程，开通湘粤非“铁海联运”班列，支持湖南在全国首次进口非洲卢旺达干辣椒，首次将大闸蟹出口至非洲肯尼亚。办理31个国家和地区、335家境外参展商备案，保障第二届中国—非洲经贸博览会成功举办。认真落实减税降费政策，为湖南省生产制造企业、高校及科研院所等减税10.3亿元。压缩整体通关时间，全年长沙关区进出口整体通关时间分别为28.48小时、0.88小时。出台助力乡村振兴促进农产品出口18项措施，助推湖南出口农产品133.4亿元，同比增长29%；安全稳定保障供港澳活猪3.56万头，居全国第4位。组织完成长沙黄花综合保税区（二期）和郴州综合保税区

（二期）验收，推动湖南省综合保税区发展绩效排名提升，其中岳阳城陵矶综合保税区和湘潭综合保税区全国排名分别提升35和29个名次。2021年湖南省综合保税区进出口总值1,328.1亿元，同比增长36.4%。

三是强化监管为国门安全保驾护航。持续筑牢口岸疫情防线，坚持“人、物、环境同防”，全年监管检疫出入境人员2.43万人次；坚决贯彻总体国家安全观，出台加强国门生物安全管控15项措施。优化进出口商品检验模式，加强风险预警和快速反应。开展进口食品“国门守护”行动，对不合格食品进行退运销毁。严厉打击“洋垃圾”、象牙等濒危物种及其制品、“水客”走私取得丰硕战果，率先在全国建立非法入境固体废物归口地方政府统一处置工作机制，海关部门查发移交缉私刑事立案数占比超过50%。开发建设出口烟花爆竹辅助监管平台、送收样环节智能化监管系统，推动54项业务监管事项“进系统、留痕迹、可追溯”。

四是积极开展税政调研。长沙海关重点围绕工程机械、轨道交通、航空航天和生物医药等方面开展税政调研，向总署报送82项税政调整建议，35项纳入行业调研。报送15项税政调研建议获得国务院关税税则委员会最终采纳，采纳数量创历史纪录。税政调研建议涉及可可豆新增进口暂定税率为零，婴儿服装新增进口暂定税率由10%调整为6%，黄铁矿降低进口税率至1%，风电用高速联轴器进口税率由8%调整为4%，半导体制造用真空泵享受信息技术产品零关税，茶籽油增列子目，取消冷冻猪肉进口暂定税率等7大类，为湖南省风电设备、金属冶炼、畜牧养殖、农产品加工等行业降低进口成本和扩大出口，促进企业的产业升级。

（撰稿人：向剑雄　李　璇）

定点帮扶及推动乡村振兴工作

2021 年 5 月，长沙海关选派袁新民、方舟和王炜鉴 3 位同志组成长沙海关驻江永县潇浦镇和兴村乡村振兴工作队，开展定点帮扶工作。一年来，长沙海关紧盯高质量实现乡村振兴目标，扎实有力推进各项工作，取得显著成效。

一、实施产业振兴提速工程，带领村民勤劳致富

一是引进蔬菜出口企业。多方奔走，引进一家蔬菜出口企业在村里投资建厂，为企业量身定制标准化绿色出口蔬菜示范基地建设方案，推动和兴村首次实施大规模土地集中流转，探索“企业运营 + 集体管理 + 村民务工”模式，目前该企业规模年产加工出口蔬菜达 20 万吨，可带动周边农户每年人均增收 3 万元。二是充分发挥海关职能优势。后盾单位为企业提供优质服务，出口蔬菜在本地检验装车后，无须在沿海地区再度装卸，真正实现“一次申报、一次检测、一次放行”，极大节约企业时间成本和经营成本。同时发挥海关技术优势，联系病虫害防治专家到村里进行指导，对基地土壤条件实施技术检测，就产业发展提供指导意见。三是积极争取上级政策和项目支持。依靠蔬菜产业基地，积极向上级争取配套项目资金扶持。2021 年累计修缮机耕道 450 米，硬化村道 500 米，修建水渠护堤 600 米，村里的生产生活条件得到极大改善。工作队利用好省队帮扶资金，建设高品质蔬菜大棚 31 个，为村里每年带来 4.8 万元集体收入，有效提升村集体收入水平。

二、实施电商平台提质工程，解决农产品销售难题

一是与本地电商达成合作协议。与湖南省“最美扶贫人物”葛小梅创办的“万亩笑脸”电商平台开展合作，通过广发朋友圈、开设品牌公众号等方式进行营销，帮助村民解决夏橙等农产品滞销难题。二是拓展销售类型和产品种类。充分挖掘和兴村的铁扫把、三华李、夏橙、香姜、香柚等特色农产品的潜在优势，利用短视频平台和多家省级官媒进行宣传报道，丰富农产品批发、零售、直销等销售方式，构

建农产品网络销售体系。三是扎实开展电商培训。推动先富带后富，在村里创办“和兴夜校”，邀请知名电商在村中教徒授课，发展电商人才。2021年和兴村电商平台取得喜人业绩，全村年销售额突破百万元。

三、实施人居环境整治提标工程，旧村面貌焕然一新

一是加强村庄规划。制定《和兴村旅游产业振兴意见书》，选定周家塘村作为人居环境整治工作试点，对该段进行全面绿化美化，明确规划该段烤烟、水果等主要经济作物种植区域，形成连片效应。二是激发村民自治活力。多次召开村民代表大会和党员大会，发动村民自发开展大扫除，落实“门前三包”制度。在周家塘试点收取卫生保洁月费，增加卫生人员工资，提高保洁工作标准。设立乡村文明红黄榜，让讲文明、爱卫生的先进和反面典型同时上榜，形成鲜明对比，提升乡村文明程度。三是改善公共设施基础。为每家每户赠送印有宣传标语的分类垃圾桶，发动村民自发对小菜园、小果园和小花园用竹制篱笆进行圈围，在周家塘主干道栽种桂花树、三角梅、红枫树等绿色植物，打造幸福和谐美丽的乡村风景带。

四、实施乡村自治提效工程，优化乡村治理模式

一是推动乡村振兴月例会制度落实见效。持续强化村支两委和村务监督委员会规范化进程，每月召开乡村振兴月例会，把听取民意恳谈、集体决策听证和项目结果评议作为规定程序，及时总结上月工作成绩和问题，列出本月工作计划，极大推进乡村民主自治进程。二是用好社会力量扶持。工作队及时了解村里的民情疾苦，对突发事件第一时间入户走访，第一时间提供援助，第一时间申请帮扶。2021年全年为困难村民办理医保减免5万余元，募捐社会帮扶资金4,000元。三是组建村民志愿者队伍。鼓励村民开展互帮互助，主动参与全村的新冠肺炎疫情防控、森林防火等各项工作，有效解决村支两委人力资源不足难题。

同时，工作队加强宣传报道，王炜鉴同志撰写的《“鉴”证乡村振兴：小王同志的驻村日记》系列已推出34期，在“湘直党建”和“红色湘关”公众号上进行连载，让更多的人了解了长沙海关在乡村振兴工作中的努力和成果。

（撰稿人：王炜鉴）

第三篇

党的建设

党建工作

【概况】2021 年，长沙海关关党委加强党的建设工作。坚决扛起管党治党政治责任，坚持问题导向、系统观念、底线思维，积极建设清廉海关。坚决做到“两个维护”，抓实“第一议题”制度，深入学习贯彻习近平总书记重要指示批示精神，做到第一时间学习研究、贯彻落实、督查问效。持之以恒筑牢口岸检疫防线，积极推进模范机关创建，扎实推进总署巡视整改，选派精干力量驻村帮扶。推动廉政教育走深走实，坚持融入日常，坚持以考促学，坚持“以案说法”，坚持以文化人。夯实党建基础，严格党内管理，严把党员入口关。严密组织体系，顺利完成直属机关党委和机关纪委换届选举，配齐支部纪检委员，实现执法一线科室“支部建在科上”。严肃组织生活成为常态。坚持党建带群建，获得“全国工会职工书屋示范点”、“省直单位工会工作先进单位”、省直“五型”示范团组织等荣誉。严格队伍管理。关党委以身作则，完善从严管理的制度体系。运用“第一种形态”抓早抓小，逐步形成习惯。全覆盖聘请特约监督员、运用“好差评”系统，外部监督不断加强。综合运用监督执纪、巡视巡察、督察审计等结果，组织开展责任追究。进一步加大执纪审查力度，驰而不息纠治“四风”，扎实推进“现场监管与外勤执法权力寻租”专项整治，实行巡察、审计和纪律监督“三查合一”，发挥平行移交问题线索首家试点示范单位作用，深化“制度 + 科技”运用，权力运行监督更加完善。

【思想学习教育】2021 年，长沙海关深入推进党史学习教育，开展庆祝建党百年系列活动。成立 6 个巡回指导组对 39 个部门、单位开展全覆盖巡回指导。举办党史学习教育专题学习暨理论学习中心组学习活动 4 次、读书班 1 期、党的十九届六中全会精神专题学习班 1 期，党委书记带头讲授专题党课、专题辅导十九届六中全会精神、传达学习省第十二次党代会精神，开展党史学习教育宣讲 20 多场次。各隶属海关党委及基层党组织认真学习党史，以及习近平总书记在党史学习教育动员大会上、在庆祝中国共产党成立 100 周年大会上的重要讲话精神等内容。组织开展“永远跟党走”群众性主题教育宣传活动及“四史”宣传教育，召开专题组织生活会。开展“我为群众办实事”实践活动，形成16个方面重点项目清单、111条具体措施，全部完成销账，长沙海关1个项目（助力中国高铁出海的“海关牵引系统”）入选海关总署“百佳项目”。

【基层组织建设】2021年，长沙海关开展模范机关创建，制订出台《中共长沙海关委员会关于印发加强党的政治建设 推进政治建关措施的通知》《长沙海关创建模范机关先进（标兵）单位评选表彰办法（2021—2022年度）》，长沙海关办公室创建模范机关经验做法被总署政治工作简报第29期推介。推动基层党组织标准化规范化建设，举行2021年度关区基层党建品牌创建启动仪式，制订《长沙海关党支部标准化规范化建设实施方案》，编写《基层党建常见问题汇编》，各党支部对照标准化规范化建设要求，摸底自查、整改提高。开展基层党组织规范化工作专项整改，所有隶属海关中符合条件的基层业务一线科室全部建立党支部，党支部总数达121个，建成“红色堂”党建活动阵地18个。长沙海关1个支部获评省直机关先进基层党组织，1个支部党建品牌获评全国海关党建示范品牌，3个支部党建品牌通过全国海关党建培育品牌复核认定；2名党员获评省直机关优秀共产党员、党务工作者。

2021年，长沙海关接收预备党员9人，预备党员转正6人，取消1名预备党员的资格，及时追回不符合使用规定党费。组织开展1期关区党务干部培训班，完成党的基层组织“两个作用”发挥专题调研，工作成效被总署政治部工作简报第61期推介。《用好湖南红色资源提升党史学习教育实效研究》获湖南省直工委肯定。

【党风廉政建设】2021年，长沙海关召开2次全面从严治党暨警示教育工作会，相关主要负责人作现场反思。扎实开展警示教育月活动，《强化“引、警、浸”作用 提升警示教育质效》被总署政治部工作简报第51期推介。整肃纪律作风，每周开展督察检查，对12360作风投诉问题再起底，点名道姓通报问题。在重要节日期间，随机抽取暗访人员、随机抽取被暗访单位，开展明察暗访。开展干部职工配偶、子女及其配偶从业行为自查，开展违规投资企业及在企业兼职问题专项整改。

【群团、文化工作】2021年，长沙海关完成直属机关工会、系统工会、妇委会完成换届，开展“春暖乡村”学雷锋志愿服务、义务献血活动，开展文化建设“五个好”（读一本好书、写一篇好文章、提一条好建议、做一件好事、当一名好关警员）活动，举办“全国工会职工书屋示范点”授牌暨湘关记忆故事分享会，完成2021年度文明创建工作资料录入，评选好文章10篇、好事10件。4位青年关员在省直工委青年理论学习活动中获奖，邵阳海关新获评2021年度省直职工书屋，举办“送文艺进机关下基层”长沙海关专场活动。2021年，长沙海关通过湖南省文明标兵单位复查，5个隶属海关获评湖南省文明（标兵）单位；制发精神文明建设三年规划，机关工会获评“2020年度省直单位工会工作先进单位”，机关团委获评2020年度省直“五型”示范团组织；永州海关报关大厅获评第20届全国“青年文明号”光荣称号；衡阳海关获评省“青年文明号”，星沙海关和湘西海关获评2019—2020年度湖南省直“青年文明号”。落实就地过年要求，统筹开展元旦、春节期间走访慰问，对隶属海关一线外勤人员全覆盖开展送清凉活动。

（撰稿人：黎中意）

巡视巡察

【概况】2021年，巡察办长沙海关认真落实关党委深化关区政治巡察和巡察整改，关于巡视巡察工作要求，全力做好接受总署巡视和巡视整改工作，深化关区政治巡察和巡察整改，推动工作守正创新、提速提质，取得了较好成效。认真接受总署巡视，全力抓好巡视整改。出色完成总署党委巡视的巡前自查和巡中配合工作。针对巡视反馈问题，制订实施整改任务、专项治理，形成上下联动全面整改的工作格局，集中整改完成率实现100%。巡视巡察上下联动试点经验被总署推介。“党费使用管理情况”机动式巡察工作经验做法获得巡视工作指导组现场好评，总署相关刊物总署巡视办网站专门推介。创新开展常规巡察，主动借鉴学习总署巡视好的做法，运用巡视成果，狠抓巡察工作进度和实效。

【巡视工作】2021年4—6月，长沙海关党委接受总署党委第九巡视组常规巡视，长沙海关出色完成总署党委巡视的巡前自查和巡中配合工作。根据2021年7月总署党委巡视反馈意见，将落实中央巡视整改纳入长沙海关落实总署巡视整改的重要内容，统筹推进、一体落实。制定实施127项整改措施（其中立行立改和中期整改措施121项、长期整改措施6项）和开展6个专项治理。每月督办通报、每月汇报沟通，每月督促销账，集中整改阶段立行立改完成率实现100%，“开门搞整改”“挂图作战”法等4个特色做法先后被总署快报、分署简报等刊发5篇次，获得广东分署肯定和推介。巡视期间，配合总署第九巡视组，对全关党（总）支部，探索开展巡视巡察上下联动党费使用管理全覆盖“点穴式”专项巡察，发现4方面11个问题，推动长沙海关全面加强规范管理，取得积极成效，也为全国海关探索巡视巡察上下联动积累了经验。

【巡察工作】2021年，长沙海关党委组织9个巡察组对22个机关部门、隶属海关和事业单位集中开展3轮常规巡察，巡察覆盖率达87%，超过总署年度达标任务12个百分点。及时向职能处室分类移交巡察发现的问题和反映的意见建议，并督促反馈处置情况，反馈率和有效处置率均达

100%。组织巡察办、巡察组、派驻纪检组联合检查督办，强化责任分析追究，抓实检查评估和“回头看”。在全关区集中通报每轮巡察发现的共性问题，在全关产生强大“震慑”。积极创新巡察方式方法，结合“现场监管与外勤执法权力寻租”专项整治，探索对6个单位开展了巡察、审计、纪律联合大监督，取得减人减负、提质提效的“多赢”效果。加强巡察队伍建设，共举办巡察干部培训班4期，开设相关课程12门，受训60多人次。认真组织参加全国海关巡视巡察干部专题学习网上培训班，全关146名专兼职巡察干部参训，参训率、考试合格率均达到100%。及时优化巡察组组长库，建立副组长库，充实完善队伍库，巡察队伍扩增到142人。注重经验总结和理性思考，其中关级课题成果《完善五个工作机制　深化巡察监督效能——关于直属海关开展政治巡察的实践与思考》获评全国海关三等奖。

（撰稿人：韦　平）

纪检监察

【概况】2021 年，长沙海关围绕清廉海关建设目标，纪检机构立足“监督的再监督”定位，聚焦“三新一高”、高水平对外开放等“国之大者”开展政治监督，有力推动落实党中央重大决策部署和习近平总书记重要指示批示精神。紧盯“关键少数”，对党史学习教育、“一把手”和领导班子建设、疫情防控、巡视巡察整改等情况开展监督检查，严明政治纪律和政治规矩，有效保证执行不偏向、不变通、不走样。常态化开展监督治理，推动严格落实中央八项规定精神，持续深入纠治“四风”，促进作风不断优化。加大执纪审查力度，着力提高审查效率，当年所立案件全部当年结案、处分决定全部当年执行完毕，质效明显提升。扎实开展“现场监管与外勤执法权力寻租”专项整治，高质量完成组织部署、全面自查、实地检查、问题整改各项工作，得到驻署纪检监察组充分肯定。制定《长沙海关受处理处分人员教育管理工作暂行办法》《长沙海关党委派驻纪检组工作考核实施细则》，修订《长沙海关党委纪检组处理信访举报工作实施细则》，纪检工作规范化、法治化、正规化建设不断加强。2021 年，驻署纪检监察组对全国直属海关单位纪检机构工作进行考核，长沙海关党委纪检组在第 2 类 17 个直属海关单位排第 3。

【政治监督】2021 年，长沙海关围绕落实“第一议题”制度、“三新一高”、“十四五”规划等党中央重大决策部署和习近平总书记重要指示批示精神落实情况，紧盯促进外贸量稳质升、全面禁止“洋垃圾”入境、打击象牙等濒危动植物及其制品走私、打击治理“水客”走私等大事要事落实情况开展监督检查，发现并督促整改问题35 个，制发监督意见书、建议书 11 份。对党史学习教育、“我为群众办实事”实践活动开展监督，查发并督促整改问题 10 个。推行“五个三分之一”工作法，对各级党组织“一把手”及领导班子履行主体责任、落实巡视巡察整改任务等情况开展监督，约谈提醒 8 人次。定期开展关区政治生态建设状况研判，向关党委专题汇报政治生态 2 次，通过运用纪律监督、派驻监督等措施，推动整改问题

46 个。

【巡视整改监督】2021 年，长沙海关组织关区纪检机构常态化开展总署党委巡视整改工作监督，明确细化 5 个方面 26 项监督要点，复查复核 11 起案件办理、线索处置不规范问题，办结 13 件巡视移交信访举报，监督完成立行立改任务 121 项，持续跟进监督 6 项长期整改任务。全程监督关党委民主生活会和各党支部专题组织生活会。从严审核相关职能部门落实巡视整改任务情况，督促 17 个隶属海关和 4 个事业单位领导班子切实履行巡视整改主体责任，提出意见建议 20 条，打通巡视整改工作“最后一公里”，有力推动巡视整改任务落实落细。

【疫情防控监督】2021 年，长沙海关持续开展新冠肺炎疫情防控监督，建立周报机制，向驻署纪检监察组报告新冠肺炎疫情防控监督情况 16 次，发现并推动整改问题 28 个，制发监督意见书 2 份，推动关区各部门、各单位坚守外防输入主战场，全力筑牢口岸检疫防线，扎实做好新冠肺炎疫情内部防控工作，有效防止“德尔塔”“奥密克戎”变异毒株在关区扩散传播，为“打胜仗，零感染”提供有力纪律保障。

【日常监督】2021 年，长沙海关健全纪检机构与各级领导班子成员廉政风险沟通会商工作机制，党委纪检组组长与党委书记、其他党委委员开展廉政工作谈话 8 人次。开展信访举报和纪律审查情况综合分析，向党委报告监督执纪情况 18 次，提出对策、建议 8 条，均被采纳。与职能部门定期召开联席会议，共同研判风险，针对制度执行不到位、业务操作不规范等 7 个方面的风险问题，制发监督意见书、建议书 6 份，推动整改。对各级党组织民主（组织）生活会、巡视巡察整改等情况开展常态化监督检查，推动问题整改见效。坚持抓早抓小，实现处级领导干部履责谈话全覆盖，约谈提醒 10 人次，任前廉政谈话 25 人次。健全完善关区干部电子廉政档案，实现“一人一档”“一关一档”。回复党风廉政意见 280 人次，提出暂缓办理意见 2 次。

【纠治“四风”】2021 年，长沙海关制发《关于严格执行中央八项规定精神进一步明确基层调研有关纪律要求的通知》和“进一步贯彻落实中央八项规定精神持续解决形式主义问题为基层减负”工作任务清单，开设“四风”问题反映及整治建议专栏。制定实施暗访工作办法，聚焦元旦、春节、五一、端午、中秋、国庆等重要节期，组织开展 6 轮次明察暗访。深化整治形式主义官僚主义，制发监督意见书 2 份。

【执纪问责】2021 年，长沙海关查处违反中央八项规定精神问题 3 起，给予 3 人纪律处分，运用“第一种形态”处理 10 人次，同步点名道姓通报曝光。处置问题线索 21 件，立案 8 件，运用监督执纪“四种形态”给予纪律处分 10 人，谈话提醒、诫勉等18人次，实现党的十八大以来长沙海关运用第三种形态处理违纪党员“零”的突破。注重分析违纪案件及问题风险背后党组织和党员领导干部管党治党政治责任落实情况，约谈4个单位领导班子，对履责不力的2个党组织、9名党员领导干部进行问责。加大对检举控告类信访举报的核查力度，为5名受到不实举报的党员干部澄清事实、消除影响。制定受处理处分人员教育管理工作暂行办法，建立专门台账，对7名受处分党员干部开展回访教育，鼓励干部从“有错”向“有为”转变，做好执纪“后半篇文章”。

【信访办理与线索处置】2021年，长沙海关规范开展信访举报受理和问题线索处置工作，全年收到信访举报39件，均第一时间集体研判。拓宽问题线索来源，全年受理问题线索21件，处置21件，实现问题线索“零暂存”。加大减存量力度，2020年以前受理的问题线索全部办结。建立“组地关”协同机制，定期向湖南省纪委监委报告工作，与湖南省纪委监委双向移交线索各1件。2021年，长沙海关被湖南省纪委监委列为中央驻湘单位平行移交问题线索首家试点示范单位。

【“现场监管与外勤执法权力寻租”专项整治】2021年，长沙海关组织开展“现场监管与外勤执法权力寻租”专项整治。开展逐一谈话1,078人，关领导面对面谈话人数占比达43%。完成违规事项个人申报939人次，确定重点关注岗位77个，列出高风险人员16人，排查高风险企业55家。专项整治期间，受理问题线索20件，全面清理2012年以来问题线索并重新处置3件，接收地方纪委移交问题线索1件。加强“自查从严、被查从严”政策宣传，教育引导9名干部主动向组织说明问题，2名干部主动投案。会同人事部门排查关员及其近亲属从业情况，发现5名党员干部违规经商办企业情况，对2人立案审查并给予纪律处分。专项整治期间，给予纪律处分7人、采取组织措施16人，对1名严重违纪的执法一线副科长给予开除党籍、撤职处分。

【警示教育】2021年，长沙海关召开10次警示教育大会，通报31起典型违纪案例，违纪人员现场检讨反思，用“身边事警醒身边人”。点名道姓通报违纪案10件11人。创新方式方法，探索在案发单位开展“纪法宣讲面对面”活动，结合违纪案例现场解答关员提问，取得较好效果。

（撰稿人：朱小君　刘耀天　罗　集）

队伍管理

【概况】2021年，长沙海关以政治建设为统领，聚焦“基层基础建设年”十大重点工作任务，真抓实干、马上就办，队伍管理呈现新气象。聚焦疫情防控重点任务，统筹做好专业技能培训、人力资源调配，主动落实关心关爱举措，保持队伍战斗力。聚焦干部工作“五大体系”（素质培养，知事识人，选拔任用，从严管理，正向激励）建设，在选人用人、考核奖惩、教育培训等方面持续树立正确导向。坚持按程序、按制度办事，发扬“枫桥经验”，强化担当作为，严格落实请示报告制度，把“马上就办、真抓实干”作为准军事化海关纪律部队的内在文化，闻令而动、遵令而行。践行“阳光人事”理念，深入基层一线，加强对基层单位问题困难的收集、整理和反馈，加强干部政策法规面对面宣传解释，认真倾听基层群众对人事教育工作的意见建议，将党的优良作风贯彻到各项工作当中。大力弘扬“安专迷”（安下心来、专心致志、迷恋至深）精神，立足本职、专注主业，增强服务意识，优化服务细节，让政治工作有温度，打造干部职工之家，树立政治部门良好形象。

【机构编制管理】长沙海关有正处级内设机构18个、隶属海关16个、正处级风控分局1个、党委派驻纪检组8个、事业单位5个（含待转企改制的评审中心）。2021年，长沙海关机构和职能未发生变动。2021年5月31日，根据口岸新冠肺炎疫情防控需要，长沙海关向总署申请调整事业单位人员编制，6月9日总署批复，同意长沙海关在事业单位人员总编制不变的情况下，核增湖南国际旅行卫生保健中心（长沙海关口岸门诊部）事业编制8名，相应核减长沙海关后勤管理中心事业编制5名，核减长沙海关技术中心事业编制3名。根据人员编制情况，长沙海关对后勤管理中心、技术中心、湖南国际旅行卫生保健中心的岗位设置进行相应调整。

【干部选拔工作】2021年，长沙海关推动调整处级领导干部42人次，完成2名正处级领导干部进一步使用和9名正处、11名副处级领导干部选拔工作，启动3名正处、12名副处级领导干部、2名执法一线科长担任隶属海关党委委员和7名事业单位管理七级职员选拔工作。行政编正、副处级领导干部空缺职数分别下降83.3%和65.7%。提任的正处、副处级领导干部平均年龄分别为47.5岁、42.2岁，较选任前分别下降6.8岁、6.5岁，其中最年轻的正处级领导干部39岁，副处级领导干部33岁。提任的处级领导干部既有“80后”，也有“60后”，9名正处级领导干部中有4名女干部，占比接近50%。选拔的6名隶属海关副关长均有2年以上执法一线科长任职经历。推动4名隶属海关科长到长沙海关机关、事业单位任职。

【干部监督工作】2021年，长沙海关综合运用巡视、巡察、审计、督察、检查、执纪等结果加强干部监督。开展数据校验核查，完成关区二级岗位配置，推广刷脸考勤系统，例行通报节后人员到岗情况。建立人事信息定期采集机制，更新干部基本信息300余条。实行个人有关事项数据录入和填报人员双人审核制度，完成申报工作165人次，开展查核12批次71人次。建立因私出国（境）入关筛查、人员备案、证件管理、行前教育和归国回访闭环管理机制，完成干部职工持证及出入境情况专项核查，集中保管干部职工713本证件。制定新冠肺炎疫情防控和“国门利剑2021”专项考核细化措施，开展安全防护专项考核。

【职务职级改革】2021年，长沙海关完成关税、卫生、动植、科技和风控等5个部门、62名人员专业技术类公务员任职资格评定和职级套转工作。晋升二级巡视员及相当层次职级10人次、一至四级调研员及相当层次职级45人次、一至四级主任科员及相当层次职级190人次，累计245人次，占关区公务员总数的三分之一。

【奖励激励工作】2021年，长沙海关完成两次关衔集中调整和职级公务员关衔评授专项工作，285人被授予和晋升关衔。全年对1个集体记三等功，对29个集体记嘉奖，对17人记个人三等功，对166人给予嘉奖。出台关爱一线干部职工、青年干部、严查诬告陷害、容错纠错等办法，细化总署关爱一线长效措施，探索建立隶属海关评议机关部门机制，办好宪法宣誓仪式和授衔仪式，建立关员荣休机制。

【执法能力建设】2021年，长沙海关在关税处、动植处、岳阳海关、常德海关、永州海关5个部门（单位）试点“两级一岗”工作。制定下发关党委委员联系执法一线科室工作机制。梳理各业务条线重要职责、执法要求，整合制定86项业务操作指引，与岗位资质教学同步开展“滚动式”培训。举办资质培训10期，累计开展业务操作指引培训2,775人次，获得或晋升资质667人次，累计取得1,802项资质，具备岗位资质人员达562人，资质人员覆盖率同比提升10.5%。

【人才培养工作】2021年，长沙海关考录公务员8名，事业单位公开招聘引进博士研究生1名、硕士研究生2名、本科生1名，19人取得初、中级职称，2人取得副高级职称。选派30名处以下干部参加总署和地方专题培训，推荐16名干部到各级院校和地方单位授课。输送21名业务骨干参加总署巡视、选人用人检查和专项集中工作。选拔1名机关优秀年轻干部到事业单位担任主要负责人，启动1名隶属海关科长担任事业单位副职选拔工作。完成事业单位岗位聘任，143人签订聘用合同，聘任完成率98.6%；推动关区实验室一体化运行，增设6个实验室，人员全部调配到位。

【疫情防控专项工作人力资源保障】 2021年，长沙海关将8名新录用公务员全部安排在黄花机场海关跟班实习；调配30余名干部职工支援黄花机场海关，2名干部职工参加新冠肺炎疫情防控指挥部工作专班；组织开展职业暴露、样本泄漏、疑似患者处置等疫情防控培训演练26次、313人次参训，安排17名梯队人员到旅检现场实战演练。

【政治专题培训】 2021年，长沙海关将学习贯彻习近平新时代中国特色社会主义思想作为首要任务，组织完成厅级、处级和科级及以下三个层次网络专题培训，全关1,831人次完成在线课程学习、测试、专题学习研讨3个环节的学习培训任务；统筹中共湖南省委党校、中南大学教学资源，自办处级干部学习贯彻党的十九届五中全会精神和党史学习教育专题集中轮训，关区216名处级干部参加，实现“应训尽训，应考尽考”。

【业务操作指导培训】 2021年，长沙海关采取集中调训、海关e课堂、跟班学习、实操演练、网络视频、送教上门等多方式开展业务操作指导培训，全年共完成86项包括新冠肺炎疫情防控、口岸监管、国门生物安全、进出口危化品检验监管、企业稽核查等方面的业务操作指导培训。

【公务员初任培训】 2021年，长沙海关严格落实总署党委要求，结合新冠肺炎疫情防控和关区实际，坚持“安全第一、质量为要”原则，首次以直属海关为单位采取“集散结合”+“线上线下”模式，对8名新录用公务员开展初任培训。4名省内学员在总关进行集中学习，4名省外学员居家分散学习。建立“领导小组监督管理、人教处日常管理、学员自我管理”三级管理机制，加强总署、海关学院和相关职能部门联动配合，加强监督指导，高质量完成新任培训各阶段学习任务。1名学员被中国海关管理干部学院评为2021年海关系统公务员初任培训优秀学员。

【晋衔培训】 2021年，根据《中华人民共和国海关关衔条例》和《海关关衔晋升培训办法》，长沙海关有27名关员参加晋衔培训，其中8名关员先后参加总署举办的3期拟晋升三级关务监督人员培训班，16名关员参加1期拟晋升三级关务督察人员培训班，3名关员参加1期拟晋升三级关务督办培训班。

（撰稿人：石　云　卢颂华　时　悦）

离退休干部管理

【概况】2021年，长沙海关加强离退休工作人员队伍管理，持续抓好“四强”党支部建设，擦亮离退办支部品牌，全面提升工作人员的政治觉悟、工作能力和服务水平，打造用心用情为离退休干部服务的队伍。组织离退休干部开展好党史学习教育和庆祝中国共产党成立100周年系列活动，开展经常性政治学习，加强离退休干部政治纪律政治规矩教育。充分发挥老党员“教科书”“传帮带”作用，讲好党史、海关发展史故事。组织离退休干部积极参加总署离退局、省委老干局及长沙海关组织开展的中国共产党成立100周年书画、征文、摄影、乒乓球邀请赛等系列活动。将干部退休后严守政治纪律和政治规矩教育内容列入干部荣誉退休谈话内容，离退休干部警示教育纳入关区警示教育统一部署。组织策划“光荣在党50年”纪念章颁发仪式，为58名“光荣在党50年”纪念章获得者颁发纪念章。精心精准精细做好离退休干部服务管理工作。积极推进“智慧银海”上线，做好离退休干部信息管理系统日常维护，并依托该系统做好离退休干部精准化服务。

【离退休干部结构】截至2021年12月31日，长沙海关共有离退休人员291人，其中党员人数245名，党员比率为84%。长沙海关机关离退休人员238人，年龄80周岁以上的53名，其中90周岁以上的9名；衡阳（15）、岳阳（9）、怀化（8）、郴州（6）、常德（6）、株洲（4）、张家界（2）、星沙（2）韶山（1）9个隶属海关有退休人员53名。长沙海关离休干部6人，平均年龄90岁。中华人民共和国成立初期参加革命工作的老干部2人。退休署管干部31名（13名正厅，18名副厅）。

【政治建设】2021年，长沙海关大力加强离退休干部政治学习和思想教育。在离退休干部微信群推送政治学习文章700多期，组织开展离退休干部警示教育活动2次。组织离退休干部收听收看庆祝中国共产党成立100周年大会直播、十九届六中全会新闻发布会、湖南省第十二次党代会开幕式和党史学习教育网上专题报告会，组织离退休干部党支部书记参加省离退休工委组织的《省直及中央在长单位离退休干部党史学习教育示范培训班》；举办离退休干部党支部书记委员培训班1期。开展离退休干部主题活动19次。在长沙海关庆祝中国共产党成立100周年大会上，离退休党总支获评先进党支部，2名党总支委员获评优秀党务工作者，10名离退休党员被评为优秀党员。组织离退休干部开展“我看建党百年新成就”专题调研活动，参加湖南省“金秋颂党恩 启航新征程”系列主题活动，开展“追寻红色记忆、传承红色基因”等主题教育活动。

【文化建设】2021年，长沙海关推送10余篇文章参加海关总署“学悟百年风雨史·颂赞海关新篇章”主题征文，20余幅作品参加总署“翰墨光影颂百年——建党百年百幅书画摄影展”，5篇文章被收入《湘关记忆5》。王卫平同志的《从百年党史中感悟思想伟力 从百年奋斗中汲取前行力量》被《全国海关离退休干部庆祝建党百年主题征文集》收录。长沙海关离退休干部乒乓球队获得“金秋送党恩·启航新征程”第九届省直离退休干部乒乓球邀请赛团体第三名，组织参加总署“百年风华，同心同唱”主题红歌活动，录制《红色湘关 银发生辉》《唱支山歌给党听》专题视频，召开“共学党史、共忆初心、共话党恩”新老党员座谈会。

【综合服务保障】2021年，长沙海关全面落实离退休干部“两个待遇”（政治待遇、生活待遇），落实离休干部“一人一策”制度，共为6名离休干部完成医药费报销20多次；落实《长沙海关缉私部门退休干部服务管理工作实施细则（试行）》，强化退休干部服务管理工作。坚持做好重要节假日、重要庆典走访慰问，确保对生病住院及家中有突发事件的老同志及其亲属100%走访慰问。全年上门慰问111人次，协助4名逝世老同志亲属做好后事处理。完成离退休干部活动室改造、老年大学教室改造，离退休干部学习和活动场所得到改善，老干部大学海关分校教学活动顺利开展。协助做好离退休干部健康体检、社保卡激活等工作，做好离退休干部报刊征订等工作。争取五一社区和湘天社区支持，为长沙海关离退休干部开设疫苗接种“绿色通道”；协调社区医院疫苗接种点上门为行动不便的老同志现场诊断，落实疫苗接种应接尽接；联合高桥街道卫生服务中心开展“全民健康生活方式日”活动，组织离退休干部与社区签订“家庭医生”服务协议。

（撰稿人：蒋　耀）

第四篇

业务建设

口岸开放与运行管理

【概况】2021年，长沙海关积极服务湖南省口岸开放与运行管理。当年，湖南省航空口岸货运航线达到13条，由于疫情形势严峻及防疫要求更趋严格等原因，仅长沙至洛杉矶、纽约、莫斯科、特拉维夫、布鲁塞尔纽约、大阪6条航线在运营，长沙至马尼拉、贝尔格莱德、哈恩、中国香港、金奈以及张家界至马尼拉、曼谷等航线停航。湖南省机场国际货邮吞吐量达9.36万吨，同比增长24.1%。2021年，岳阳城陵矶口岸开行至上海外高桥、洋山、东盟、澳大利亚、日本、韩国、中国台湾等地航线1,338班次，实现集装箱吞吐量60.06万标箱，同比增长18.08%。其中，外贸集装箱吞吐量39.38万标箱，增长13.73%；进出口货运总量559.13万吨，增长0.93%。

【口岸开放与发展】2021年，湖南省共有国家一类口岸3个，分别为长沙航空口岸、张家界航空口岸、岳阳城陵矶水运口岸。2021年，湖南省海关特殊监管区域及保税物流中心建设发展得到加强，有综合保税区5个，为岳阳城陵矶综合保税区、长沙黄花综合保税区、郴州综合保税区、湘潭综合保税区、衡阳综合保税区；保税物流中心（B型）2个，为长沙金霞保税物流中心（B型）、株洲铜塘湾保税物流中心（B型）。2021年，湖南省国际通道得到拓展，中欧班列成为湖南省深度参与“一带一路”建设的重要途径和开放型经济发展的重要通道。目前有长沙、怀化、株洲、衡阳、郴州等5个地级市开行中欧班列，以长沙市为核心，始发地遍布湘东南、湘西南地区，开行国际线路共20多条，物流辐射欧亚地区30个国家。全年中欧班列发行数量再创新高，累计发运1,073列、9.1万箱次、70.3万吨、货值192.1亿元，同比分别增长96.2%、88.3%、84.9%和30.3%，步入稳健发展的快车道。

【优化口岸营商环境】2021年，长沙海关出台11个方面23项措施，持续深化“放管服”改革，优化营商环境，取得积极成效。2021年长沙海关被湖南省人民政府评为“推进‘放管服’改革工作突出单位”。

2021年，长沙海关落实口岸提效降费举措，严格做好涉企收费检查，厘清费用主体，法定检验检测等海关检验检疫行政执法行为产生的费用一律由海关承担。将12360海关服务热线作为涉企收费咨询投诉电话对外公布，建立收费咨询投诉及处理结果台账，主动接受外部监督，全年未发生损害营商环境行为。

2021年，长沙海关积极优化通关作业流程，推动信息化建设，已实现"电子运抵、电子监管、电子放行"，转关无纸化、舱单无纸化等改革落地，部署集中审像系统、智能审图系统，移动查验作业相关设备实现全覆盖，进出口货物非侵入式查验比例大幅提高。不断推进进出口"提前申报"［经海关批准，进出口货物的收发货人、受委托的报关企业可以在取得提（运）单或载货清单（舱单）数据后，向海关提前申报］、"两步申报"（企业无须一次性提交全部申报信息及单证，第一步凭提单概要申报即可提货，第二步在规定时间内完成完整申报）、"两段准入"（将进口货物准予提离口岸监管作业场所视为口岸放行，以口岸放行为界，根据"是否允许货物入境"和"是否允许货物进入国内市场销售或使用"，分段实施"准许入境""合格入市"监管）改革措施，巩固压缩整体通关时间成效，2021年，长沙关区进出口整体通关时间分别为28.48小时、0.88小时，均优于全国海关平均水平。2021年，长沙海关积极推动上海港、北海港烟花爆竹出口通道相继恢复，支持"岳阳—香港"直航航线复航，开辟烟花直航新通道。启动"铁路进出境快速通关""出口运抵直装"等改革试点，支持郴州建设中欧班列站点，助力"湘粤非"铁海联运通道顺利首发。

【国际贸易"单一窗口"建设】 2021年，湖南"单一窗口"推进国家统一版各类应用项目落地实施，对接国家统一版应用项目19项，上线99项功能模块，开发并上线水运物流服务平台、湖南保税业务综合服务平台、空港信息平台、危爆品监管、铁路物流服务、公路口岸平台、综合查询、查验服务等14项地方特色应用项目。全年累计货物申报23.5万票、舱单申报15.42万票、运输工具申报1.66万票、企业资质申报3.46万票、跨境电商申报1.92亿票。

（撰稿人：宋　锽　杨　柳）

法治建设

【概况】2021 年，长沙海关深入学习贯彻习近平法治思想，参与《中华人民共和国海关法》专项修订，完成《中华人民共和国海关法》修订中“主动披露”“跨境电商”“智慧海关、智能边境、智享联通”“出口烟花爆竹行政处罚”4 个课题研究，承办总署规章法制审查专班集中工作，对《海关办理行政处罚案件程序规定》等规章及行政解释提出论证、评估意见。开展制度清理与“立改废”，推进关区制度规范体系基本形成。落实行政审批改革要求，持续推进“简政放权”，优化行政审批“一个窗口”设立，深化“证照分离”改革，开展“回头看”专项检查。推动行政执法“三项制度”落实，发放执法资格证 16 本、执法证 20 本，通过长沙海关门户网站、现场电子公示栏等载体，及时对外公开行政执法信息。开展“两简案件”检查、行政执法案卷评查，依法办理行政复议案件 1 起。落实学法考法制度，参加湖南省国家工作人员学法考法，合格率为 100%。落实“谁执法谁普法”制度，制订年度普法工作计划和责任清单，举办法治培训、学法辅导、以案说法、送法进企业进校园进社区等；擦亮“小珂说法”普法品牌，在红色湘关、长沙海关 12360 等平台推送专题普法作品，运用新媒体开展普法宣传。2021 年，长沙海关首次获评湖南省“谁执法谁普法”优胜单位。严格法制审查把关，组织对关区 173 项稳外贸稳外资政策措施开展时效专项清理，完成 200 余份合同审核，对 40 余项涉法事项开展法制审核与咨询。建成关区公职律师、法律顾问、兼职法制岗和制度审核小组 4 支法治队伍，1 人获评全国海关优秀公职律师。制定关区法治绩效考核指标 10 项，实行考核定期通报制。2021 年，长沙海关在全国海关法治考核中排名第 14 位。

【制度建设】2021 年，长沙海关常态化开展制度清理。以深化改革创新、服务湖南高水平开放、守牢进出口检验检疫关和疫情防控等为重点，开展制度“立改废”4 次，涉及制度 51 项，其中新设 14 项、修订 20 项、废止 17 项，对外发布《长沙海关关于发布〈长沙关区 2021—

2023 年保税仓库出口监管仓库布局规划〉的公告》《长沙海关关于废止〈关于用于新型冠状病毒肺炎疫情防控和治疗的进口捐赠物资办理通关手续的公告〉的公告》规范性文件 2 件。固化“制度起草、征求意见、审核审议、清理评估”工作机制，形成由 6 项规范性文件、174 项制度构成的关区制度规范体系。

【立法调研】2021 年，长沙海关顺利完成总署立法任务，承办《中华人民共和国海关法》修订中“主动披露”“跨境电商”“智慧海关、智能边境、智享联通”“出口烟花爆竹行政处罚”4 个子课题，成立工作专班，完成 4 篇研究报告，提出 13 个方面 33 条修订建议，被采纳 13 条，得到总署政法司肯定。参与总署立法调研和立法后评估，反馈对《出口烟花爆竹检验管理办法》等规章及行政解释的论证、评估意见 49 条。

【规章法制审查会议】2021 年 5 月 11—14 日，长沙海关承办总署规章法制审查专班集中工作，对《中华人民共和国海关办理行政处罚案件程序规定》《中华人民共和国海关经核准出口商管理办法》两部规章送审稿进行法制审查，总署缉私局和 12 个直属海关的代表参加集中工作，总署政法司副司长周军、长沙海关副关长蒋莉参会指导审核工作。

【规范执法】2021 年，长沙海关推动行政执法“三项制度”（行政执法公示制度、执法全过程记录制度、重大执法决定法制审核制度）及清单实施，严格执法资格管理，理顺明确职权，发放执法资格证和执法证。深化“证照分离”等放管服改革，下放 2 项审批事权至隶属海关，取消 2 个审批事项，编制关区行政审批事项公开目录（共 10 项），通过长沙海关门户网站全面实现对外公开，对取消审批、审批改备案、实行告知承诺等改革后续情况开展“回头看”专项检查。规范行政审批“一个窗口”设立，推进关区 16 个业务现场完成整改、提质工作，在机关办公大楼建立行政审批服务窗口。开展“两简案件”检查、执法案卷评查，对自查发现的法律适用不准确、证据不足、文书不规范等 5 类问题抓好整改“后半篇文章”。长沙海关连续三年获评全省执法案卷评查优秀单位。

【行政复议】2021 年，长沙海关依法审结 1 起行政复议案件。代某江对长沙黄花机场海关对其作出的关于一款进口新资源食品的投诉举报答复不服，申请行政复议。经审理后，长沙海关于 2021 年 8 月 23 日制发行政复议意见书，依法撤销长沙黄花机场海关原答复书并责令其重新作出答复。长沙海关坚持“枫桥经验”，指导长沙黄花机场海关促成双方和解，依法妥善处理该投诉举报事项。该案为 2018 年机构改革以来长沙关区发生的第一起行政复议案。

【法治宣传教育】2021 年，长沙海关深入学习宣传贯彻习近平法治思想。举办习近平法治思想专题讲座，参与湖南省专题征文活动，获评优秀论文1篇，组织全员参加习近平法治思想网上专题培训班，参学率通过率均为100%。参与湖南省党内法规知识竞赛活动，4名关警员获得省普法办通报表扬。抓住“关键少数”，关党委带头集体学习习近平法治思想、党内法规等3次，关长带头参加生物安全展览、宪法宣传周、民法典在线联学等普法活动。组织参加全省国家工作人员学法考法，自主编写学习读本和考试题库，参学率参考率合格率均为100%。落实“谁执法谁普法”普法责任制，制订关区年度普法工作计划和责任清单，推进“嵌入式”普法2,000余人次，上门普法500多次，惠及企业940家。开展“宪法宣传周”“美好生活·民法典相伴”等专题普法和“4·15”“8·8”等重要时间节点普法活动，重点宣传习近平法治思想、《中华人民共和国民法典》、《中华人民共和国行政处罚法》、《中华人民共和国生物安全法》；开展法治培训6次，推出辅导14期、以案说法20个。运用新媒体开展智慧普法，在央视频、海关发布、“学习强国”等平台发布《宪法里的国和家》《健康申明卡》等微视频或微文；长沙黄花机场海关制作的“查获问题地图”“带一箱树皮入境干啥使?”等抖音视频，点赞量达11.7万余人次，评论超3000条。擦亮“小珂说法”普法品牌，加强法治文化建设，常态化推送专题普法15期。2021年，长沙海关首次获评全省“谁执法谁普法”优胜单位。

【法制审核】2021年，长沙海关对湖南自由贸易试验区“进口转关货物内河运费不计入完税价格估价管理改革”海关监管创新举措进行法制审核，报经总署审核获批备案。对关区173项稳外贸稳外资政策措施开展时效专项清理，废止2项，修改9项。完成200余份采购、基建等合同法制审核，对行政处罚案件法律适用问题、保税企业破产、劳动纠纷、政府信息公开等40余个涉法事项开展法制审核与法律咨询服务。

【法治队伍建设】2021年，长沙海关建成公职律师、法律顾问、兼职法制岗和制度审核小组4支法治力量，关区专兼职法治人才队伍达到67人。关区公职律师达29人，其中新增7人；对公职律师实行工作量化管理，1人获评全国海关优秀公职律师。聘用湖南金州律师事务所为法律顾问单位，2名法律顾问参与合同审核、法律咨询服务、法治培训等事务。选优、配强关区兼职法制岗38名，压实法制审核初审责任。成立长沙海关制度审核小组，由公职律师、业务骨干等23人组成，负责关区制度审核、制度宣讲等。2021年，长沙海关新提拔的处级领导干部有4人具备法律专业背景。

【法治共建】2021年，长沙海关加强行政应诉跨区域协作，与第五应诉协作区5个直属海关开展“学党史、守初心、建法治”线上联学等活动 2 次。完成全面依法治省、法治政府建设、“谁执法谁普法”普法责任制等工作总结和考评，与湖南省委依法治省办、省司法厅等部门建立互动协作机制。

（撰稿人：谢正文）

业务改革与发展

【概况】2021 年，长沙海关积极推动业务改革由全国通关一体化向全业务领域一体化延伸，全面切换 H2018 系统；承接总署新一代查验管理系统与实验室管理系统对接全国海关试点任务；持续推进两段准入、两步申报、提前申报改革，“两段准入”改革覆盖关区所有可适用范围，优化出口货物海关通关作业流程，提升监管效能。在全国内陆海关中率先开展中欧班列出口货物“提前申报”模式改革；承接特殊通道申报职能调整；牵头完成“长株潭集约化通关改革”课题研究，提出多项改革对策建议。不断优化口岸营商环境。持续巩固压缩整体通关时间成效，统筹推进“放管服”改革和“双随机、一公开”改革，落实跨境贸易便利化举措，加强国际贸易“单一窗口”推广应用，推动实现企业预约通关全流程电子申报。强化知识产权海关保护，用好技术性贸易措施惠企便民，推动湖南外贸保稳提质。

【业务改革协调】2021 年，长沙海关开展“两步申报”“两段准入”通关改革，继续深化“提前申报”等通关改革，全年“两步申报”应用率 28.2%，采用“两段准入”方式申报进口报关单 5.14 万票，进出口提前申报率分别为 35.76%、79.5%。加强报关单运行监控，规范单证操作。建立业务运行分析例会制度，组织召开业务运行分析例会 12 次，研究部署阶段性重点业务工作，研究分析重要业务工作中存在的问题，业务领域倾向性、苗头性的问题，出现的重大业务风险、业务差错、疑难问题等有关事项；研究讨论涉及关区多个部门、单位职能职责的业务制度、专项工作机制建设等事项；研究分析各业务条线在总署量化绩效考核中的指标得分及重点指标任务完成情况；研究讨论上报总署或省委省政府的涉及跨业务部门的重大业务工作请示和报告；研究讨论其他重大业务事项。业务运行分析例会重在打造“研究、部署、督办、通报”工作落实“闭环”，2021 年将 195 项任务纳入跟踪督办，推动解决具体业务问题 144 个。2021 年，长沙海关成功争取将 1 个现场纳入总署“问题清零”联系点，向总署报送并推动解决业务改革问题 7 个。

【通关运行管理】2021年，长沙海关全面切换H2018新一代通关管理系统3.0版，上线拟证签证模块、进口转关货物“两步申报”等功能，开展新一代查验管理系统与实验室管理系统对接试点，及时调整设置通关系统参数，保障通关系统正常运行。2021年，长沙海关支持中欧班列申报企业自主选择一体化通关和转关运输方式，叠加“提前申报”提升通关效率。全面承接特殊通道申报职能调整事项，规范特殊通道审批流程。开展“长株潭城市群集约化通关”课题研究，从“职责优化、监管协同、管理归口、物流联动”4个方面探索提出11项优化建议。采用“三个清单”模式试点易货贸易，开展“中非经贸深度合作先行区对非本币结算贸易试点”研究。指导中非经贸博览会进口展品、“湘粤非”援助物资出口通关。应用“海关预约加班网上平台”，实现企业申请、海关审批、加班完成核销等全流程电子化痕迹管理。应用报关单运行监控系统开展通关业务常态化监控分析，及时发现处理异常情况，促进日常监督、职能监督。加强海关业务数据安全管理，开展通关系统授权清理。

【贸易管制与技术规范】2021年，长沙海关建立健全标准化工作协调推进领导机制，制订出口企业技术性贸易措施咨询服务工作实施方案。加强关键技术领域标准制修订：牵头修订2项铝颜料国际标准并正式发布，有力提升湖南省产业国际话语权；牵头修订出口烟花爆竹行业技术规范6项，服务全省烟花爆竹合规出口。以科技创新提升标准水平：完成全国海关动检类海关技术规范制修订申报需求审议80多项；开展2021年度国外技术性贸易措施影响调查工作，完成常规调查报告和专项调查报告9份；整理上报柑橘出口技术性贸易措施典型案例。强化贸易便利化标准支撑：与武汉海关联合解读进口再生钢铁原料检验规程；完成巴西、韩国2个国家的世界贸易组织（WTO）《技术性贸易壁垒协定》（TBT）及卫生与植物卫生措施协定（SPS）通报评议；编报技术性贸易措施动态12期；协助海关总署完成《国门安全》系列丛书的部分编写工作。

【知识产权海关保护】2021年，长沙海关组织开展知识产权海关保护专项行动（代号“龙腾行动2021”），坚持打促结合、高效便捷、综合治理的原则，从加强顶层设计、加大执法力度、提升执法效能、优化企业服务、强化全链条保护等方面加强知识产权海关保护工作。组织开展寄递渠道知识产权保护专项执法行动（代号“蓝网行动2021”），重点打击寄递渠道“化整为零”“蚂蚁搬家”式进出口侵权行为。启动知识产权保护措施1,396批次，实际扣留侵权商品1,386批次、同比增长6倍；查扣数量8.4万件，下降40%；案值415万元，增长12.5倍。查扣侵权商品批次首次进入1,000批次行列，查扣批次和数量分别位列全国海关第17、

19 位。向公安、市场监管部门通报案件线索 2 起；配合省“双打”办参加全国侵权假冒商品集中销毁活动，组织 4,647 件、1.1 吨侵权商品参加分会场销毁活动；2 起案例入选“湖南省打击侵权假冒典型案例”。湖南省企业在海关总署新增知识产权备案 65 项，总数达 396 项。制订《长沙海关知识产权案件办理操作指引》《湖南自由贸易试验区内出口货物专利纠纷第三方担保放行操作指引（试行）》；组织开展业务培训和知识产权保护宣传，举办品牌鉴别、操作指引、奥林匹克标志保护等培训 6 期，参训人员 398 人次，利用“4·26”知识产权宣传周等契机开展集中宣传活动 14 场次。湖南卫视、海关发布、海关强国号、中新社、《湖南日报》、《长沙晚报》等媒体报道长沙海关“龙腾”行动成效 18 条。

（撰稿人：陈　力　宋　镗
杨　柳　杨春勇）

自由贸易试验区和特殊监管区域管理

【概况】2021 年，长沙海关统筹推进自由贸易试验区和综合保税区发展，湖南自由贸易试验区开放平台初具规模，综合保税区发展绩效显著，市场主体和社会公众获得感明显提升。长沙海关成立推进湖南自由贸易试验区建设工作领导小组工作专班，制定《中国（湖南）自由贸易试验区建设海关制度创新责任清单》《长沙海关贯彻落实〈海关总署 湖南省人民政府合作备忘录〉任务分解表》两张清单，建立“关自贸办牵头、职能部门主导、片区隶属海关实施”工作机制，建立“半年、一年、三年”专题总结评估机制，建立关市合作机制，扎实推进自由贸易试验区监管制度创新。自由贸易试验区建设海关单独或牵头改革任务完成率 85.7%，国务院前 6 批 59 项海关可复制推广改革试点经验已有 55 项落地见效，全国首创“进口转关货物内河运费不计入完税价格”自主改革创新举措实施见效。

2021 年，长沙海关积极推进综合保税区整合优化，组织完成长沙黄花综合保税区（二期）和郴州综合保税区（二期）验收，深入推进《国务院关于促进综合保税区高水平开放高质量发展的若干意见》落实落细，助推湖南省综合保税区发展绩效提质增效进位，持续优化营商环境，出台支持综合保税区高质量发展 7 大类 11 条措施、推进综合保税区卡口优化管理改革，深度破解企业进出区难题。

【自由贸易试验区制度创新】湖南自由贸易试验区获批以来，长沙海关以制度创新为核心，积极服务长沙、岳阳、郴州三个片区建设，抓好国务院前 6 批自由贸易试验区改革试点经验复制推广工作，全面助力湖南省开放型经济高质量发展。2021 年，湖南自由贸易试验区实现进出口总值 1, 691. 1 亿元，占同期湖南省进出口总值的 28. 2%。2021 年，长沙海关自主首创“进口转关货物内河运费不计入完税价格的审价创新模式”获海关总署批复，落地以来累计为 33 家企业从完税价格中扣减内河运费 673. 19 万元，节约税款支出 94. 18 万元；在自由贸易试验区内的综合保税区推行“区内非保税包装材料循环利用监管模式”；深度推进粤港澳大湾区口岸和湖南地区通关协作，截至2021年年底，已与粤港澳大湾区协作通关报关单近7.3万单。

【新业态发展】2021年，长沙海关大力支持新业态发展，开展跨境电商B2B出口监管试点，通过采取优先查验、支持清单模式监管、货到现场24小时内通关、便利退货等诸多优惠措施，实现跨境电商B2B出口监管全程无纸化通关。长沙海关实现国际邮件、快件、跨境电商3种业态同场监管，对国际邮件、快件、跨境电商的进出口装卸、集中查验、转关监管、检疫处理等海关服务“一站式办理”。3种业态同场监管后日均业务处理能力达30万件，效率提升3.1倍。“邮快跨”集约发展新模式在《国务院自由贸易试验区工作部际联席会议简报》上获专题推介，成为湖南省首个国家级制度创新案例。长沙海关启动以企业集团为单元的加工贸易监管改革，解决以往保税料件难以在集团内企业间流转的问题，2021年在蓝思科技旗下的2家分公司开展试点，全年共办理保税料件及设备结转48票，货值960万元，共减免税款及报关物流成本约100万元。

【湘非经贸深度合作】2021年，长沙海关以中国—非洲经贸博览会永久落户湖南为契机，出台一揽子便捷措施办好第二届中国—非洲经贸博览会。开展17个非洲国家和地区食品管理体系研究，协助推进非洲优质非资源性产品市场准入，实现首批非洲卢旺达干辣椒亮相中国市场、首次将大闸蟹出口非洲肯尼亚。协助海关总署成功签署中非（中国—乌干达）首个“经认证的经营者”（AEO）互认。支持开通“湘粤非”铁海联运通道，有效解决传统江海航线对非物流时效低、成本高等问题，成为中西部乃至全国对非物流的重要通道。2021年，湖南省对非进出口值首次突破400亿元，同比增长38%，总量从2016年全国第16位跃居全国第8位、中部第1位。

【特殊监管区域管理】2021年，湖南省共有5个综合保税区，分别为岳阳城陵矶综合保税区、长沙黄花综合保税区、郴州综合保税区、湘潭综合保税区、衡阳综合保税区。2021年，湖南省综合保税区进出口总值1328.1亿元，其中出口786.8亿元，进口541.3亿元，同比分别增长36.4%、32.9%、41.8%。进出口总值占湖南省进出口总值的22.2%，高于全省外贸增速13.8个百分点，高于全国综合保税区增速12.6个百分点。岳阳城陵矶、长沙黄花、郴州、衡阳、湘潭综合保税区进出口总值分别位列全国第26、29、61、73、78位。2021年，海关总署发布全国综合保税区2020年度绩效考核情况，湖南省岳阳城陵矶、长沙黄花、郴州、湘潭、衡阳综合保税区均进入B类前列，分别在全国134个综合保税区中排名第47、56、71、91、93位，其中岳阳城陵矶综合保税区进位35名；在中西部（含东北三省）55个综合保税区中排名第12、15、20、28、29

位，其中湘潭综合保税区进位 15 名。

2021 年，长沙海关持续优化营商环境，出台支持综合保税区高质量发展 7 大类 11 条措施、统筹推进自由贸易试验区和综合保税区发展 12 条措施，扎实推进综合保税区卡口优化管理改革。

2021 年，湖南省长沙金霞保税物流中心（B 型）和株洲铜塘湾保税物流中心（B 型）进出口均呈现下降趋势，株洲铜塘湾保税物流中心（B 型）进出口值为零；长沙金霞保税物流中心（B 型）进出口总值 9.7 亿元，同比下降 24%，其中出口 5.9 亿元，下降 18.9%，进口 3.7 亿元，下降 30.8%。

（撰稿人：易文强　庞德军　黎浩琳）

风险管理

【概况】2021 年，长沙海关推进“两轮驱动”改革和安全准入风险防控，突出对固体废物、濒危动植物、毒品、危化品等重点风险的防控，加强数据分析和风险预警，加大空运舱单监控分析力度。承接总署 3 个风险防控课题，参与多个综合性态势分析和专题综合信息呈报撰写工作。2021 年 12 月，长沙海关风险防控分局获评“湖南省打击虚开骗税违法犯罪两年专项行动成绩突出集体”荣誉称号。

【“两轮驱动”改革】2021 年，长沙海关进、出口考核查验率符合总署要求；进、出口人工分析布控查验率和查获率均处于合理区间。查发涉固体废物案件 2 起、23.98 吨，涉濒危情事 3 起，侵权情事 11 起、货物近 9 万件，危化品逃检情事 1 起、货值约 100 万元。参与总署打击出口貂皮服装不实贸易骗退税违法行为专项工作，全国范围内查明涉嫌骗税团伙 5 个、企业 62 家，涉及出口货值 6.93 亿美元，涉及退税金额约 6.21 亿元。

【非贸渠道风险防控】2021 年，长沙海关全面构建邮件、快件、跨境电商、旅检渠道一体化风险防控；组织开展非贸渠道联合研判、专项查缉、联合查缉、专项风险排查 14 次；开展邮递渠道安全准入风险防控“清邮”行动、跨境电商企业风险档案建设等重点专项行动。全年共布控查获安全准入风险情事 2,435 起，包括毒品（包括麻醉药品和精神药品）19 起、濒危动植物及其制品 86 起、枪支及零配件 4 起、反动宣传品 176 起、淫秽物品 246 起、侵权物品 1,492 批次。

【数据信息支持】2021 年，长沙海关举办云擎、海风等应用系统培训 4 次，通过线上授课、面对面指导、跟班学习等多种方式推动“云擎”大数据平台应用。开发异动监控、规则运行评估、新冠病毒专项监测等数据应用模型 46 个。

【风控联合研判】2021 年，长沙海关开展专项查缉、联合查缉、专项风险排查等行动 10 次，召开风险联合研判会议 14 次。组建涉检风险分析研判常设专家组，召开涉检联合研判会议 4 次，紧急下达 73 条布控指令。

【风险后续处置】2021 年，长沙海关

移交稽核查线索209条，稽查有效企业占比67%；移交缉私案件线索41条。查发逃证出口易制毒化学品情事3起，涉及涉案规模608吨。开展打击海南离岛免税“套代购”走私专项行动，刑事立案3起，抓获8名涉案人员，涉税100余万元。

【疫情防控】2021年，长沙海关下达高风险航班布控规则26条，布控命中核酸阳性旅客人数占总检出人数79.05%。组建运输工具新冠病毒防控工作专班，负责登临检查指令和终末消毒监督指令工作，共布控命中1,104趟航班，下达1,117条布控登临检查指令，其中包含13条终末消毒监督指令，所有指令100%按要求落实反馈。监控、分析和布控重点国家和地区新冠肺炎疫情，发布风险预警7份。

（撰稿人：余文亮　余立羽
龚幼玲　彭熙熙）

关税征管

【概况】2021年，长沙海关入库税收101.02亿元，出具征免税通知书1,394份。签发出口原产地证书4.16万份、27.07亿美元，同比分别下降34.51%、2.15%；受理进口享惠报关4,024单、税款减让3.94亿元，同比分别增长11.47%、30.89%。

【税收征管】2021年，长沙海关建立40个关税监控体系指标，发现并纠正业务差错230余项，补征税款约96.02万元。开展属地纳税人管理，对关区税源前30位的企业和各隶属海关税源第1位的企业建立企业底账，对4家重点企业建立“双特”（特许权使用费或特殊关系）价格台账。联合省报关协会、中国国际贸易促进委员会等单位开展企业培训14场次。邮件征税率提高14.9个百分点，快件征税率提高1.4个百分点，旅检征税率实现零突破。

【专项工作】2021年，长沙海关参加工业和信息化部、海关总署等五部委重大技术装备进口税收政策目录修订专家评审；参加海关总署《减免税工作制度》专项研究工作，牵头全国海关减免税监控分析小组工作，牵头关税司H2018减免税管理系统税款担保模块建设，参与《中华人民共和国海关进出口货物减免税管理办法》修订配套相关系统及减免税审核确认、减免税抽样考核等系统开发；承担H2018减免税管理系统快速审单改革试点、RCEP原产地管理信息化平台专项统计模块开发和测试，稳步推进行邮税征管应用试点。

【湖南自由贸易试验区创新措施】2021年，长沙海关首创“进口转关货物内河运费不计入完税价格”的审价创新模式，并获得海关总署备案授权试点，对创新举措制定操作指引、提出明确实施要求，累计33家企业按新模式申报内河运费扣减，减少缴纳税款94.18万元。

【关税政策研究】2021年，长沙海关牵头重大技术装备政策对我国高端制造影响研究司级课题，参与4项内河运费不计入完税价格研究课题，参与海关总署重点产品机车用柴油发动机专项课题调研并接受海关总署视频答辩，开展2项关区专项课题。制作7期“RCEP协定微课堂”、7

期 H2018 减免税管理系统操作指南，被海关总署“12360 海关热线”微信公众号、“关税聚焦”栏目刊载。

【税政调研】2021 年，长沙海关收集上报 82 项税政调整建议，位列中部六省第一。15 项建议被国务院关税税则委员会采纳，占全国海关被采纳建议条数的五分之一，创历史新高。围绕工程机械、轨道交通、航空航天和生物医药等方面开展税收优惠政策分析，提出税收优惠政策建议。向海关总署报送重大技术装备有关目录调整建议 56 项，44 条被海关总署采纳。

【展会税收政策】2021 年，长沙海关参与海关总署“十四五”期间中西部地区国际性展会进口税收政策执行办法的起草，从顶层制度设计提前解决中国—非洲经贸博览会享受免税的政策性障碍，使中国—非洲经贸博览会留购展品首次享受到免关税、免增值税、免消费税的“全免”待遇。

（撰稿人：王　晖　李　璇　曾群策）

卫生检疫

【概况】 2021年，长沙海关检疫出入境交通工具2,328架（艘）次、出入境人员2.43万人次，同比分别减少49.86%、91.42%。对出入境集装箱进行卫生检疫查验0.99万标箱，发现问题9起，同比分别增长81.17%、28.57%。完成出入境特殊物品检疫审批1671批次，同比增长6.16%，货值约40亿元。

【新冠肺炎疫情防控】 2021年，长沙海关严格落实进口高风险非冷链集装箱货物布控指令，实施新冠病毒核酸采样检测266批次、预防性消毒159批。

【生物安全】 2021年，长沙海关积极宣贯《中华人民共和国生物安全法》，开展“4·15”全民国家安全教育活动，举办“筑牢口岸检疫防线 守护国门生物安全”主题宣传活动。先后5次从进出境货物、邮包中发现特殊物品不合格，在入境集装箱货物中截获4批次蚊、蝇等输入性病媒生物。

【疾病监测】 2021年，长沙海关完成出入境预防接种0.75万针次，同比增长40.67%。出入境体检0.99万人次，同比增长36.88%，检出病毒性肝炎、性病、HIV阳性等47例。在“世界艾滋病日”“全国疟疾日”等重要事件节点宣讲传染病防控知识。与相关部门整合相关业务窗口，率先设立“湖南自由贸易试验区外国人来华工作一站式服务中心”。

【卫生监督】 2021年，长沙海关办结口岸卫生许可55件次，开展口岸食品、公共场所、交通工具、固液体废弃物等卫生监督1,636次，监管各类从业人员2.76万人，发现问题51项次，全部督促整改到位。开展口岸食品、公共场所抽检207批次、食品饮用水快速检测243项次，合格率均为100%。严格落实食品安全“四个最严”（用“最严谨的标准、最严格的监管、最严厉的处罚、最严肃的问责”，确保广大人民群众“舌尖上的安全”）要求，对口岸2家食品企业实施行政处罚，确保口岸“舌尖上的安全”。

（撰稿人：邓思芸）

动植物检疫

【概况】2021 年，长沙海关共检验检疫进出口动植物及产品 62.7 亿元，同比增长 36.3%，其中出口动物及产品 769 批、7.42 亿元，同比批次货值分别下降 12.8% 和 43.8%；出口植物及产品 9,126 批、21.2 亿元，同比分别增长 22.4% 和 28.4%；湖南省进口动物及产品 8.83 亿元，同比增长 5.3%，进口植物及产品 25.3 亿元，同比增长 49.7%。

【口岸防控】2021 年，长沙海关开展“国门绿盾 2021”专项行动，从非贸渠道截获各类种子种苗、活鱼等外来物种 135 种次，其中 50 种属于《濒危野生动植物国际贸易公约》附录Ⅱ物种。持续加强境外非洲猪瘟、非洲马瘟、高致病性禽流感、松材线虫等重大动植物疫情防控，持续完善红火蚁风险预警和应急处置机制，编写《红火蚁识别与监测技术指南》，进一步严格口岸检疫查验。出台《长沙海关第二届中国—非洲经贸博览会动植物及其产品监管方案》等制度，办理经博会进境动植物检疫审批 3 单。全年截获有害生物 70 种类 288 种次，种次同比增长 70.4%，其中检疫性有害生物 9 种类 88 种次，种次同比增长 255.9%；非检疫性有害生物 61 种类 200 种次，种次同比增长 40.8%。

【动植物检疫能力提升】2021 年，长沙海关制（修）订进境动植物及其产品检疫审批（动植部分）、进出境动植物检疫除害处理监督管理等 6 项操作指引。开展进出境动植物检验检疫基础设施建设项目中期评估，推进口岸检疫查验、监测、检疫处理等设施设备规范化建设，为隶属海关和技术中心配置 21 台/套、85 万元的设备；参与指导岳阳、黄花机场口岸进境木材、水果等指定监管场所建设。举办动植物业务专题培训 4 次，培训 600 余人。对符合条件的 217 名关员授予相应动植物检疫岗位资质，其中新增动植物检疫查验岗 202 人次，签证植物检疫官和兽医官 15 人次。

【生物安全法宣传】2021 年，长沙海关在 16 个业务现场开展国门生物安全专题普法宣传活动，组织“4·15 国门生物安全展”，陈列近年查获的外来入侵物种、有害生物、濒危野生动植物及其产品。在

“红网时刻”等媒体平台开展国家生物安全主题法律知识宣传。开展“送法进企业”活动，宣讲国家生物安全法律法规。推动“两品一标”（自由贸易试验区内生产的绿色食品、有机食品和地理标志性农产品）自贸创新便利化措施落地。

【源头管控】2021 年，长沙海关严格落实国门生物安全监测和进出境食用农产品和饲料安全风险监控等工作，抽取动物疫病监测样品 6,736 份。召开进出口农产品企业座谈会，对接粤港澳大湾区“菜篮子”工程建设。组织开展外来有害生物监测，在入境口岸、进口粮食加工企业、出口果蔬基地开展检疫性实蝇、外来有害杂草等有害生物监测工作。完成检疫性实蝇监测布点 600 个，收集各类昆虫、杂草标本 8 万余头（株）。

【进出口粮食安全保障】2021 年，长沙海关加强进境粮食装卸、运输、加工、下脚料处理、非法倒卖等关键环节的监管，全年检疫监管进境粮食 260 万吨，在进境粮食中截获有害生物 45 种类 240 种次；定期开展粮食进境港口、运输沿线、定点加工储备企业等重点区域有害生物监测和调查，发现 4 种类外来入侵有害生物；现场督促整改进境粮食的装卸、运输及使用问题 20 次。抽采进境粮食安全风险监测样品 138 个，检测多菌灵、克百威等农残 2,987 个项目；转基因检测样品 10 个，共检测 40 个项目，148 个样品均检测合格。

【供港澳活猪监管】2021 年，长沙海关支持“湘村黑猪”恢复供港，完善供港澳活猪运输途中、口岸异常处置程序。与澳门市政署联合启动供澳活猪细菌抗生素耐药性调查研究二期项目，顺利完成香港食环署年度探访工作。全年监管供港澳活猪 3.56 万头，同比增长 19.8%。其中，供港活猪 2.79 万头，同比增长 1.5%；供澳活猪 0.7 万头，同比增长 2.4 倍。

【服务特色农产品】2021 年，长沙海关力促“湖湘优品”特色农产品开拓国际市场，“洞庭湖大闸蟹”首次出口非洲肯尼亚，“麻阳冰糖橙”和脐橙分别首次出口菲律宾和老挝。支持竹制产业利用“一带一路”、中非合作论坛等合作机制开拓新兴市场，新增白俄罗斯、蒙古国等 21 个出口国家，出口目的地扩展到 90 个国家和地区，竹制品出口 1,844 批次、3.42 亿元，同比分别增长 27.5% 和 28%。

（撰稿人：孙小洁）

食品检验检疫

【概况】2021 年，长沙海关检验检疫进出口食品化妆品 3.2 万批、货值 105.1 亿元。其中检验检疫进口食品化妆品 7,333 批、50.3 亿元，进口食品主要为乳制品、肉制品，进口国家主要为荷兰、西班牙、加拿大等。检验检疫出口食品化妆品 24,856 批、54.78 亿元，出口食品主要包括茶叶、肉制品、蔬菜，出口国家和地区主要包括俄罗斯、中国香港等。

【进口食品检验检疫】2021 年，长沙海关深入实施进口食品“国门守护”行动，严格落实境外输华食品准入制度和生产加工企业注册制度，审核并签发冷冻猪肉、猪脂肪、肠衣等进境动植物检疫许可证 114 单。实施进口食品监督抽检，对不合格进口食品实施退运或销毁，严防不合格食品进入国内消费市场。对岳阳市 2 家进口企业进口食品多次检出农残超标情况分别实施 1 次通报，进一步压实企业主体责任。结合湖南省推进中非贸易需求，积极推进非洲优质食品农产品准入，完成对 8 个非洲国家食品安全体系研究，协助推进卢旺达干辣椒准入进程，靠前帮扶促成首批非洲干辣椒顺利进口。

【出口食品检验检疫】2021 年，长沙海关实施出口食品监督抽检，对检出的不合格食品不予出境。对新加坡、加拿大、澳大利亚、波兰、美国、中国台湾等国家和地区通报不合格的 79 批出口食品情况进行核查，向涉及的 2 家出口企业、2 个县级人民政府实施通报，推动企业落实主体责任、地方政府履行食品安全属地管理责任。积极推动市场采购贸易方式出口预包装食品在湖南实施，成为全国第三个获批开展市场采购贸易方式出口预包装食品业务的直属海关。

【“食品安全宣传周”】2021 年，长沙海关组织“食品安全宣传周”现场宣传活动 60 场次，举办讲座 24 场次，发布微信公众号文章 3 期，发放宣传资料 6,620 份，接受现场咨询 1,532 人次，组织线上答题 720 人次。

（撰稿人：江紫薇　吴　超）

商品检验

【概况】2021 年，长沙海关优化进出口商品检验模式，加强风险预警和快速反应，累计检验监管5.9万批进出口工业品，同比增长 4.3%；检出不合格 391 批，查发率同比提升 16%。严格进出口危险品安全监管，累计实施进出口危险品检验监管 4.64 万批、115 亿元，检出不合格 349 批，检验监管出口烟花爆竹、打火机数量居全国海关第 1 位。

【技能培训】2021 年，长沙海关设立进出口危化品检验监管实操示范培训基地，组织拍摄出口打火机、烟花爆竹 2 个岗位练兵教学视频被采用，实现长沙海关在海关总署“钉钉”平台教学视频零的突破。选派 247 名业务骨干参与海关总署 2021 年度岗位练兵和技能比武，考试通过率超过 80%，获评 2021 年度海关总署岗位练兵“优秀组织奖”，3 位同志进入全国百强。1 位同志参加海关总署培训教材编写组，负责烟花爆竹、打火机相关篇章编写。1 位同志入选海关总署进出口商品检验监管业务监控工作专家库。

【课题研究】2021 年，长沙海关牵头海关总署“进出口烟花爆竹新监管体系研究”科研课题 1 项，承担海关总署《出口烟花爆竹检验规程》（SN/T0306）等 6 项海关行业技术规范修订任务，牵头 3 项关级研究课题。牵头完成海关总署“特种车用变速箱及其零件”重点产业调研课题，获海关总署领导现场视频连线评审表扬；撰写冷光烟花质量安全风险、烟火药剂原辅材料行情监测、小五金固体废物属性鉴定等风险信息获海关总署商检工作信息采纳。积极推进“出口烟花爆竹监管信息化辅助系统”建设，将其纳入《长沙海关湖南省商务厅合作备忘录》，明确由省市县三级政府共同推进信息化系统建设。

【进出口商品风险预警体系】2021 年，长沙海关设立关区进出口消费品、烟花爆竹、机动车等 4 个质量安全风险监测点，有针对性地抽取 300 余批重点进出口商品进行风险监测。向省政府报送工作推进专题报告，发布工作方案并将风险预警体系建设纳入湖南省政府质量工作考核内容，牵头省直各厅局建立起从监测、汇总、分析、研判、预警、处理全链条进出口商品风险管理体系。

【业务改革】2021 年，长沙海关将出口烟花爆竹登记备案权限下放至隶属海关，压缩业务办理时间 50% 以上。参与湖南自由贸易试验区建设商检条线“9 + 3”项目、国家 6 批自由贸易试验区经验复制推广举措 26 项具体工作，其中 1 项工作即进口汽车第三方检验结果采信，列为关区首批重点推进改革举措。完成二手车出口 2 批、60 台，二手工程机械出口 2 台，进口汽车检验结果第三方采信 1 家企业，出口烟花爆竹实现从岳阳至香港直航。严格落实进出口化肥调整法定检验工作内容，对关区该类产品进行紧急排查，指导隶属海关、技术中心调整检验监管要求、完善检测项目。

【进出口危险品监管】2021 年，长沙海关制订《进出口危化品检验监管工作风险隐患专项检查方案》，分析研究辖区 2018—2021 年出口危险化学品报关情况，开展 6 次进出口危险品专项督查、监管领域安全风险隐患排查等专项检查；查处 63 批运输危险性级别“高危低报”情事，查处 22 票进出口危化品伪瞒报、6 家企业涉嫌逃避监管等情事；清理相关文件制度，提出优化调整布控指令建议。2021 全年共检验监管进出口危险品 4.64 万批、115 亿元，检出不合格 349 批。

【商检后续处置】2021 年，长沙海关重点关注“洋垃圾”走私、进出口危化品伪瞒报、进口机电产品以旧充新等走私风险，指导隶属海关移交 2 起进口日本废旧工具/工业混合油鉴定为固体废物、2 起出口危化品伪瞒报等案件线索，涉及货值约 335 万元。

（撰稿人：郑西安）

口岸监管

【概况】2021 年，长沙海关监管货运量 2,655.84 万吨，同比增长 1.17%；监管集装箱 28.57 万箱次，同比增长 15.59%；监管运输工具 4.66 万辆（艘），同比增长 65.12%；监管出入境人员 2.43 万人次，同比下降 91.58%；监管邮、快递总数 216.28 万件，同比下降 70.92%。

【口岸疫情防控】2021 年，长沙海关开展高风险入境航班检疫监管、病例溯源、航空器终末消毒、个人安全防护等工作，实现健康申报电子化率 100%，输入病例拦截率 100%；开展进口冷链食品、进口高风险非冷链集装箱货物采样和预防性消毒监督、寄递渠道进境包裹预防性消毒监督等工作。

【进出境运输工具】2021 年，长沙海关推行“铁路进出境快速通关”“出口运抵直装”改革试点，出口货物进场至放行时间从平均 1 天压缩至 4 分钟左右；指导郴州建设中欧班列站点，保障“郴州—马拉（波兰）”中欧班列发运；全年监管中欧班列 1,000 余列，同比增长 96.2%，其中长沙中欧班列发运数排名全国第 5。

【信息化监管】2021 年，长沙海关推动移动查验单兵作业改革，应用安全智能锁，实现音视频执法记录仪联网，部署金关二期物流链可视化系统。

【快件邮件监管】2021 年，长沙海关监管进出境邮件 105.76 万件，同比下降 82.61%，进出境快件 110.52 万件，同比下降 18.58%；新增快件运营企业 1 家，注销超过 1 年未开展业务的快件运营企业 2 家。

【新兴业态】2021 年，长沙海关验放“9610”出口清单 8,802.60 万票，排名全国海关第 7 位，验放“1210”网购保税进口二线清单 105.05 万票，排名全国海关第 20 位；监管市场采购报关单 1.75 万票，货值 90.2 亿元，同比增长 29.97%。开展市场采购全国通关一体化模式和“白名单”试点，获批成为全国第 3 个食品预包装出口试点。开展第二届中国—非洲经贸博览会监管服务，保障中国国际轨道交通和装备制造业博览会、湖南（国际）通用航空产业博览会等国际展会召开。

【安全生产】2021 年，长沙海关开展

安全风险隐患排查整治活动5次、排查整改隐患25个，危险品超期存储清理12次，动态更新海关系统安全生产专项整治三年行动突出问题隐患和制度措施“两个清单”7期。推动烟花爆竹堆场迁出岳阳城陵矶新港海关监管作业场所，督促霞凝港海关监管作业场所取得9类危险货物集装箱查验资质，实现全年安全生产“零事故”。推动上海港、北海港烟花爆竹出口通道相继恢复、“岳阳—香港”直航航线复航，畅通烟花直航通道。

【场所场地监管】2021年，长沙海关推进智慧物流通关，启动一体化云卡口项目、物流监控子系统等信息化系统建设工作；指导长沙黄花国际机场3号货站建设和郴州铁路货站、快件监管中心的改造，对11个指定监管场地进行核查整改，注销监管作业场所2个；完成长沙黄花国际机场3个指定监管场地现场验收工作，指导岳阳进境水果、原木指定监管场地申建；协助湖南省人民政府口岸办公室推进长沙黄花国际机场T3航站楼建设。

【智能审图】2021年，长沙海关H986智能审图2,854次，其中准确识别2,793箱次，准确率97.86%；CT机智能审图89.69万件。与设备厂商驻场工程师4次优化CT设备算法，提升识别精度。联合设备厂商开展制图、标图工作，共标注上传图像数据200余幅，并结合关区业务现特点，在原有智能审图算法基础上，加载一批新型算法。

【口岸监管环节安全保卫】2021年，长沙海关举办18次应急处突演练，在中国共产党成立100周年、全国“两会”、“七一”前后开展反恐维稳工作，开展“4·15国家安全日”宣传。严密防范枪支爆炸物品走私入境，查获疑似违禁出版物1,409件。推广辐射监测系统，满分获评湖南省核安全工作考核“优秀”。

（撰稿人：李星洲）

企业管理和稽查

【概况】2021年，长沙海关加大高级认证企业培育力度，新增7家高级认证企业，协助海关总署推进中非AEO互认，与卢旺达、毛里求斯、阿尔及利亚及布隆迪4个非洲国家的大使馆建立联系渠道。深化企业信用管理改革，实现企业海关备案、注销全程无纸化办理，实有备案企业达2.2万家。全面推广企业集团加工贸易监管改革，稳步推进边角料内销拍卖机制改革。对特许权使用费、跨境电商、粮食加工等商品和行业开展专项稽查，办结稽查作业120起、核查作业975起。

【企业管理】2021年，长沙海关新增注册企业4,083家，注销企业1,464家，实有注册企业2.23万家，其中高级认证企业52家，失信企业9家；完成97家企业的信用等级调整；新增106家出口食品生产企业和132家进口食品化妆品进口商备案。积极配合协助海关总署与乌干达、南非等国海关成功签署AEO互认协议全面实施“多证合一”“证照分离”“注销便利化”等改革。注销长期无海关业务和注册备案状态异常企业1,403家。

【保税监管】2021年，长沙海关设立加工贸易手册343份，结案手册395份；关区有加工贸易E账册8份，以企业为单元账册3份；在运行综合保税区账册272份，保税监管仓库账册14份，出口监管仓库账册7份，物流中心账册23份。湖南省加工贸易进出口总值711.3亿元，同比下降25.2%。其中，加工贸易进口312.1亿元，同比下降27.4%；加工贸易出口399.2亿元，同比下降23.3%。湖南省内5家综合保税区进出口1328.1亿元，同比增长36.4%。在蓝思科技集团试点企业集团加工贸易监管改革。在6家企业发起93次加工贸易边角料内销拍卖，累计成交金额965万元。在自由贸易试验区实施综合保税区内销选择性征税、四自一简、非保税包装材料进出区循环利用、保税维修、企业集团加工贸易监管改革等措施。开展打击跨境电商进口走私“断链刨根”专项行动。协助海关总署起草《跨境电商网购保税进口业务指引》《金关二期特殊区域系统操作手册》《优化海关特殊监管区域保税监管工作指引》。

【稽查】2021 年，长沙海关办结稽查作业 104 起，同比增长 9.1%。其中，查发问题作业 82 起，同比增长 41.38%；稽查单独追补税款 2,902.39 万元；稽查移交其他部门行政刑事处理 40 起，同比增长 60%，案值 10.54 亿元，同比增长 2 倍，涉税 3,087.21 万元，同比增长 35.26%。

【核查】2021 年，长沙海关发出核查指令 961 起，同比增长 75.05%；办结核查作业 975 起，同比增长 59.31%；查发问题作业 388 起、核查有效率 39.79%，分别同比增长 50.39%、下降 5.6%；核查移交缉私作业 50 起、货值 5.48 亿元，同比分别增长 614%、57.75%；核查补税 68.1 万元，同比增长 123.8%；核查发现问题移交相关部门处置 47 起。

【属地查检】2021 年，长沙海关实施进出境货物检验检疫抽检 5.39 万批，同比增长 26.6%，货值 148.26 亿元，同比增长 2.6%。其中，实施出口申报前抽检 5.2 万批，同比增长 31.5%，货值 125.25 亿元，同比增长 35.7%；检出不合格 471 批，同比增长 58.1%，货值 7,794.7 万元，同比增长 9.4%；不合格率 0.6%，同比减少 0.1 个百分点。进境货物检验检疫抽检 1,889 批，同比减少 37.1%，货值 23.01 亿元，同比减少 55.9%；检出不合格 184 批，同比增长 44.9%，货值 1.7 亿元，同比增长 98.8%；不合格率 9.7%，同比增长 5.5 个百分点。实施出口危险货物包装使用鉴定 3.67 万批、3,575 万件，同比增长 28%；使用鉴定不合格 194 批，不合格率 0.5%。

（撰稿人：刘星星）

统计分析及政策研究

【概况】2021 年，长沙海关立足“数据+研究”，制定实施《长沙海关贯彻落实〈“十四五”海关发展规划〉指导意见》，立足“快、广、深”要求，开展多个外贸专题分析研究，积极服务海关管理和湖南省“三高四新”战略，圆满完成全年工作任务。

【统计调查】2021 年，长沙海关开展海关总署各项统计调查项目 24 项，涉及关区企业 224 家（次），填报率均为 100%。每月开展出口先导指数调查问卷填报，督促长沙关区内 30 家样本企业进行填报，连续 5 年填报率和填报及时率保持 100%。在 2020 年技术性贸易壁垒样本企业的数据抽样工作中独立设计抽样方案，完成跨境电商地区统计试点调查抽样和《海关统计调查实务手册》第六章编写等工作，多次得到海关总署来函表扬。

【贸易统计】2021 年，长沙海关实施“日监测、旬检控、月审核”统计数据预警机制，启动“线上虚拟审核中心”，设立数据审核、数据监控、数据安全、数据参数等四个专业小组，打造关区数据质量一体化作业模式。定期开展数据质量评估检查，审核数据 100.2 万条，下发数据 6,450 条，更正 750 条，部分指标数据准确率高达 100%，长沙海关被列入全国海关统计数据质量控制中心成员单位。

【统计监督】2021 年，长沙海关发现统计监督问题 25 起，及时纠正申报不实影响统计准确性的各类差错。各业务现场开展统计核查 15 批，查办 43 起“两简案件”。持续开展异常贸易数据监控，及时向风控、稽查和缉私部门提供线索，向业务现场发布数据预警。加强与省商务厅、自贸试验区办公室、外汇管理局、税务局、公安局等单位联系配合，开展风险信息研判对碰，联动处置力度，完善联合管控不实贸易机制，形成“统计监督—统计核查—发现问题—纠正差错”的回路。

【业务统计】2021 年，根据总署部署，长沙海关推进业务统计系统指标调整，修订调整企业管理、进出境人员、特殊监管区域等业务指标，研究检验检疫指标查询办法，为外贸监测和海关管理提供数据基础。加强业务数据分析，服务海关改革发展，建立关区业务运行异动情况监测预警机制，每月向形势分析例会提交业务运行重点关注问题。编制各类业务数据报表530多张，及时满足关党委决策需要，为各职能部门和业务现场提供数据支撑。组织编写5篇《长沙海关业务统计工作交流》在总署网站上刊载，涉及直航船业务分析、快件业务分析、查获侵权物品分析、后疫情时代货运量分析等。

【统计分析】 2021年，长沙海关立足省情与关情，加强对重点敏感商品、主要外贸市场的跟踪监测，编制各类数据报表530余张，对涉及对美、日、韩、“一带一路”沿线国家等14个国家（地区），医药品、猪肉、大豆、轨道交通、装备制造业、农产品、中药材、特殊物品等25个商品开展统计分析，为地方开放发展贡献海关智慧。共计编发统计分析文章225篇，其中11篇被海关总署相关刊物采用，100余篇分析文章被湖南省委、省政府信息载体采用。连续5次通过长沙海关新闻发布会发布湖南省外贸发展形势，参与湖南省媒体渠道发布与报道湖南省外贸进出口最新形势132篇次。依法依规为地方政府开展外贸数据定制服务，提供数据服务500多次，数据报表3,000多张，数据查询记录条超1万多条，数据提供及时且未出现差错。

【数据安全】 2021年，长沙海关对119个信息系统开展数据安全检查，明确了40多项检查要点，梳理确定了系统清单、重点敏感人员清单、授权清单。建立防范数据安全风险措施及响应机制，通过组织学法辅导、“钉钉”直播培训等方式组织学习《中华人民共和国数据安全法》，通过12360公众号推送《一图知晓数据安全法》、各隶属海关电子屏宣传等多种形式，切实提高全员数据安全意识。对长沙海关2021年开发立项的3个系统进行安全前置审核。

【政策研究】 2021年，长沙海关积极争取参与4项署级课题，立项并完成25个关级课题。编发《湘关政研》76期，被海关总署《海关政研》采用1篇。撰写《促进对非贸易高质量发展》《长沙海关关于RCEP即将实施对湖南外贸发展影响分析及对策研究的报告》《前7个月湖南省对美进出口成倍增长 美通胀高企或将殃及我对美出口》《前三季度湖南省有外贸实绩企业突破6700家：2021年前三季度湖南省外贸企业发展现状及对策研究》等7篇专题报告获得湖南省委省政府领导批示。

（撰稿人：王梦池　王鹤洋　刘　梁　周承佳　杨章辉）

查缉走私

【概况】2021 年，长沙海关贯彻落实海关总署党委加强打击走私工作“1+6”文件要求，强化业务领导和缉私保障，海关移交缉私部门立案侦办走私犯罪案件 18 起，占刑事立案总数的 54.5%。推进反走私综合治理，率先在全国建立非法入境固体废物归口地方政府统一处置工作机制。组织开展“蓝天 2021”“护卫 2021”等专项行动，严厉打击“洋垃圾”、野生动物、象牙等濒危物种及其制品走私。侦办走私犯罪案件 33 起，案值 3.86 亿元，涉税 1.14 亿元，抓获犯罪嫌疑人 56 人，被海关总署缉私局列为挂牌督办案件 2 起；侦查终结刑事案件 24 起；移送检察机关审查起诉案件 25 起 35 人，刑事立案数和移诉率稳居内陆海关前列。行政立案 319 起，案值 23.1 亿元，涉税 416 万元，办结 330 起，其中隶属海关办理 294 起，行政案件立案数和隶属海关办案数创历史新高。

【涉税走私】2021 年，长沙海关立案侦办涉税走私犯罪案件 20 起，案值 3.8 亿元，涉税 1.13 亿元。联合烟草部门开展打击香烟走私行动，查获涉嫌走私雪茄 1,738 支，被海关总署缉私局列为挂牌督办案件 1 起。查办“洋垃圾”走私案件 2 起，查获废油 20 吨、废五金 7.2 吨。严厉打击“水客”走私，逐步搭建高风险购物旅客数据模型，侦办离岛免税“套代购”走私案件 12 起，案值 700 万元，涉税 70 万元。严厉打击农产品走私，立案侦办 2 起走私燕窝案、1 起走私鱼干案，查证走私燕窝 130 公斤、鱼干 160 吨。严防严打防疫物资、疫苗非法出境，查办案件 5 起，查获涉案口罩 155.98 万个、红外测温仪 1,668 个。

【非涉税走私】2021 年，长沙海关立案非涉税走私犯罪案件 13 起，案值 380 万元。深入开展打击象牙等濒危物种及其制品走私，刑事立案 1 起，查获疑似濒危物种 50 千克。深入开展“国门勇士 2021”专项行动，刑事立案 2 起，查获疑似枪支 18 支。深入开展打击涉毒走私，刑事立案 4 起、查获毒品 622 克，查发走私出口易制毒化学品线索，刑事立案 4 起、行政立案 1 起，涉案碳酸氢钠 216 吨。

【智慧缉私】2021 年，长沙海关健全

数据监控通报机制，完善数据月度分析研判模式，开展智能化数据排查，新增监控信息2项，全年指挥案管中心对76起案件发布预警提示128条。加强情报线索经营，全年统筹情报线索218条，办结162条，转刑事、行政立案49起。完善健全边控、追逃管理机制，办理、撤销边控措施65人、网上追逃7人。完善协查机制，协查案件258起，协助抓获犯罪嫌疑人13人。

【全员打私】2021年，长沙海关修订完善关区全员打私绩效考评机制，建立健全“风险＋缉私＋现场”立体化查缉模式，召开案审会3次，加强缉私、风控部门缉私情报信息共享，建立关区行政执法区域协作、对口援助工作机制。移交线索272条，转化刑事、行政案件217起。

【反走私综合治理】2021年，长沙海关推动地方政府发挥打击走私基础作用，协调推动召开全省打击走私综合治理工作会议，全力推动全省上下开展“国门利剑2021”行动，协调发挥成员单位职能作用，健全打击非法、保护合法、深化综治机制。开展“反走私宣传进园区、进校区、进社区”系列活动，推动形成全民守法、遵法氛围。

（本栏撰稿：马　刚）

国际及港澳台地区合作

【概况】2021年，长沙海关切实加强外事人才队伍建设，开展外事保密等教育，在全关范围内选拔业务骨干，登记备案外事岗位人员信息，积极向海关总署推荐外事人才。1名外事骨干参加海关高级英语翻译网上培训班，1名骨干作为驻外外交人员选派到驻毛里求斯使馆经商处工作。参与完成80余期《疫情日报》编报，编译《衡量贸易参与者腐败和廉政行为的新方法》获《海关编译参考》第2期采用。

【“三智”合作】2021年，长沙海关主动承担海关总署《中华人民共和国海关法》修订中的“三智”立法研究课题，撰写《“智慧海关、智能边境、智享联通”制度研究报告》，提出2条修订建议。报送技术性贸易措施经验材料1篇，制定12条措施加快“三智”建设，服务“一带一路”高质量发展。聚焦“智慧海关”建设，在全国海关中率先开展食品安全领域送收样环节智能化监管项目建设，实现送收样环节的智能化定位和轨迹追踪等功能；开发建设出口烟花爆竹辅助监管平台、送收样环节智能化监管系统，推动54项业务监管事项“进系统、留痕迹、可追溯”。

【与非洲国际合作】2021年，长沙海关充分发挥“署省合作”桥梁纽带作用，积极配合海关总署国际司调研组赴湘开展对非合作调研，全力保障第二届中国—非洲经贸博览会成功举办，高效办理31个国家和地区的335家参展商备案；成立中非AEO工作小组，协助推进中非AEO互认实现“零突破”，为海关总署与乌干达、南非等国家海关成功签署AEO互认协议做好前期基础工作；推进非洲产品准入进程，支持湖南在全国首次进口非洲卢旺达干辣椒，首次将大闸蟹出口非洲肯尼亚，助力打造中非经贸深度合作先行区。

【与澳门合作】2021年，长沙海关推动落实《海关总署与澳门行政法务司关于食品安全和动植物检验检疫的合作安排》，深化和扩大细菌抗生素耐药性调查研究合作，与澳门市政署联合启动供澳活猪细菌抗生素耐药性调查研究二期项目，对供澳活猪细菌性耐药性进行评估分析，为供澳活猪检疫监管提供坚实科学依据，全年供澳活猪增长2.4倍。

（撰稿人：刘　源）

第五篇

综合保障

政务管理

【概况】2021年，长沙海关充分发挥统筹协调、督办落实、综合管理等职能作用，努力提升“三办三服务”水平。着力提升文稿服务质量，全年起草各类综合文稿240余份，出色完成关党委巡视工作报告、署省合作备忘录等重要文稿任务。组织开展纠治形式主义官僚主义、防范化解重大风险等2个专项整治活动，完成销号率达100%。梳理汇编《办文办会办事实务手册》，举办专题培训班，明晰办理时限、流程、标准和注意事项，提高办文办会办事规范化、精细化水平。累计督办月度重点工作任务448项，关领导批示516件，海关总署重要文件152份，办结率100%。

【新冠肺炎疫情内部防控】2021年，长沙海关开发每日健康申报和统计功能模块，优化出差出行报批报备审批模块，建立核酸检测网上报批模块，实现新冠肺炎疫情防控工作“进系统、留痕迹、可追溯”。梳理新冠肺炎疫情内部防控制度、措施，编制10大类、27项新冠肺炎疫情内部防控措施自查清单，组织开展内部发现新冠病毒阳性病例桌面推演。全年下发新冠肺炎疫情内部防控通知26份，组织新冠肺炎疫情紧急排查30余次，公布干部职工新冠肺炎疫情排查信息75期，落实集中隔离、居家隔离等防控措施干部职工165名；组织开展检测32,392人次，疫苗集中接种7次。

【政务信息】2021年，长沙海关推行“人人写信息”，优化信宣工作目标考核机制，实行达标管理和计分排名，每月通报信宣情况、三好作品评选和信息错情，总署相关刊物分别采用。省委省政府分别采用长沙海关信息68条、127条，分别列省直和中央在湘单位第4名、第3名。

【新闻宣传】2021年，长沙海关在海关总署计分媒体刊发稿件550余条次，在直属海关新闻得分排名B序列第1位，全国海关第13位，创历史最好成绩。其中，央媒发稿76条，同比增加17条。特别是《新闻联播》发稿13条，并首次单条刊播长沙海关报送的“中非双边贸易额年均增长14.5%”新闻，数量质量均获新突破。全力配合省内主要媒体对海关服务湖南对外开放新举措、新亮点、新成效进行集中报道，共发稿28篇（条），湖南卫视新闻联播连续3天播发专题新闻，总时长接近15分钟，《湖南日报》头版刊发长篇概况《打造开放高地的海关之为》，并编发评论员文章《打造“高地”，长沙海关冲在前》。

【政务公开】 2021年，长沙海关首次参与总署举办主题为“红色传承红色湘关”的在线访谈，访问量达到128万余次，网友提问483条，创造海关总署在线访谈纪录新高。高质量组织微视频拍摄工作，海关总署网站“海关影像”栏目采用6个，累计在“学习强国”、海关发布等平台发布微视频70余个，其中微视频《百年公馆》在央视频、海关总署门户网站同步发布。扎实推进门户网站建设。在海关总署12360微信公众号共计发稿25篇次，创历年新高。稳步推进12360服务热线归并工作，率先全省完成热线归并工作，被湖南省主管部门归纳为“海关模式”向其他中央直属单位推广。

【公文处理】 2021年，长沙海关规范发文办理工作，认真做好发文审核工作，按季度开展发文情况通报，制发1,602份文、函、签报，未发生退文，公文处理水平有效提升。开发阅文效率系统，按月公布督办全关所有人员的收文阅办时长，全年办理各类收文7,165份，其中办件平均办理时长减少70%，阅件平均办理时长减少50%。

【机要档案】 2021年，长沙海关抽查计算机，其中机关部门抽查率100%，隶属海关抽查率78.3%，规范机要阅文及涉密人员管理。开展保密宣传教育活动，拍摄的保密教育宣传片《阳光之下》获得湖南省保密公益宣传片特等奖、1件书法作品获评三等奖。长沙海关荣获湖南省“十三五”时期保密工作先进单位，1名同志获评全国海关机要保密工作先进工作者。提前海关总署规定时间近2个月完成2020年度档案整理工作，整理收发文、资料7,000余份，归档文书档案1,918件，资料115盒，整理照片档案20盒、1,136张，归档声像档案138件。向湖南省档案馆移交2020年度涉及海关职能的新冠肺炎疫情防控文书、照片、音像、实物等档案目录共316条。以“档案话百年”为主题开展档案宣传活动，向海关总署报送优秀征文作品5篇，微视频1个，其中讲述百年公馆故事的征文被海关总署编入《海关档案故事100篇》。

【综合服务保障】 2021年，长沙海关组织开展“提一条好建议”活动，共收集885条建议，梳理归并为177条建议，对采纳吸收的75条建议及时督办落实，对已在开展的41条建议和不予采纳的61条建议逐条进行说明，并评选出10条“金点子”建议。深化平安海关建设，连续12年获评平安建设先进单位，连续10年保持“平安单位”称号，首次获评全省“国家安全人民防线建设先进单位”，成功创建湖南省无烟党政机关单位。办理反馈6件人大代表建议、9件政协提案，代表、委员满意度达100%。制定长沙海关《依法分类处理信访诉求清单》，规范设置4大类、27项信访依法分类处置事项，严格按规定办理信访件6件，1名同志获评全省信访先进个人。健全完善应急管理体系，强化值班监督检查，加强业务培训和应急演练，持续用力提能力、防风险、补短板，统一规范了各隶属海关24小时值班室、党委会议室和视频会议室建设。

（撰稿人：王诗题　王新宇　刘　源　陈　为　苏　立　张　露　林　俊　蒋芳兰　黎　鑫　潘　虎）

财务管理

【概况】2021年，长沙海关狠抓预算、决算管理，坚决落实中央“过紧日子”的要求，在海关总署下达长沙海关2021年中央财政预算资金较2020年压减22.32%的形势下，按照集中财力“优先保民生、重点保运转、精准保发展”的要求，统筹关区各类财力资源，积极争取地方财力支持，科学安排全年财务支出。深化税费业务改革，持续改善口岸营商环境。认真做好“国门利剑2020”“蓝天2020”专项行动中查扣的涉案财物移交、保管工作，加快涉案财物处置工作进度，组织开展关区涉案财物专项清理。

【税费财务管理】2021年，长沙海关深化“财关库银”联网、行邮税移动支付等税费业务改革，持续改善口岸营商环境。利用税费财务系统对各单位报表报送质量、会计科目使用和核算、资金收缴管理等方面进行不定期的监督检查，确保各类税费资金及时、准确入库和通关业务时效。全年税款入库101.02亿元，其中关税9.10亿元、进口环节税91.92亿元。罚没收入入库476.85万元。

【预算管理】2021年，长沙海关狠抓预算管理，推进预算绩效一体化管理，全年中央财政预算执行率100%，被财政部湖南监管局评为2020年度中央在湘预算单位预算管理先进单位。建立并完善“过紧日子”评估机制，制发《长沙海关关于贯彻落实“过紧日子”要求的实施方案（2021年）》，定期开展落实“过紧日子”要求评估，推动关区行政运行成本不断降低，有关经验、成效被海关总署推送到中华人民共和国财政部。

【国库集中支付管理】2021年，长沙海关进一步规范财政资金管理，制定《长沙海关国库集中支付管理工作规程》，提高财政资金的安全性、规范性和有效性，有效防范财政资金风险。将“资金支付动态监控”工作纳入对隶属海关单位领导班子考核评分指标和“过紧日子”季度评估评分指标，加强考核评估，促进各预算单位进一步提高国库集中支付管理水平。

【部门决算管理】2021年，长沙海关以“收支真实、数额准确、内容完整、报送及时”为要求，配足、配强审核力量，优化审核流程，统一审核规范和标准，高质量做好部门决算编制工作，全年决算支出4.94亿元，较2020年下降1.29%。组织各单位对收支账目、往来款项、银行存款等进行清理核对，做到账账相符、账实相符，坚决落实“过紧日子”要求，硬化预算约束，在决算中如实反映压减一般性支出等工作成果。

【涉案财物管理】 2021年长沙海关加强与缉私、业务和仓储管理部门的联系配合，通过视频监控、现场抽查等方式开展安全检查5次，定期核对、清理处置涉案财物。全年涉案财物入库18批次，拍卖2批次，发还1批次，移交2批次，销毁2批次。推动湖南省政府率先建立海关查扣冻品、固体废物移交处置工作机制，努力破解涉案财物“移交难”“处置难”问题，向地方主管部门移交涉案冻品35.51吨，得到海关总署的高度肯定。通过书面商洽、多次上门和电话反复沟通等方式，推动湖南省农业农村厅从外部“借力”保管，解决因没有保管条件无法接收问题。联合湖南省农业农村厅向湖南省水生野生动物救护工作站移交鲸牙、玳瑁和红珊瑚制品等39件，总重量7.66千克。协调深圳海关协助衡阳海关拍卖异地存储的2,619.82吨涉案废钢，起拍价453万元，成交价681万元，溢价率50.33%。

【企事业财务管理】 2021年，长沙海关制订国企改革方案，组织完成长沙海关所属进出境检疫处理单位脱钩工作，顺利完成长沙海关全民所有制企业改制工作。建立收费管理常态化工作机制，加强对所属企事业的监督指导，及时传达收费政策和管理要求，坚决杜绝违规及不合理收费行为。加强企事业单位财务管理，按月汇总上报关区企业快报及企事业单位收入统计报表，组织关区所属企业完成2020年度企业决算报表编报工作。

【基建管理】 2021年，长沙海关落实基建管理分级审批、管建分离等制度要求，做好项目立项论证、概算编报审核、办理财务竣工决算等工作，压紧压实项目实施主体责任，用好基建管理综合系统，通过现场检查、定期通报等方式，督促项目推进力度，确保预算资金执行进度达到序时进度要求。协调长沙市政府落实黄花机场海关配套设施工程建设资金，按规定批复韶山海关业务技术用房及附属用房维修改造项目初步设计和投资概算，积极申报湘西海关边关生活设施保障能力提升工程项目。开展关区缉私警察业务技术用房保障情况评估，合理编制建设规划，组织开展4个缉私分局业务技术用房建设前期论证和项目申报工作。做好航空口岸疫情防控基础设施建设工作，抓紧推进口岸应对重大疫情卫生检疫基础设施项目。

【资产管理】 2021年，长沙海关完善资产管理制度，组织开展资产清查，实现账账相符、账实相符；组织在账资产全面贴标，实现了人物关联，初步构建了资产全生命流程管理链条；组建闲置房地产整合利用工作小组，对隶属海关闲置房地产处置工作进展一事一议、一项一策，对有相对成熟解决方案的项目重点跟踪，大力协调推进。积极推进张家界教育培训基地试点改革扫尾工作，获得海关总署点名表扬。

（撰稿人：邹　颖　周建霞）

科技发展

【概况】2021 年，长沙海关围绕重引领、快支撑、严规范、强服务、提质效的工作理念，完善科技管理机制，提高科技供给能力，推动关区科技工作再上新台阶。成立长沙海关科技委员会，设立 13 个专业技术委员会；加强信息化建设，完成 3 个关级信息化项目建设，排查解决业务领域信息化覆盖问题，落实“进系统、留痕迹、可追溯”要求；获得署级科研项目立项 2 个、完成 3 个；完善“微创新”工作机制，完成 4 个微创新项目评审及实施；优化关区实验室布局及资源配置，推动实验室一体化运行；落实总署网络安全工作要求，开展信息系统账号授权清理，顺利完成中国共产党成立 100 周年和党的十九届六中全会期间的网络安全保障任务，参加网络攻防演习活动并取得好成绩；开展“科技活动周”宣传活动，营造全员创新的良好氛围。

【科技规划】2021 年，长沙海关规划关区“十四五”科技发展目标，编制信息化应用项目规划，完成食品安全领域送收样环节智能化监管等 3 个项目建设；推进烟花爆竹辅助管理系统在海关总署立项审批。开展“科技活动周”主题宣传，召开科技信息化研究座谈，开展信息化和网络安全培训、科普讲解比赛等活动，活动概况稿“为红色湘关建设提供科技支撑”在《中国国门时报》第 8 版“关区风采”整版刊发，活动纪实内容在中国海关传媒中心微信公众号发布。

【科技保障】2021 年，长沙海关为安全智能锁配备联网通道，将海关总署物流链可视化系统和安全智能锁应用到取送样环节，实现全关区的智能化物流监管。推广使用 166 台信息化改造项目终端，完成 883 台通用信息化设备资产超标准配置处置工作，审核 91 台电脑准许入网。对接缉私公安网建设需求，协助缉私部门完成网络升级，为“智慧缉私”提供保障。

【科研管理】2021 年，长沙海关获批海关总署科研项目 2 个，申报科研“揭榜挂帅”项目 1 个，获评海关总署一级成果 1 个。完成出口水稻种子中重要检疫性病害检测技术研究等 3 个署级项目验收，完成 2 项铝颜料和 1 项烟花检测方法国际标准修订。编制关区《科技“微创新”工作指引》，完成技术中心、保健中心申报的4个微创新项目的评审及实施工作。开展取送样品信息化管理研究，形成论文等成果材料3篇，课题报告1篇。开展自由贸易试验区信息化建设课题研究，以海关为视角提出整合建设自由贸易试验区信息化平台的技术方案。

【实验室管理】2021年，长沙海关完成海关总署“查四”系统和e－Lab系统的对接试点任务，进一步完善保健中心实验室质量管理体系，实现技术中心检测实验室质量管理体系关区覆盖。组织开展核酸检测实验室安全日常视频检查和实地检查，发现并督促整改问题50余个。完成移动P2＋实验室验收、上牌，调拨至张家界海关并投入运行。

【信息化建设】2021年，长沙海关开展智慧政务平台项目建设，优化改造关网主页、栏目，优化HB2012阅文统计功能，完善缉私局、隶属海关督办管理功能。开展食品安全领域送收样环节智能化监管项目建设，定制智能化样品箱和后台业务系统，在全国海关食品安全领域先行先试实现送收样环节的智能化定位和轨迹追踪等功能。完成电子口岸智慧服务平台项目立项，实现对外智能化服务功能。推进烟花爆竹辅助管理系统、智慧监督平台、智慧物流系统3个项目的立项。清查信息化覆盖问题72条，审议涉及业务领域的54个问题，解决率75.5%。完成长沙海关一般纳税人系统、物流监控系统等系统的安全模块和日志审计功能建设工作；按照《海关业务数据分类分级工作指引V1.0》要求，在新建信息系统的立项环节加强数据字段设计，严把数据分类分级、数据资产梳理关。

【网络安全管理】2021年，长沙海关全面梳理授权账号权限范围，共清理108名管理员、31名检查员、221名普通用户账号。将（分布式）署级系统和关级系统管理员分别控制在4人以下，（集中式）署级系统管理员控制在2人以下。优化授权申请制度及审批流程，保证所有信息系统授权过程进系统、留痕迹、可追溯。修订《长沙海关网络安全管理规定实施细则》，制定《长沙海关信息系统应用账号授权管理办法实施细则》，逐步完善网络安全管理体系。更新网络安全防护设备，上线态势感知系统等新型安全防护系统、开通外部边界防护；与湖南省公安厅网技总队和安全设备厂商在网络安全漏洞防护、病毒防护、安全加固等方面开展交流协作。顺利完成春节和两会期间网络安全保障、2021年网络安全攻防演习、庆祝中国共产党成立100周年、中国国际服务贸易交易会、中国国际进口博览会和党的十九届六中全会等多项重大活动的网络安全保障工作。全年无大规模病毒爆发、无网络被黑客攻陷、无核心信息系统瘫痪等情况发生，核心网络可用率和重要系统可用率均为100%，未发生四级及以上网络安全事件。

（撰稿人：邓群赞　朱学仕　刘莎莎
肖　俊　粟大为　谢　桢）

督察内审

【概况】2021 年，长沙海关聚焦重大决策部署强化督察落实，开展督察项目 14 个，有力推动各项重大政策措施落实落细。深化海关内部审计，以问题为导向，开展经济责任审计项目 5 个，专项审计项目 1 个，专项审计调研项目 1 个，通过建立健全审计问题整改机制，促进被审计单位完善规章制度、纠正业务偏差、加强内部管理，充分发挥了内部审计监督保障作用。深入推广海关内控科技主平台应用，构建“三道防线”。在总署指导下健全执法评估工作机制，完善项目清单管理。

【督察监督】2021 年，长沙海关以总署项目清单为基础，进一步研究制定及运用“判断依据”“业务数据”“异常数据”“成果共享”“问题整改”5 张清单，推进督察项目清单式管理，提升督察实效。组织开展了 2021 年二季度重大政策措施落实情况跟踪督察、进出口危险化学品监管措施落实情况专项督察等 2 个署级重大决策跟踪督察自查项目以及 12 个关级督察项目，涵盖进境高风险货物风险监测和预防性消毒、进出口危险化学品监管、进出口商品检验、口岸卫生检疫措施落实等 12 个方面。

【审计监督】2021 年，长沙海关克服新冠肺炎疫情影响，以领导干部履职尽责为主线，落实审计全覆盖要求，对邮局海关等 5 个单位开展经济责任审计。组织开展专项审计，对照“重大决策落实”“强化监管优化服务”“贯彻落实中央八项规定精神”3 个方面 135 项要点开展自查，对 6 个隶属海关开展实地检查。组织开展海关实验室建设专项审计调研。整改总署对长沙海关审计发现的有关问题、长沙海关内部审计项目发现的有关问题，组织对基建项目开展结算审核。

【内控机制】2021 年，长沙海关结合内部督察、审计发现的问题，进一步完善规章制度，优化业务流程，健全关级内控节点指标体系，及时对风险隐患进行自查自纠，防止问题屡查屡犯。建立 HLS2017 内控平台应用情况月度分析机制，持续推广内控平台应用，发挥智慧监督作用；建立业务异常数据月度分析机制，应用 HLS2017 内控平台和“云擎”系统建立数据分析模型，排查风险异常数据。开展关区内控培训，对有需求的隶属单位点对点“送教上门”，提升基层自控能力。对署级及关级规章制度、信息化应用项目开展内控前置复核，提出完善意见35条。

【执法评估】2021年度，聚焦湖南省重点业务领域，完成供港澳活猪、出口烟花爆竹、出口打火机3个海关监管执法评估项目。

（撰稿人：黄　毅）

第六篇

隶属海关

长沙黄花机场海关

【概况】长沙黄花机场海关于1990年7月经国务院批复成立，2006年升格为正处级；2018年4月，原湖南出入境检验检疫局长沙机场办事职责和队伍划入长沙海关驻黄花机场办事处，同时更名为长沙黄花机场海关。下辖旅检、货运、综合保税区、快件、跨境电商、保税航油监管仓6个海关监管作业场所和场地，内设13个科室（办公室、人事政工科、综合业务科、查验科、物流监管科、卫生监督科、综合保税区监管科、快件监管科、旅检一科、旅检二科、旅检三科、旅检四科、运行监控科）。

▲2021年1月11日，长沙黄花机场海关开展跨境电商业务监管工作

2021年共审结报关单4.4万票，监管货运量9.8万吨，货值43.5亿美元，入库税款16.5亿元；监管进出境航班2,091架次，进出境人员2.3万人次；监管进口B类快件27.9万票，货值7,269.5万元。

【党建工作】2021年，长沙黄花机场海关强化政治机关建设，强化口岸疫情防控、安全生产、优化口岸营商环境、严厉打击象牙等濒危物种及其制品走私等工作，忠诚捍卫“两个确立”、坚决做到“两个维护”。组织学史明理、学史增信、学史崇德、学史力行四个专题学习，开展讲家乡党史故事、阅读红色经典主题分享会、红色资源现场教学，开辟“党史百年天天读”专栏。

2021年，长沙黄花机场海关在抗击新冠肺炎疫情中深化“云雁”党建品牌，形成“1＋14”矩阵，旅检四科党支部被评为长沙海关首批“四强”党支部示范点。

【队伍管理】2021年，长沙黄花机场海关落实巡视整改，针对13项问题、制定40项措施落实整改。1人被评总署2021年度“百名优秀执法一线科长”，10人获得个人嘉奖，14 人获得长沙海关通报表扬。

2021 年，长沙黄花机场海关扎实开展“现场监管与外勤执法权力寻租”专项整治工作，排查重点关注单位 9 个、廉政风险清单 63 项、集体约谈 29 人、制定业务工作指引 6 项。

【新冠肺炎疫情防控】2021 年，长沙黄花机场海关检疫监管出入境航空器 2,091 架次、出入境人员 23,365 人次。严防疫情叠加输入，检出疟疾阳性病例 2 例，其中 1 例为湖南口岸首例输入性恶性疟病例。

2021 年，长沙黄花机场海关实施“班前研讨、班后复盘”的工作机制，8 次优化海关监管作业流程，接受 2 轮国务院督导组、3 轮海关总署督导组的检查。

2021 年，长沙黄花机场海关从严落实外来人员登记、体温监测、“两码”核查、公共区域通风消毒、环境清理等防控措施，内部新冠肺炎疫情防控落实到位。

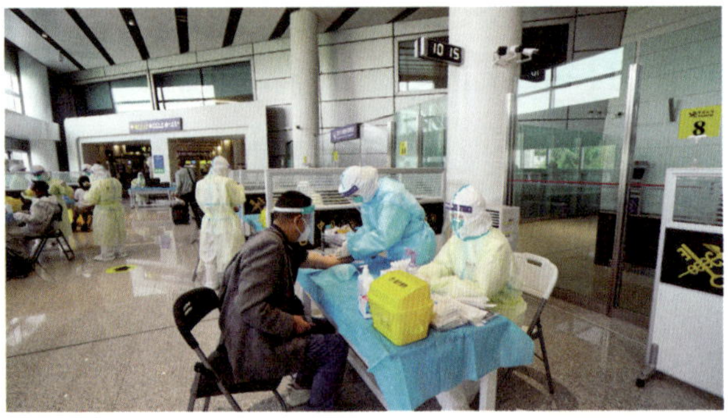

▲2021 年 4 月 29 日，长沙黄花机场海关开展入境人员采样工作

【监管综合】2021 年，长沙黄花机场海关严格落实出口医疗物资质量安全监管、查缉新冠病毒疫苗非法出口、开展国门生物安全监测、进出口食品化妆品安全监督抽检及风险监测、进境食用水生动物安全风险监控及疫病监测、进境水果安全风险监控，检疫性实蝇监测点布点 50 个、进境食用水生动物安全风险监控 78 批次、疫病监测 59 批次，销毁处理 1 批货证不符的进口食用水生动物。落实“龙腾 2021”知识产权保护专项行动，查获出口侵权货物 2 批次，并首次在货运出境渠道查获夹藏药品 1 万多粒，查发件数大幅增加。

2021 年，长沙黄花机场海关主动对接航司、检疫处理单位，做好客运航班终末消毒、固液体废弃物处理等工作监督，卫生监督口岸食品、饮用水、公共场所等 680 次，抽取 79 批次食品样品、快速检测食品饮用水 182 项次。

2021 年，长沙黄花机场海关扎实推进“国门利剑 2021”“蓝天 2021”“护卫 2021”等打击走私专项行动，开展跨境电商进口走私“断链刨根”专项行动，办结“两简案件”34 起，移交一般行政案件线索 2 起、刑事案件线索 2 起，罚没收入 53.65 万元。

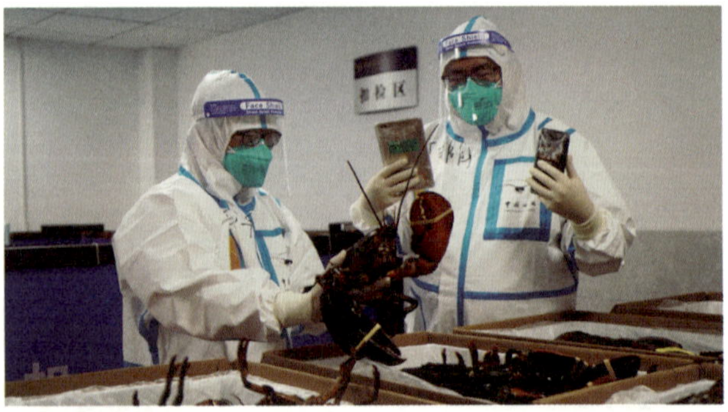

▲2021 年 8 月 17 日，长沙黄花机场海关开展进境水生动物查验工作

【服务地方经济】2021 年，长沙黄花机场海关落实“放管服”改革部署，率先在全关区开展“两步申报”“两段准入”“预约通关”和综合保税区卡口“两步申报”4 项工作。进、出口整体通关时间分别为 27.14 小时、0.41 小时，均优于全国海关、长沙海关的平均水平，较 2017 年分别压缩 72%、87%。接受两步申报报关单 2,000 票、企业预约通关 500 次。

2021 年，长沙黄花机场海关推进自由贸易试验区任务清单，实施“跨境电商 B2B 出口监管工作试点”“海外仓备案、监管通关以及出口海外仓货物的退货监管等出口海外仓业务”“创新区内包装材料循环利用监管模式”3 个项目，推进“跨境电商新零售”“保税物流 + 保税维修”“二线暂进总担保”3 个项目，“区港联动”“文物及文化艺术品储存展示”“保税融资租赁”“区内复印机再制造”4 个项目取得突破，实地验收保区二期、货站三期、3 个指定监管场地。监管 2 架保税融资租赁进口飞机，保障第二届中国—非洲经贸博览会人员卫生检疫及进境展品通关，做好进口货物承运企业及报关企业的监管通关服务和宣传。

【综合管理】2021 年，长沙黄花机场海关制定《总值班工作管理细则》《队伍建设工作例会规定》等 29 项制度、工作指引，修订《长沙黄花机场海关旅检现场出入境人员行李物品申报监管工作指引》《长沙黄花机场海关免税商店及免税品监管规定》等制度 7 项，废止《长沙机场办事处旅检截留物定期销毁制度》等制度 5 项。

2021 年，长沙黄花机场海关围绕 5 个监控周期、13 个业务条线、102 项监控内容完善业务运行监控清单，完善基层内控节点 443 个，自查纠正业务差错 10 次、补税 454 次、移交缉私线索 2 条。

2021 年，长沙黄花机场海关组织各类培训 2,000 多人次，完善后备人才梯队，新获取安全防护监督员、进出口危险货物及其包装监管等各项资质 103 项次。

2021 年，长沙黄花机场海关落实海关总署巡视长沙海关整改 81 项重点任务，建立队伍建设、货运业务、旅检业务 3 个月度工作例会制度，提升办文质效和工作督办，竣工验收基础设施项目建设一期工程，推进二期工程。

（撰稿人：孙　丽　李　莹　张　剑　张雪苹　杨　帆　周　丽　罗　亮　彭琳超　潘　庆　傅　哲）

长沙邮局海关

【概况】2018 年 12 月 14 日，长沙邮局海关设立。2020 年 5 月 22 日正式开关运行。

2021 年，长沙邮局海关监管进出境邮件 105.76 万件，其中进境邮件 15.74 万件，出境邮件 77.84 万件。监管进口快件 47.06 万件。入库税款 1,502.66 万元。

2020 年 4 月，湖南国际邮件、快件、跨境电商监管中心内集中作业场地和监管作业场所获长沙海关成功验收，率先在中部地区实现邮件、快件、跨境电商三种业态同场监管。2021 年 12 月 14 日，长沙邮局海关“邮快跨”集约监管案例获得国务院自由贸易试验区工作联系会议简报刊登，成为湖南自由贸易试验区获批以来首个国家级案例。

【党建工作】2021 年，长沙邮局海关推进政治机关建设，引导党员干部增强“四个意识”、坚定“四个自信”、做到“两个维护”、忠诚捍卫“两个确立”。开展党史学习教育，开展“我为群众办实事”实践活动 4 项。

2021 年，长沙邮局海关党总支修订完善支部管理制度 16 个，建设“邮关卫士”党建示范品牌，在新冠肺炎疫情防控、税收征管等方面发挥“党员攻坚队”作用。落实“支部建在科上”，成立长沙邮局海关党总支及下辖 2 个党支部。

▲2021 年 7 月 1 日，长沙邮局海关开展“喜迎七一，共庆生日”主题党日活动

【队伍管理】2021 年，长沙邮局海关落实“挂图作战”、开门整改。对照总署党委巡视长沙海关反馈的 20 个有关问题，制定 64 项措施落实整改。落实巡察整改，对反馈的 15 个问题，制定 79 条措施落实整改。落实审计整改，对反馈的 9 个问题，制定 17 条措施落实整改。

2021 年，长沙邮局海关推进“现场监

管与外勤执法权力寻租”专项整治工作，分析研判廉政风险点8个、重点关注岗位4个。运用监督执纪“四种形态”提醒谈话17人次，及时整改党委派驻纪检组反馈的20个问题，强化警示教育。

【严防禁限物品入境】 2021年，长沙邮局海关开展“国门利剑”专项行动和安全准入风险防控“清邮”行动，查获冰毒和大麻3批次共计110克，查获象牙等濒危野生动物制品5批、枪支配件13件，查获疑似精神药品1批，查获虚拟电话卡50张、银行密码器9个，查获淫秽书刊、散发性迷信宣传物、非法政治出版物1,267本。依法移交并销毁2020年以来的禁限出版物5,000余册（本）。监管科获评2020年湖南省“扫黄打非”先进集体。

▲2021年11月10日，长沙邮局海关查验关员开展现场作业

【严防外来生物入侵】 2021年，长沙邮局海关开展“国门绿盾2021”专项行动，“4·15全民国家安全教育日”主题活动，有计划地开展了检疫性实蝇监测，送检动植物产品26批次，检出有害生物35次。截获外来物种112种次，植物种苗、种球499株。《邮寄渠道生物实验材料非法进境频发》被海关总署领导批示。

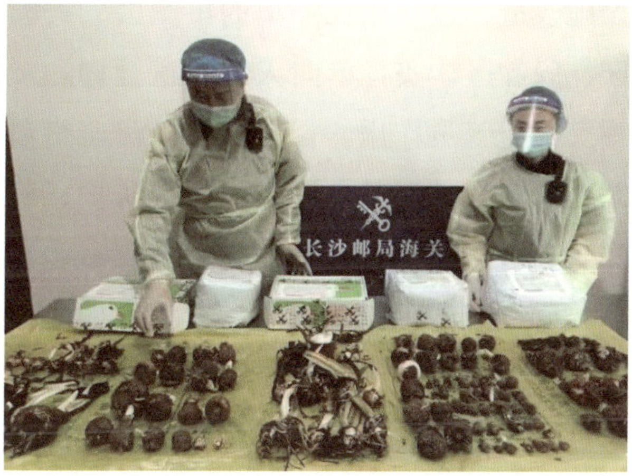

▲2021年5月，长沙邮局海关从进境邮件中截获活体植物种苗朱顶红8批177株

【严防侵权物品出境】 2021年，长沙邮局海关开展“龙腾2021”专项行动，组织“世界知识产权宣传周”主题活动，举办1期知识产权保护品牌鉴别培训班。办理侵犯知识产权案件400起、增长9.75倍，集中查获200件涉嫌侵权物品。

【快件审单业务】 长沙邮局海关于2018年12月起，承接关区快件集中审单工作，负责湖南邮政、郴州、黄花机场快件现场的审单工作。2021年，共审核进口快件110.50万票，货值2.88亿元。

【邮运转普货申报业务】 2021年，长沙邮局海关邮件转普货报关货值270.31万元。巩固压缩整体通关时效，进、出口整体通关时间分别为3.87小时和0.5小时，均优于长沙关区平均水平。

【新冠肺炎疫情防控】 2021年，长沙邮局海关细化疫情内部防控措施，重点加强场所管理、出行管理、个人防护、物资保障、每日健康申报。完成监管现场防疫设施改造，建立相互隔离的审图区、查验区、脱卸区，实行单向人流通道管理。发挥安全监督员作用。督促邮政公司严格消杀进境邮快件，坚持同场同标准防护，确保“打胜仗、零感染”。

【综合管理】2021 年，长沙邮局海关组织修订了《党委工作规则》《党委“三重一大”决策制度实施办法》《形势分析及工作督查例会》3 项制度，废止 11 项制度。

（撰稿人：龙 盈 朱晓岚 朱海燕 易 胜）

星沙海关

【概况】星沙海关于2014年11月18日建成开关。2018年4月，根据机构改革方案，原星沙海关、原长沙海关现场业务处、原长沙出入境检验检疫局浏阳办事处、原湖南出入境检验检疫局霞凝港办事处合并为星沙海关。星沙海关下设副处级机构驻浏阳办事处，内设14个科室。

2021年，星沙海关强化政治机关建设，坚持党建引领，推进全面从严治党，强基础、严管理、提质量、防风险，6项工作考核指标排名长沙海关第一、6项考核指标排名长沙海关第二。

2021年，星沙海关审结报关单10.19万票，同比增长25.4%；监管货运量162.37万吨，同比增长46.5%；货值673.35亿元，同比增长18.9%；税收入库34.79亿元；检验检疫5.38万批次货物，同比增长5.8%；货值177.97亿元；出口货物包装检验2.57万批；签发电子底账1.42万单，签发各类检验检疫证书7.37万份；签发各类原产地证书1.87万份，签证金额13.78亿美元；审批办理减免税986批次，货值3.43亿美元，减免税款5.11亿元；办理加工贸易货物电子化手册设立83本，核销手册72本，办理加工贸易货物销毁41批次；查发案件线索61条，移交缉私部门办理11条，办理“两简案件”85起，办结涉检案件6起。

【政治建设】2021年，星沙海关强化政治机关建设，开展“第一议题”学习39次。推进模范机关建设，制定落实“加强党的政治建设　推进政治建关”实施清单，细化措施82项并狠抓落实。扎实开展巡视整改，自查4个方面40个问题，制定落实整改措施87项。

2021年，星沙海关扎实开展党史学习教育，开展庆祝中国共产党成立100周年系列活动，举办党委中心组扩大学习班集中专题学习4次，13个支部开展主题党日活动30余次。聚焦“我为群众办实事”，细化清单11项，解决企业重难点问题33个、内部民生问题5个。参加长沙海关党史知识竞赛荣获第二名，获主题演讲比赛优秀组织奖。

【党建工作】2021年，星沙海关推进“强基提质工程”，升级“红色堂”党建宣传阵地，制定支部标准化规范化建设细化清单，组织各支部交叉检查。发挥党员先锋作用，26名党员主动报名参加新冠疫情防控工作。推进党建品牌创建，14个支部均建立支部品牌，其中“勤廉烟花监管人”获评长沙海关基层党建培育品牌。拍摄《烟花监管人的工作日志》短视频，荣登海关总署金钥匙年度人气榜第3位，获评“十佳新媒体作品”。

2021年，星沙海关组织青年理论学习小组常态化学习研讨，常态化开展社区服务、无偿献血、送政策进园区业务宣讲等志愿服务。“青年突击队”获“2019—2020年度湖南省省直青年文明号”，1人获评长沙海关“向上向善向前”好青年。

【清廉海关建设】2021年，星沙海关制订清廉海关建设实施方案，推进落实21项重点工作。党委与派驻纪检组定期召开全面从严治党工作联席会议，邀请派驻纪检组同志向全体党员进行廉政形势教育。扎实推进“现场监管与外勤执法权力寻租”专项整治，制定具体整改措施168项，完善17项工作机制。坚持常态化开展警示教育，集中学习违纪违法典型案例，党委书记讲授专题廉政党课，开展警示教育月党风廉政应知应会知识测试。

2021年，星沙海关坚持常态化查摆整改问题295个，制定完善相关工作制度、措施22方面92项。开发“烟花爆竹辅助监管信息化系统”，实现监管流程进系统、留痕迹、可追溯。

【队伍管理】2021年，星沙海关坚持全面从严管理队伍，定期点评对队伍状况，党委委员与各级党员开展谈心谈话500余人次，每周开展督察并通报，将日常表现与考核挂钩。加强窗口作风纪律建设，企业评价系统好评率100%。

2021年，星沙海关强化科室建设，制定“两级一岗”清单，将3个报关大厅18个对外窗口岗位整合至7个。开展岗位培训练兵，开展各类培训19次，培训328人次，新获取资质276人次。

【通关监管】2021年，星沙海关深化综合治税，税收入库34.79亿元。指导装备制造业企业就进口零部件、原材料提出12项税则修订调整建议。落实减免税优惠政策，为辖区企业减免税款5.11亿元，居全国第2位，涉及货值3.43亿美元。

2021年，星沙海关坚决落实“外防输入、内防反弹”要求，严防冷链、非冷链高风险进口货物疫情，监管进口冷链食品272批，非冷链进口高风险货物2,273批，做好非洲猪瘟、高致病性禽流感、埃博拉、沙漠蝗、蚊媒传染病等疫情防控，严防疫情叠加。严格内部防控，做到“打胜仗、零感染”。

▲2021年4月12日，星沙海关开展出口烟花爆竹企业调研工作

2021年，星沙海关加强危险品安全监管，按区域将269家出口烟花爆竹生产企业划分18条线路实施现场检验，检验出口烟花爆竹2.15万批，居全国海关第1位，货值33.29亿元，监装集装箱1.12万个。

【企业管理和稽查】2021年，星沙海关落实海关信用管理改革，实施“多证合一”“证照分离”“注销便利化”等改革措施，高级认证企业重新认证3家，新增4家，高级认证企业总数达31家。新增注册企业1,918家，实有备案企业1.02万家。

2021年，星沙海关受理企业主动披露9起，增长50%。推进打击跨境电商进口走私“断链刨根”专项整治工作，查发3家企业违规情事。开展进口大豆后续监管专项行动，查发倒卖进口大豆情事2起。办结稽查作业31起，查发30起；追补税款作业21起；移交缉私线索3起。办结核查作业183起，查发95起，移交案件线索24起。

【打击走私】2021年，星沙海关打击“洋垃圾”、野生动物、象牙等濒危物种及其制品走私，查获涉嫌走私进口固体废物“工业级混合油”16.8吨，查获涉嫌走私进口旧铁工具7.18吨。办理“两简案件”85起，罚没5.97万元；办结涉检案件6起；查发1起刑事案件线索。

【服务经济发展】2021年，星沙海关支持自由贸易试验区长沙片区建设，完成牵头事项13项。推进企业集团保税改革，指导蓝思科技集团获批首批试点资质；支持对非易货贸易业务试单；指导山河智能装备股份有限公司顺利出口湖南省首台二手工程机械；保障第二届中非经贸博览会举办；指导装备制造业企业择优适用自贸协定，为装备制造企业签发出口原产地证书1,640份，签证金额3.18亿美元；保障中欧班列、长沙—河内东盟国际货运班列提高开行量，开展出口直装和铁路快速通关模式试点，监管班列1,030列，货值27.69亿美元，分别增长92.12%、98.58%，发运数排名全国第5位。

2021年，星沙海关支持新兴贸易业态发展，开通跨境电商一般出口、B2B直接出口、出口“海外仓”等业务模式，跨境电商出口货值11.66亿元。实施市场采购贸易业务全国通关一体化模式，开展市场采购预包装食品出口试点，市场采购贸易业务出口货值90.21亿元，增长32.12%。

▲2021年9月9日，星沙海关指导企业开展市场采购业务

【综合服务保障】 2021年，星沙海关建立业务工作例会制度，每月督办重点工作，修订党委工作规则、党委“三重一大”决策制度实施办法等制度。完善内控机制，制定关科两级监控清单，监控发现处置异常数据4,366条、补征税款2,150.6万元。

【长沙—河内东盟国际货运班列首发监管】 2021年3月31日，在星沙海关监管下，首趟长沙—河内东盟国际货运班列发运，装载41个标准集装箱，货重573.1吨，货值311.35万元，货物为玻璃瓶、二氧化硅、热轧圆钢等，经广西凭祥铁路口岸出境，7天后抵达越南河内。班列在出口湖南的化工、钢材、工业产品的同时，也将带回东盟的特色农产品，标志着湖南与东盟国家贸易的深度联结，对全省对外经济发展具有积极意义。

【湖南省首起报关企业“许可”改“备案”制作业】 2021年4月29日，全国人民代表大会常务委员会对《中华人民共和国海关法》进行修改，取消“报关企业注册登记”海关行政审批事项，报关企业“许可”改“备案”制。5月14日，星沙海关办结湖南省首起自报关企业“许可”改“备案”制作业。

【企业集团加工贸易监管改革试点】 6月29日，星沙海关审核一票保税料件通过“深加工结转”贸易方式，从蓝思科技（长沙）有限公司顺利流转至蓝思科技股份有限公司。这是湖南省“企业集团加工贸易监管改革试点”正式落地后首单业务。企业集团加工贸易监管改革试点，是将同一集团的若干企业视为一个整体进行监管，解决以往保税料件难以在企业间流转问题，突破以单一合同或单一企业为单元的传统加工贸易监管模式。开展试点的企业集团，可实现集团成员企业间保税料件自主存放和自由调拨流转，简化外发加工、内销等业务办理手续，减免部分环节担保。蓝思科技股份有限公司和蓝思科技（长沙）有限公司为湖南省首批试点企业，全年能节约经营成本400万元。

【市场采购贸易全国通关一体化模式开通】 2021年8月30日，星沙海关开通市场采购贸易全国通关一体化模式通关。通过“采购地申报、口岸验放”一体化通关监管模式，企业可以直接将货物从产地发运至港口，同时在长沙按照市场采购贸易方式向星沙海关进行申报，再通过深圳盐田、深圳蛇口、浙江宁波、广西凭祥4个指定口岸，进行市场采购贸易全国通关一体化报关出境。

【保障第二届中国—非洲经贸博览会顺利举办】 第二届中国—非洲经贸博览会于2021年9月26—29日在长沙举行，为非洲国家、中国各省市区及中非企业提供展览展示和供需对接平台。星沙海关为本届博览会办理31个国家和地区的335家参展商备案，参展商和展品数量均创历史新高。

【支持湖南省二手工程机械首次出口】2021年11月3日，山河智能装备股份有限公司一台二手旋挖钻机，经连云港发往乌干达。该台二手工程机械设备于10月28日以通关一体化提前申报模式在星沙海关报关出口，货值39.45万美元。湖南省作为工程机械大省，支持工程机械二手设备低成本、高效率、制度化进入国际市场，对湖南培育新的外贸增长点、打造中非经贸深度合作先行区，都具有十分重要的意义。

▲2021年3月2日，星沙海关指导企业办理二手工程机械出口通关手续

（撰稿人：彭铃涵）

株洲海关

【概况】株洲海关于2002年11月4日正式开关并对外开办业务，2018年4月原株洲出入境检验检疫机构管理职责和队伍划入株洲海关。株洲海关下设副处级驻醴陵办事处，内设办公室、综合业务科、监管（保税）科、稽核科、运行监控科5个科室。

2021年，株洲海关培树身边榜样，2人分别获评“湘关好青年”“长沙海关优秀党务工作者”，4人获评“长沙海关优秀共产党员”。收到企业赠送锦旗4面，连续两年获评株洲市温暖企业行动先进单位、绩效考核优秀单位。

2021年，株洲市进出口总额230亿元，同比增长16.2%。其中，出口171.6亿元人民币，同比增长23%，占同期株洲市进出口总额的74.6%；进口58.4亿元人民币，同比下降0.1%。贸易顺差113.2亿元人民币，同比扩大39.6%。株洲市进出口总额占湖南省同期进出口总额的3.8%，在全省进出口值排名第8位。

【党建工作】2021年，株洲海关强化政治机关建设，修订《中共株洲海关委员会工作规则》等文件；积极开展党史学习教育，通过“线上+线下”“集中学+自学”等多种形式，强化思想理论武装；全力抓实“一支部一品牌一特色”建设，重点打造“火车头”党建品牌，形成支部品牌建设互学互鉴、共同进步的生动局面；充分用好红色资源，组织开展讲党史故事比赛、青年悦读会、书画摄影征集等多项活动；持续推进“我为群众办实事”实践活动，下厂调研30余次，撰写调研报告20篇，解决企业实际困难40余项，报送的“助力中国高铁出海的‘海关牵引系统’”入选总署第四批“‘我为群众办实事’百佳项目”，实现了长沙海关“零”的突破。

▲2021年5月25日，株洲海关党总支到杨得志故居开展党史学习教育

【队伍管理】2021年，株洲海关认真开展“内务规范强化月”“警示教育月”系列活动，先后开展内务督查22次，队列训练4次，开展谈心谈话40多人次。

2021年，株洲海关加大对执法一线科长的培养力度，对2名副科级干部的岗位调整提出建议。先后选派2人次参加总署集中工作，8人次参加总关集中工作及跟班学习。

【新冠肺炎疫情防控】2021年7月，株洲地区出现新冠肺炎感染病例，株洲海关成立新冠肺炎疫情防控指挥部，制订《突发事件应急管理暂行实施办法》等9个专项应急预案，建立关地联防联控机制；及时完善各类防控方案，组织做好“应检尽检”新冠病毒核酸检测工作；分批推进疫苗接种，充分保障防疫物资。

【巡视整改】2021年，株洲海关认真落实“四个融入”要求，制定整改任务18项、细化措施43条，落实“挂图作战”、建账销号、问题督办工作制度；在解决问题的同时，建立长效机制，强化制度执行，严防整改不到位、问题反弹。

【专项整治】2021年，株洲海关按照《“现场监管与外勤执法权力寻租”专项整治工作实施方案》要求，分“组织部署”“全面自查”“实地检查”“问题整改”4个阶段落实“清单式”管理，动态梳理廉政风险清单、重点关注岗位名单，对发现的问题立查立改。走访调研10家重点企业，规范举报渠道和奖励公示；编制55份学习手册。

【清廉海关建设】2021年，株洲海关运用监督执纪“第一种形态”，修订细化《株洲海关党委落实全面从严治党责任推进清廉海关建设分工方案》35项任务，利用HLS2017系统、云擎系统定期排查，用好技术手段开展风险分析研判。主动接受监督，每月举办关长接待日，召开特约监督员座谈会，收集意见、建议7条。及时研究办理派驻纪检组督察反馈意见11份。

【安全监管】2021年，株洲海关持续推进安全生产工作，组织学习警示案例，对42家企业70余人次进行安全知识培训，开展安全生产风险大排查，整改问题6项。对辖区内出口烟花爆竹逐批进行检验监管，检验出口烟花爆竹较2020年增长3.29%。深化查缉走私工作，落实打击跨境电商进口走私“断链刨根”专项整治行动要求。

【服务地方经济】2021年，株洲海关创新通关监管模式，助力湘粤非铁海联运通道首趟班列成功开行、岳阳泰金宝的多功能喷墨打印机融入“渝新欧”编组出口欧洲及株洲到乌兹别克斯坦塔什干的中亚班列首次开通；推动“汇总征税”“提前申报”“两步申报”“两段准入”等各项改革创新举措，实行节假日24小时预约通关服务。2021年株洲海关进口整体通关时间14.1小时，出口整体通关时间0.43小时，与2017年相比进出口通关时间压缩比分别为91%、98%，均优于长沙关区平均水平；组织RCEP宣讲、培训20多场次，覆盖关区400余家原产地签证企业近4,200人次；落实减税降费政策，为时代电气成功办理集成电路减免税业务；签发原产地证书6,299份，金额3.18亿美元，为企业减免进口国（地区）关税1,590万美元；持续抓好税政调研工作，针对性报送税则调整建议，可可豆降低税率等6条建议被采纳；助力中车株洲电力机车双层动车组首次出口奥地利，多类型轨道交通整车出口东盟、欧洲地区，出口总值突破10亿元。

▲2021年9月15日，株洲海关保障“湘粤非”铁海联运通道首趟班列开行

▲2021年8月11日，株洲海关检查海关监管作业场所新冠肺炎疫情防控工作

【政务管理】 2021年，株洲海关完善抓落实工作机制，督办工作314项，完成率100%。《中非双边贸易额年均增长14.5%》新闻被中央电视台《新闻联播》单条刊播，制作新媒体推送15期，部分被总署《金钥匙》、省直机关团工委等平台刊发。推动制度“立改废释”，制定制度2项，修订4项。

【财务及后勤保障】 2021年，株洲海关完成醴陵燃放试验场移交工作，启用24小时值班室。加强资金统筹，落实“过紧日子”要求，提倡节约，反对浪费。

（撰稿人：刘　献）

韶山海关

【概况】2001 年 12 月 27 日，韶山海关正式开关。2018 年 4 月，原韶山出入境检验检疫局管理职责和队伍划入韶山海关。韶山海关内设办公室、运行监控科、综合业务科、监管科、稽核科、综合保税区监管科 6 个科室，辖区范围为湘潭市。

【党建工作】2021 年，韶山海关推进党史学习教育，开展学史明理、学史增信、学史崇德、学史力行专题学习研讨，举办习近平总书记“七一”重要讲话精神读书班、十九届六中全会精神学习班，落实“我为群众办实事”8 项措施，每周组织社区志愿服务，助力湘莲、国产汽车、猪肉及其制品等“潭品出境”增速扩量提质。

2021 年，韶山海关巩固深化“韶山‘冲’”品牌，落实“支部建在科上”并成立 6 个党支部，《树高千尺不忘根　学史明理我先行》获评长沙海关最佳主题党日，获评“十佳关警员”1 人、“湘关好青年”1 人、优秀共产党员 3 人、优秀党务工作者 1 人，支部获评中国共产党成立 100 周年长沙海关“先进基层党组织”“全国海关基层党建示范品牌”顺利通过复审，省直机关党建课题《充分运用湖南省红色资源开展海关党史学习教育研究》结题刊载，工会主席王慧同志获评“湖南省直单位职工最可信赖娘家人”。

2021 年，韶山海关承办长沙海关党建工作推进会，展播自制《小杨加油 6——一公里》微视频。组织开展“我讲家乡党史故事”“建关 20 周年纪实”活动。

【队伍管理】2021 年，韶山海关党委跟班调研 100 人次，谈心谈话 300 人次。实施 24 小时值班制度，启用人脸识别考勤系统，坚持“每周一训、每季一会操”，

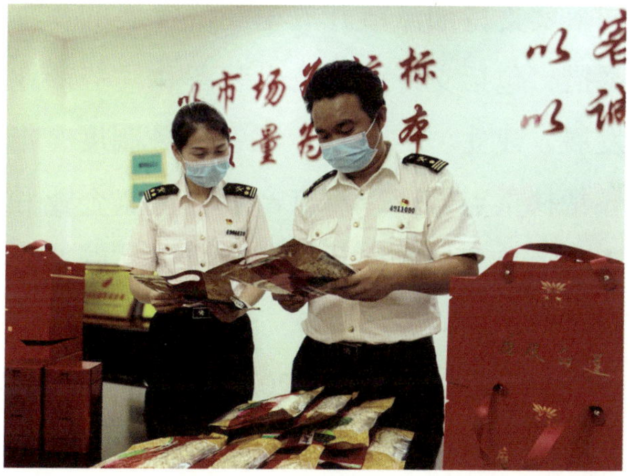

▲2021 年 8 月 5 日，韶山海关对出口湘莲实施查验监管

▲2021 年 9 月 28 日，韶山海关对一批出口汽车实施查验

定期开展内务规范检查。主动接受第五派驻纪检组派驻监督，每周开展“廉政教育一刻钟”学习。

【《长沙海关　湘潭市人民政府合作备忘录》正式签署】2021 年 11 月 18 日，长沙海关与湘潭市人民政府签署关市合作备忘录，关长李全、副关长韦泳亮与湖南省委常委、湘潭市委书记张迎春见证签署，实现关市合作备忘录湖南省全覆盖。根据合作备忘录，长沙海关、湘潭市政府将共同落实支持湘潭市开放型经济发展的 8 项举措，包括支持重大技术装备和优势产业发展，建立“一对一”联系服务制度，指导帮扶重点园区、重点产业、重点企业和重点项目，培育新的外贸增长点，营造更具竞争力的通关环境等。

【巡视整改工作】2021 年，韶山海关对海关总署巡视长沙海关发现有关 11 个方面 19 个问题，制定 40 项措施落实整改，制定《中共韶山海关党委会工作规则》《韶山海关贯彻落实“三重一大”决策制度实施办法》《形势分析及工作督查例会制度》3 项制度，及时调整系统权限匹配监管资质，党委运用监督执纪“四种形态”谈话 28 人次。

【专项整治工作】2021 年，韶山海关赴 27 家重点企业开展调研、问卷调查，整改“报关企业注册登记事项未按规定进行复审”等 22 项专项整治工作问题，谈话提醒 1 人，批评教育 14 人、优化监管查验、稽核查工作程序，开展纪法学习和警示教育 7 期。

【安全生产】2021 年，韶山海关结合“安全生产月”落实安全生产专项整治三年行动，制订应急预案 1 项，开展应急演练 3 次，整改风险隐患 6 项，督促 1 家危化品经营资质到期企业完成整改。

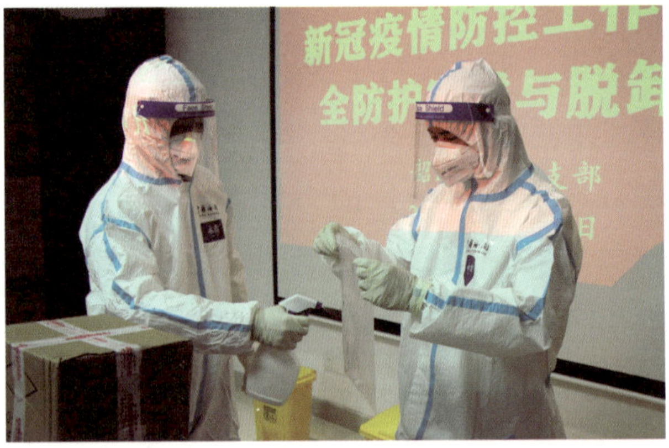

▲2021 年 10 月 28 日，韶山海关开展新冠肺炎疫情防控工作人员安全防护穿戴与脱卸演练

【监管缉私】2021 年，韶山海关扎实推进“国门利剑 2021”、“蓝天 2021”、跨境电商进口走私“断链刨根”专项行动，优化动植物检疫监管和 e－Lab 送检模式，

检出不合格1批次，退运跨境电商货物31票、追补税120万元、移交案件线索20条。

2021年，韶山海关指导企业用好“主动披露”政策，减免滞纳金20万元。优化稽查集约化管理模式，启动跨关区稽查作业，推进“采信第三方出具报告制度”等改革试点，1项长沙海关二级课题落地。

【综合业务】2021年，韶山海关“去繁就简”梳理业务审批54项，巩固压缩整体通关时间，湘潭进口、出口整体通关时间分别为4.97小时、0.17小时，比2017年同期压缩97.9%和99.1%。落实税收担保多元化改革，减轻企业负担574万元。“好差评”系统好评率100%。

2021年，韶山海关2项税政调研报海关总署，进口冷冻猪肉取消暂定税率，“太阳能、风能发电设备及零部件制造”获中西部地区外商投资优势产业条目采用。

【服务地方经济】2021年，韶山海关助推湘潭综合保税区、经开区、韶山市、湘潭港“两区一市一港”联动发展。湘潭市进出口总值354.4亿元，增长33.7%。其中，出口216.2亿元，增长25%；进口138.2亿元，增长50.2%。湘潭综合保税区2020年全国名次提升29位，首次进入B序列。

（撰稿人：张　颖）

衡阳海关

【概况】衡阳海关于 1997 年正式开关。2018 年 4 月原衡阳出入境检验检疫局管理职责和队伍划入衡阳海关。衡阳海关内设有办公室、综合业务科、监管科、稽核科、综合保税区监管科、运行监控科 6 个科室。

2021 年，衡阳海关审结报关单 1.31 万票，同比增长 24.82%；监管货运量 132.99 万吨，同比增长 9.9%；货值 244.54 亿元，同比增长 23.35%；税款入库 7.46 亿元，同比增长 43.06%；审批征免税证明份数 11 份，货值 492.8 万美元，减免税款 701.8 万元；新增备案企业 112 家，同比下降 26.32%；实有备案企业 856 家，同比增长 9%；加工贸易手册实际进出口值 25.47 亿美元，同比增长 3.35%；实施出入境货物检验检疫 488 批，同比下降 17.71%，货值 1.71 亿元，同比下降 60.97%。

2021 年，衡阳海关获评湖南省文明标兵单位、湖南省青年文明号等荣誉，5 人获评长沙海关优秀共产党员，1 人获评长沙海关优秀党务工作者，1 个支部获评长沙海关先进基层党组织。

【政治机关建设】2021 年，衡阳海关坚持落实“第一议题”制度，学习贯彻习近平总书记重要讲话重要指示批示精神。开展中心组学习 23 次，其中 10 次为扩大学习，建立随机点名发言机制，按照“上下同题”要求抓好党委中心组及全体干部的理论学习。持续开展“总书记金句晨读”“党史百年天天读”等学习活动，重点抓好党史学习教育。引导干部进一步增强“四个意识”、坚定“四个自信”、做到“两个维护”。

【党建工作】2021 年，衡阳海关落实“支部建在科上、强在科上”的要求，组织新成立 4 个党支部，并对合格支部和品牌建设形成规划。按季度开展党建工作检查，提高“三会一课”水平。立足本地红色资源，在红湘党群教育微展馆、常宁工人运动馆、衡阳党史馆等开展主题党日活动，组织开展“我讲家乡党史故事”、演讲比赛、党史知识竞赛等活动，组织全体干部职工集体观看电影《长津湖》。开展“我为群众办实事”实践活动，9 个重点项目、15 条具体措施全部按时保质落地见效。

【队伍管理】2021 年，衡阳海关组织修订完善《衡阳海关党委工作规则》等制度。发挥正面典型引导作用，每月编发 1 期《典型引路》，传播优秀的个人（集体）先进事迹，激发创先争优的工作热情。坚持办好“衡关讲堂”，鼓励关员参加各项培训、岗位练兵及资质考试，落实“二次培训”制度，组织内部业务培训 13 期，累计取得一线岗位资质 114 项，全员培训学时、达标率 100%，全面提升干部队伍综合能力。加强骨干队伍梯队建设，压实工作责任到岗到人，14 人次立功受奖，激发干部队伍活力。

【文明创建】2021 年，衡阳海关全员参加“百千万‘艺术童伴’——留守儿童关爱工程”，向结对帮扶学校捐赠书籍、文具、服装等物品及每年 5 万元经费，为对口帮扶学校师生讲授国门生物安全等课程，募集 9 万余元爱心捐款设立“海关奖学金”，帮助困难留守儿童全面健康发展。向社会福利院赠送生活物资，通过慰问、探望、陪伴让 90 余位老人感受到来自海关的温暖。积极参与环境卫生整治、交通文明劝导等“衡阳群众”志愿服务活动，与蒸阳社区党支部以联学共建结对的方式深入互动，组织 200 余人次深入社区开展环境整治和交通劝导等活动。

【强化监管】2021 年，衡阳海关围绕海关监管场所和重点企业开展安全生产专项整治活动，定期开展风险排查，建立应急预案 4 项，开展应急演练 6 次。在“海关法制宣传日”“食品安全宣传周”等时间节点开展宣传宣讲。紧盯重点领域、重点商品走私违规风险，稽查追补税 200 余万元，创历史新高，移交 1 条刑事案件线索，办理 5 起“两简案件”和 4 起涉检案件。

▲2021 年 6 月 1 日，衡阳海关开展关爱留守儿童活动

【优化服务】2021 年，衡阳海关主动对接衡阳 14 条产业链，帮助外贸企业解决难点、堵点问题。指导华菱衡钢等企业用好“入区即退税”政策，将价值 14,000 余万元的钢管运至衡阳综合保税区，帮助企业增加近 2,000 万元的出口退税收益。帮助衡阳井盐、糖果首次出口，茶油新增出口法国，支持祁东黄花菜向深加工产品转型提升利润空间，帮助衡阳食品、农产品扩大出口，保障五矿铜业的铜精矿供应，为进口芯片实施快速通关，帮助阿胶生产企业进口非洲驴皮破解原料荒，助力蓄电池出口规模大幅增长。

2021 年，衡阳海关加权平均进出口整体通关时间分别为 2.72、1.02 小时，与 2017 年相比分别压缩 99.84%、94.77%，提前申报、汇总征税比例保持稳中有升，两步申报比例达 87.6%，稳居关区前列。为重点企业、高校减免税款 701.8 万元，办理多元化担保额 4.31 亿元。积极开展海关信用培育和知识产权培塑，帮助 7 家企业制订高级认证培育计划，指导企业申建公用型保税仓和供港澳蔬菜基地，新增 1 家高级认证企业，数量居全省第 2 位。

【自主品牌汽车出口】2021 年，衡阳海关支持衡阳智电客车有限责任公司 2 台“雁城”牌电动客车顺利出口韩国，货值 39.38 万美元，为衡阳市唯一自主品牌新能源汽车首次出口。凭中国—韩国自贸协定项下原产地证书，该批货物在韩国由 10% 的普通税率降低为 3% 的协定税率，减少约 3 万美元的进口国（地区）关税。

▲2021 年 9 月 22 日，衡阳海关现场监管出口韩国的自主品牌电动客车

【保障手术机器人进口】2021 年，衡阳海关助力衡阳医疗手术业进入“机器人”时代，在确保设备符合我国相关法规和技术标准要求前提下，同步进行开箱检验和安装调试检验，极大缩短查验流程，使南华大学附属第二医院从美国进口的“达芬奇”手术机器人提早投入使用。

【输变电产业】2021 年，衡阳海关主动指导输变电产业龙头企业特变电工，申请享受重大技术装备进口税收优惠政策，仅直流变压器项目获得免税资质便为企业节省 3,000 多万元成本。指导企业运用预归类、预约通关、快速查验等便利措施提高通关效率。

【衡阳综合保税区】2021 年，衡阳海关支持综合保税区招商引资新增企业 13 家，引进项目 15 个；支持区内 6 家重点企业用好增值税一般纳税人试点政策，继续推广“四自一简”等典型政策措施；推动衡阳综合保税区与铁路场所“区港联动”，提升中欧、中亚班列对湘南三市外贸物流的辐射带动效应；加强对新业态、新企业的宣讲指导，优化转关监管，推动海关智慧物流信息化系统建设。2021 年衡阳综合保税区进出口总值为 110.2 亿元，较 2020 年增加 38.1 亿元，增长 52.9%，占全市进出口总值近三成，成功进入综合保税区百亿俱乐部。

【中欧班列（衡阳）】2021 年，衡阳海关与铁路、货代公司等部门单位加强沟通协作，做好预约通关、快速查验，并创新将衡阳站点的出口集拼、分拨、装卸等核心功能前移到衡阳综合保税区内，吸引了来自广州、东莞、深圳等地的保税货物。截至10月，衡阳中欧班列稳定开行一周年，30列运载着钢管、服装、电器、日用品等商品的列车自衡阳始发，开往俄罗斯、哈萨克斯坦、乌兹别克斯坦等国家，货值总计1.7亿美元。

▲2021年10月9日，衡阳海关监管“周年号”中欧班列发车

【供港澳生猪】2021年，衡阳海关发挥猪场监测哨点作用，检疫供港澳活大猪202批次，21,192头，出口量占全省一半以上，在口岸检疫和港澳复检中均未发现病残猪。

【供港液氯】2021年，衡阳海关加强出口危险化学品检验监管，严格按照最新国家强制性标准规范和香港特别行政区技术法规要求，指导企业优化生产工艺，有效保障了香港特别行政区居民用水安全。

【茶籽油税政调研】2021年，衡阳海关走访全省10余家重点茶油生产及贸易企业，实地调研茶籽油上下游产品、生产工艺、技术特性等重要技术要素，报送茶籽油新增税则子目的税政调研建议，积极争取长沙海关和海关总署支持，终获国务院关税税则委员会采用，成功解决了茶籽油没有单独税则子目的问题。根据国务院关税税则委员会公布的《2022年关税调整方案》，自2022年1月1日起，进出口税则号列新增茶籽油子目1515.9040。

▲2021年12月30日，衡阳海关在茶籽油生产企业开展税政调研

【新闻宣传】2021年，衡阳海关推动综合保税区等外贸平台发展、积极服务衡阳承接产业转移等相关工作在央视《新闻联播》等央视媒体报道16次，支持祁东黄花菜产品深出口等工作被中国新闻网、《中国国门时报》等媒体刊发，查获不合格锂电池等工作被海关发布微博、抖音号等新媒体报道，支持糖果等衡阳特色产业产品出口、中欧班列开行一周年、助力医院引进手术机器人等工作屡获《湖南日报》《湖南新闻》等省级媒体报道。

【综合服务保障】2021年，衡阳海关对历史遗留问题进行自查，推动4套公有住房办理产权证明和1套公有住房产权证明变更，清理6册遗留加工贸易手（账）册，妥善处置涉案邮票和废钢等，为衡阳海关的未来发展奠定基础。建成24小时值班室，持续做好领导带班和24小时值班工作，1人参加海关总署总值班室集中工作。

【财务和后勤保障】2021年，衡阳海关始终不懈“过紧日子”，扎实推进节约型机关建设，精打细算节省开支，总体公用支出较2020年减少。开展档案、机要、网络安全自查，全面清查固定资产，并将资产管理落实到人。

【纪律作风】2021年，衡阳海关始终坚持“严”的主基调，对“一把手”、班子成员分别制定了6条和16条监督具体任务。扎实开展“现场监管与外勤执法权力寻租”专项整治，进一步压实自我检视和整改责任落实。在总署党委巡视工作中主动对号入座、举一反三，“挂图作战”，积极推进自查整改。综合运用典型案例剖析、节日倡廉、警示教育月、每周一刻钟等活动形式，常态化开展廉政警示教育。同步开展内务督察、安全检查和新冠肺炎疫情防控排查，查漏洞、补短板、强弱项，点名道姓地通报发现的问题、督促整改。

【与地方政府合作】2021年，衡阳海关先后与蒸湘区人民政府、常宁市人民政府签署合作备忘录，进一步深化对外开放领域的协同合作，建立紧密合作机制等达成共识。

（撰稿人：隋　鑫）

邵阳海关

【概况】邵阳海关于2020年4月23日正式开关，内设办公室、综合业务科、监管稽核科3个科室。邵阳海关为长沙海关党委第三派驻纪检组常驻地、海关总署危险品检验区域实验室（邵阳）设立地。

2021年实际入库税收2,222.9万元，办结核查作业87家，开展稽查作业5家，办理行政处罚案件12起。

【党建工作】2021年，邵阳海关抓实“第一议题”制度，把学习贯彻习近平新时代中国特色社会主义思想作为首要政治任务。召开党委理论学习中心组（扩大）学习10次，开展主题党日活动12次、党员大会12次、支委会16次、专题组织生活会2次，开展党章党规党纪知识竞赛，为全体关员发放学习书籍，督促党员用好“学习强国”“钉钉”“百年党史天天读”等平台，组织开展理论学习测试，引导党员队伍深入学习和理性思考。

2021年，邵阳海关开展“学史明理、学史增信、学史崇德、学史力行”四个专题学习，组织全体关员到人民音乐家贺绿汀同志故居、开国中将姚喆同志故居、洞口县抗战纪念碑等地开展党史学习教育现场参观学习，邀请邵阳市委党史学习教育宣传团成员向全关干部职工作《百年党史有党的初心使命》宣讲报告。

2021年，邵阳海关制定《2021年邵阳海关党委落实全面从严治党主体责任、推进清廉海关建设工作任务分解表》，推进“四强”党支部创建和“三表率一模范”机关建设，深化“起点”党建品牌建设。推进基层组织建设规范化，完成党总支和党支部改设工作。

【巡视整改】2021年，邵阳海关对照总署巡视反馈42个问题，逐项对照，认领28项，自查出本关有问题表现8项，研究制定具体整改措施56项，印发《邵阳海关党委对总署党委巡视反馈意见整改方案》《邵阳海关党委落实总署党委巡视反馈意见整改工作任务分解表》，逐项明确措施内容、责任领导、主协办部门和时限要求等，其中立行立改41项，中期整改5项，已全部整改完成；长期整改10项，正按要求推进。

【专项整治】2021年，邵阳海关深入

▲2021 年 9 月 3 日，邵阳海关开展“抗战胜利 76 周年纪念活动”

开展“现场监管与外勤执法权力寻租”专项整治。利用“关企微信群”向外贸企业公示通报整治重点、举报途径及举报奖励措施，主动接受群众监督，拓宽宣传引导、掌握廉情的覆盖面。关党委委员与关员、协管员谈心谈话全覆盖，个人申报 16 次，撰写心得体会 21 份，把好心得体会质量关。开展“关长接待日”活动，与派驻纪检组到有关企业及行业协会调研，与重点企业召开座谈会，开展专项整治工作宣传，听取企业意见建议，收集问题线索。对照《专项整治重点问题参考提纲》，排查业务管理薄弱环节及问题反映集中、风险点聚集的关键岗位 8 个，廉政风险点 16 个，并针对各个关键岗位和风险点，制定防范措施 16 条。

2021 年，邵阳海关深化法纪警示教育，组织全关干部职工深入学习《中华人民共和国公务员法》《中华人民共和国公职人员政务处分法》《行政机关公务员处分条例》《海关工作人员处分办法》。对“10 +3 +3”典型案例通报开展深入研讨，利用反面典型案例开展警示教育。紧盯清明、五一、端午等重点时节，开展节前廉政提醒，引导干部职工自觉做到“三个珍惜”、算好“三笔账”。组织开展纪法考试 2 次，组织编印《海关工作人员廉政从政法律法规制度选编》，坚持每周开展“廉政教育一刻钟”学习警示，督促队伍守纪律、讲规矩。

【新冠肺炎疫情防控】2021 年，邵阳海关制订《邵阳海关内部工作人员感染新冠肺炎应急处置工作指引》等应急处置预案及内部防控方案，开展安全防护培训、规范作业。完成全体人员第三针新冠疫苗接种。开展疫情内部防控演练，落实“日报告、零报告”制度，坚持执行进入办公楼人员测体温、查双码、戴口罩、重点区域定期消毒等日常防控措施，常态化落实出差出行审批报备、返岗前核酸检测等要求。春节期间以及在新冠肺炎疫情防控形势紧迫的时期，全员留守邵阳，确保“零感染”。

【执法资质储备】2021 年，邵阳海关统筹参加资质培训、跟班学习，选调 1 名同志在总署、多名同志在机关集中工作。

通过“学中干、干中学”，报名参加总关执法资格考试，提升队伍依法行政能力。邵阳海关全体关员均取得至少1项业务资质，7名关员取得6项以上执法资质，人均获得业务执法资质4项，人均执法资质数为长沙关区第一。

【日常监督】2021年，邵阳海关全力配合派驻纪检组履行监督责任，自觉接受监督，主动征求意见建议。对纪检组发现的问题，第一时间研究部署、整改到位。强化外部监督，召开特约监督员座谈会，听取意见建议，到各县市区政府和商务部门、行业协会和相关企业开展廉政走访。建立礼品礼金登记管理、执法“说情打招呼”情况、海关内部人员违规过问和干预行政审批事项办理情况等台账。用好监督执纪“四种形态”，特别是“第一种形态”。2021年，对苗头性、倾向性问题开展提醒谈话6人次。扎实开展内务规范强化月活动，在强化垂直管理和准军事化管理上抓常抓细抓长，推动纪律作风养成。

【人文建设】2021年，邵阳海关扎实推进文化建设“五个好”活动，将其纳入每月形势分析及工作督查例会重点督办项目，做到事事有落实、月月有进展。活动开展以来，收集建议35条，制作“红色湘关”推送号8期，发表统计分析和调查研究论文。列出全关必读书目13本，鼓励关员列出自选书目3本，并购置书目中所有书籍，向关员赠阅，形成良好阅读氛围。启动“红色堂”和“职工书屋”，邵阳海关职工书屋荣获“省直职工书屋示范点”称号，营造“向上向善”的浓厚氛围。

【安全监管】2021年，邵阳海关根据《长沙海关安全生产专项整治三年行动问题隐患清单》，对需长期坚持的13个问题制定整改措施，并报送有关材料，扎实开展“安全生产月”系列活动，对执法领域开展全面自查，排查出的风险隐患第一时间整改到位；加强保税监管场所管理，定期对进口保税仓和出口监管仓开展视频检查，结合安全生产专项整治工作对辖区4家保税监管场所开展实地巡查，移交案件线索1条。加强与地方政府部门协调联系，与邵阳市市场监督管理局对接，开展部门间联合抽查3家。

▲2021年10月13日，邵阳海关对出口打火机进行现场检验监管

【动植物检疫】2021年，邵阳海关加强进出境动植物及产品风险监测与预警，做好进境生牛皮检验、供港澳活猪饲养场日常监管及非洲猪瘟等疫情疫病风险监控，开展外来有害生物监测、进口食品

“国门守护”行动、出口食品安全抽检和风险监控。2021 年，邵阳市未发生进出口领域区域性系统性重大安全事故。

【查缉走私】2021 年，邵阳海关邀请缉私局法制处专家对全体关员作打私工作培训指导，进一步增强全员聚焦打私的主责意识。协助召开邵阳市打击走私综合治理工作会议，推动县市区地方政府加强组织领导、统筹协调和综合保障，切实履行反走私综合治理主体责任；协助邵阳市公安局经侦支队，深入开展打击外贸行业虚开发票和骗取出口退税行动；与邵阳市邮政局、烟草局对接，建立打击电子产品、香烟、高档消费品等重点涉税商品走私的工作机制；落实长沙海关工作会议、长沙海关缉私工作会议要求，扎实开展“国门利剑 2021”等专项行动。

【优化营商环境】2021 年，邵阳海关持续压缩通关时效，开设快速通关“绿色通道”，推广“提前申报”“两步申报”等便利措施。持续深化关区行政审批改革工作，动态调整关区行政许可事项清单及服务指南，进一步落实加工贸易便利化政策，指导企业充分利用“金关二期”保税业务系统，简化加贸审批业务流程，大幅提高审批效率。优化原产地证书申领，加强自贸协定优惠原产地政策宣传，指导企业充分运用优惠贸易协定降低出口成本，享受贸易伙伴税收优惠，推广原产地证书“智能审核”，引导企业通过“单一窗口”自助打印原产地证书。鼓励加工贸易产品内销，落实“内销征税一次申报”“统一内销征税申报时限”等措施，简化加工贸易产品内销手续，促进邵阳加工贸易企业降成本、转内销。

【服务地方经济】2021 年，邵阳海关支持保税改革试点，指导邵阳县红石公司开展“两仓”设立审批及建设，隆回县永煜隆“两仓”顺利挂牌运行。助力乡村振兴，将中药材、茶油、水果、生猪和肉制品、化工产品等相关企业作为重点服务对象，扶持“中小微”企业走出去，推动县域外贸发展，帮助企业提升标准化、规模化、品牌化水平。培育外贸主体，落实邵阳“万企闯国际”战略部署，开展“放管服”改革，简化备案流程和手续，引导外贸企业就地办理海关业务。发挥决策参谋作用，加强外贸形势分析和政策研究，向市委市政府呈报相关刊物 6 期，提出政策建议 14 条。开展对美国、非洲、东盟的外贸企业相关贸易状况监测；汇总企业在原材料涨价、订单减少、海运费涨价以及仓位紧张等问题，及时报告市委市政府，为推动邵阳市外贸发展作参考研究。

落实国务院关于加快推进 RCEP 落地的部署要求，开展 RCEP 宣讲及专题培训；指导农产品、白酒、锂电池等企业出口，实现多个产品“零”的突破；指导邵阳市环卫基础设施有限公司关税、增值税减免，帮助企业共计减免税 156 万元。

【综合服务保障】2021 年，邵阳海关严格执行中央财政预算执行进度要求，预算执行100%，保证了序时进度达标，圆满完成了全年预算考核工作任务。

2021年，邵阳海关优化值班应急管理，建成24小时值班室，实现24小时值班。加强食堂、车辆等方面的管理，圆满完成干部职工就地过年等各项后勤服务保障。

【邵阳海关职工书屋被评为“湖南省直职工书屋示范点”称号】2021年，邵阳海关重点提升职工书屋文化品质，开展丰富多彩的职工阅读活动，创建富有特色的职工书屋。11月29日，邵阳海关职工书屋获评“湖南省直职工书屋示范点”称号。

（撰稿人：赵佳威）

岳阳海关

【概况】岳阳设关历史悠久，1899 年即开埠设关。1988 年 6 月，岳阳海关正式开关运行，是长沙关区最早成立的隶属海关。2018 年 4 月 20 日，原岳阳出入境检验检疫局的管理职责和人员划入岳阳海关。

岳阳海关内设 7 个科室，其中办公室、稽核科、运行监控科设在南湖办公区，综合业务科、查验科、物流监管科、综合保税区监管科驻城陵矶通关服务中心。辖区进出口通关业务在口岸现场即可一站式办结。

2021 年，岳阳海关审结报关单 42, 500 票，同比下降 16. 3%；监管集装箱 8. 1 万标箱，同比下降 25. 8%；监管国际运输船舶 5 艘（2021 年无）；实施进出境检验检疫 4, 703 批次，同比下降 33. 9%，货值 47 亿元人民币，同比下降 22. 7%；办理新增企业备案 211 家，同比增长 9. 9%；办理加工贸易手册 19 份，同比下降 17. 4%，备案金额 0. 8 亿美元，同比下降 13. 4%；税收入库 10. 9 亿元，同比下降 42. 6%。

2021 年，岳阳海关成功获评湖南省文明标兵单位，6 人获评长沙海关优秀共产党员或优秀党务工作者，2 名同志事迹入选“关区十件好事”，多名党员获得奖励。

【党的建设】2021 年，岳阳海关深入推进模范机关建设，组织党委理论中心组学习 12 次，坚持“第一议题”制度。将线上微信分散学习和线下会议集中学习结合起来，以清单式任务管理、每月专项督查督办通报方式抓落实。圆满完成脱贫攻坚交办任务，对标对表抓好新冠肺炎疫情防控、打击走私、生物安全防控等重要指示落地落实。

2021 年，岳阳海关接受总署巡视组现场检查，研究制订巡视反馈问题整改方案，深入查摆问题 32 个、制订整改措施 64 项，举一反三、“挂图作战”，抓整改促落实，以实际行动把讲政治贯穿到巡视整改全过程。

2021 年，岳阳海关推进“我为群众办实事”实践活动、“永远跟党走”群众性主题宣传教育，“进口转关货物内河运费不计入完税价格”审价创新模式推荐参评总署百佳项目；扎实推进 13 项重点民生工作，办成南湖办公区配电间改造、家属楼屋顶漏水修缮、职工活动室条件改善、加强后勤服务保障等一系列民生实事。

2021 年，岳阳海关培树“红心绿叶”“引航”“云梦红盾”等党建品牌，开展文化建设“五个好”活动，形成“悦（岳）读者”“岳来岳好”等活动品牌。

2021 年，岳阳海关接受总署第六检查组下沉调研，数据分析等特色做法获得高度肯定。先后 8 次会议研究部署“现场监管与外勤执法权力寻租”专项整治工作，2 次召开特约监督员及重点企业座谈会，发放调查问卷 84 份，与地方纪委监委建立工作联系，排查出关键岗位 13 个、锁定廉政风险点 27 项。运用监督执纪“四种形态”，尤其是“第一种形态”，落实加强对“一把手”和领导班子的监督意见，全年提醒谈话、批评教育、责令检讨等 10 人次，认真抓好派驻纪检组日常监督发现问题的整改落实，全年修订各类制度 15 项。

▲2021 年 5 月 14 日，岳阳海关党总支开展“传承骆驼精神　汲取奋进力量”主题党日活动

【队伍管理】2021 年，岳阳海关实行日常刷脸考勤打卡，树立绩效导向，引导干部职工树立专业精神，提高专业能力，心无旁骛干工作。开展内务规范强化月活动，强化队列训练，加强纪律作风监督检查，锤炼队伍“马上就办、真抓实干”过硬作风。

2021 年，岳阳海关全员完成年度教育培训目标任务，针对一线人力资源紧张情况，鼓励全员开展专业培训、人均资质达 4 项，能力提升明显。

2021 年，岳阳海关推进“两级一岗”。全面梳理各科室职责，重点排查科室业务结合部工作 44 项，对其中 18 项进行再明确、再优化，为每一名干部编制工作责任清单，推动工作责任分解到科到岗到人，由面到线入点夯实工作责任体系，有力提升基层科室工作效能。

2021 年，岳阳海关整合优化对外业务窗口，打破科室界限统筹人员使用，内部优化人员岗位 6 次，一体推进解决协管员待遇问题，进一步调动职级干部、事业混岗人员以及具有专业背景人员的积极性。

【海关统计】2021 年，岳阳市进出口总值 612.1 亿元、增长 45.9%，进出口总值居全省第 2 位、增速全省第 2 位。城陵矶综合保税区进出口值 498.7 亿元，增长 124.6%，稳居全省各综合保税区第 1 位。

【口岸监管】2021 年，岳阳海关监管直航船舶 5 艘次，对 2 票进口冷链食品实施查验、对 7 票进口食品包装及环境开展新冠病毒核酸采样送检，检出并妥善处置相关不合格货物4个集装箱，属长沙关区首次，受到长沙海关奖励。

2021年，岳阳海关累计截获进境有害生物234种次，其中截获检疫性有害生物87种次，截获白带长角天牛属长沙关区首次，开展外来有害和病媒生物监测共计2,620点次，下发卫生监督意见书5份。

2021年，岳阳海关密切联系市联防联控机制，举办城陵矶口岸直航船舶疫情防控、口岸监管环节生物涉恐突发事件应急演练等，建立防护监督员队伍，派员赴机场海关轮训3人次，实施进口冷链食品安全监管人员封闭管理3人次，内部人员整体疫苗接种率达99%、一线接种率保持100%。

▲2021年11月9日，岳阳海关开展出口食品实施检验监管

【综合监管】2021年，岳阳海关全年审价补税64票、办理退税83票，签发原产地证1,608份、增长27.42%。

2021年，岳阳海关持续开展口岸安全生产风险隐患排查整治，推动烟花爆竹及危化品仓储查验场地移出海关监管场所，彻底解决城陵矶口岸危化品安全监管老大难问题。完成布控查验任务2,335票；城陵矶综合保税区核放单突破16万单，同比增长67.16%。

2021年，岳阳海关开展稽核查作业59起，其中移交刑事线索1条、行政案件线索5条。始终把反走私工作与业务工作同部署、同落实、同考核，先后5次党委会议专题研究打私工作，细化“国门利剑2021”联合专项行动方案，落实落细属地综合保障任务。累计移交案件线索17条、查发刑事案件1起、办结行政执法案件34起。尤其是深挖出口危化品逃漏检问题线索，实施行政处罚4起、移交涉嫌走私出口易制毒化学品问题线索1起，有效发挥震慑效果，规范了行业发展。

【服务地方】2021年，岳阳海关全力支持自贸片区发展。岳阳自贸片区海关改革创新任务实施进度超过80%，提出创新区内非保税包装材料循环利用监管模式，帮助企业节约成本500万元以上。推动进口药食同源类食品通关取得突破，“进口转关货物内河运费不计入完税价格的审价创新模式”获得总署唯一授权试点，成为全省首个国家级试点案例。审价创新模式落地以来，33家企业参与并节约税款94.18万元。

2021年，岳阳海关建立主管科室自控、相关科室协作、专题运行监控和24小时值班监控4项机制，把通关时长作为优化营商环境的重要指标抓紧抓实。进出口整体通关时间进口为21.83小时、出口为0.93小时，明显优于全国海关平均水平，与2017年相比分别压缩95.54%、97.30%，2021年岳阳城陵矶口岸完成集装箱吞吐量60.06万标箱，同比增长18.08%。

2021年，岳阳海关推动城陵矶综合保税区高水平开放高质量发展，高度关注城陵矶综合保税区内进境粮食监管，其进出口值在全省7个特殊监管区中稳居第一。做好进口木材基地等项目指导、协调和汇报工作，城陵矶进境水果指定监管场所获得总署批准建设。推动合作共建以进境粮食检疫为重点的实验室，提升口岸通关便利化水平。优化统计服务方式，定期开展进出口贸易统计分析和监测预警，向岳阳市委市政府报送岳关要情6期。

【直航船新冠肺炎疫情防控和联合登临检查应急演练】2021年1月14日岳阳海关参加岳阳市组织开展的直航船新冠肺炎疫情防控和联合登临检查应急演练，该次演练设定在入境直航船舶登临检疫过程中发现1名发热症状船员，模拟海关关员按照实际处置流程开展医学巡查、体温检测、流行病学调查、样本采集、人员移交、终末消毒等场景。

▲2021年2月22日，岳阳海关开展直航船登临检疫

【核与辐射突发事件应急处置演练】2021年6月30日岳阳海关在城陵矶口岸举行口岸监管环节生物涉恐突发事件应急处置演练，演练模拟岳阳海关在城陵矶口岸对进境货物查验时，发现集装箱内有盛装白色粉末的可疑密封袋，疑似相关生物有害因子，现场工作人员迅速上报，按程序启动应急处置预案。

（撰稿人：甘　博）

常德海关

【概况】常德海关于1997年11月3日正式开关，2018年4月原常德出入境检验检疫局的管理职责和人员划入常德海关。内设办公室、综合业务科、监管科、稽核科、运行监控科共5个科室。

2021年，常德关区有监管作业场所1个（常德盐关码头），公用型保税仓库2个（三湘和达公用型保税仓库、湖南旭鸿达公用型保税仓库），出口监管仓库1个（湖南旭鸿达国内结转型出口监管仓库）。2021年，常德海关共审结报关单2,749份，同比增长35.8%；监管货运量19.4万吨，同比下降19.6%；税款入库1.82亿元，同比增长1.8%；检验检疫进出境货物3976批次、同比增长19.3%，货值18.9亿元、同比下降8.1%；办结行政案件8起，同比增加1起。

【党的建设】2021年，常德海关落实全面从严治党要求，3次修订党委工作规则和会议制度，建立党委例会工作机制，夯实意识形态工作责任制；对标对表中央部署要求，细化24条贯彻落实“第一议题”制度的措施；配合派驻纪检组常态化监督检查，持续强化纪法、警示教育。

2021年，常德海关构建“党委统筹、书记挂帅、总支牵头、支部落实”的党史学习教育组织体系，教育党员干部忠诚捍卫“两个确立”，增强“四个意识”、坚定“四个自信”、做到“两个维护”，完成包括进出口食品企业注册备案、鲜活农副产品供港澳以及海关老旧宿舍楼加装电梯等“我为群众办实事”项目19个。

【巡视整改工作】2021年，常德海关落实“快、严、实”巡视整改要求，完成46项立行立改措施，集中整改阶段完成率达100%；实施“挂图作战”，逐项销号，25个自查问题全部清零；推动标本兼治，共制定14项、修改调整10项、废止6项管理制度。

【专项整治工作】2021年，常德海关组织开展“现场监管与外勤执法权力寻租”专项整治，共梳理出廉政风险点6个，确定重点岗位3个，对发现问题实行清单式管理，全部逐一整改销号；制定《常德海关外勤工作风险防范管理办法》，开发“外勤风险防控系统”，实现外勤执法作业在信息化系统内“有迹可循、有痕可查、全程监督”。

【企业管理和稽查】2021 年，常德海关全面实施“多证合一”“证照分离”“注销便利化”等改革措施，备案进出口收发货人企业 151 家、各类检验检疫资质企业 68 家，实有备案企业达到 827 家。开展对跨境电商、危化品等商品和行业的专项稽查，办结稽查作业 9 起，查发 7 起；移交案件线索 4 起，稽查追补税 3.6 万元。办结核查作业 82 起，查发问题作业 24 起；移交案件线索 1 起，取消备案资质 11 起，整改通过 3 起，通报企管部门 9 起。

【风险防控】2021 年，常德海关对辖区进口坚果加工贸易监管开展专题执法评估。运用 HLS2017 内控平台、云擎系统、海风系统、事件管理平台等，对关区业务高风险节点进行日常监控、处置，全年共计制发处置单 52 份，处置异常数据 118 条，处置有效率 90%；实现处置绩效纠正业务差错 2 次，补证 3 次，补税 14 次，移交缉私线索 2 起。

【口岸监管】2021 年，常德海关对 538 批进出口货物实施现场查验，完成现场查验 616 单，联运中转审核 305 单，进口货物核销 86 单；监管调运进境粮食 40.6 万吨；查获进出口不合格货物 31 批，均予依法处置。其中，行政立案处置 2 批。

【检验检疫】2021 年，常德海关推动常德市政府建立进出口商品质量安全风险

▲2021 年 3 月 18 日，常德海关开展出口机械设备现场监管工作

预警和快速反应监管体系；对出口危险化学品推行“合格评定 + 周期检测 + 参考客户第三方检测结果”监管模式，检验监管出口农药制成品 3,772 吨、货值 4,714.7 万美元，送检 187 批次，均检测合格。

▲2021 年 8 月 15 日，常德海关开展出口水果基地现场考核工作

【新冠肺炎疫情防控】2021 年，常德海关助力辖区医药企业首次出口土耳其新冠病毒检测试剂盒 16 批，货值 285 万美元；抽派 6 人次支援黄花国际机场口岸进境航班旅检检疫工作；修订《常德海关全

面加强秋冬季新冠肺炎疫情防控工作方案》《常德海关口岸新型冠状肺炎疫情防控应急预案》《常德海关口岸应对突发公共卫生事件处置预案》，健全新冠肺炎疫情防控及应急处突机制，实现“打胜仗，零感染”。

【税收征管】2021 年，常德海关建立重点税源企业属地纳税人档案 1 份、报关企业底账 3 份，按照纳税遵从度评估指标体系开展企业纳税遵从度评估。全年税收入库 1.82 亿元，同比增长 1.8%；办理减免税审批 6 批次，货值 574.4 万美元。

【查缉走私】2021 年，常德海关推进全员打私，移交缉私部门刑事案件线索 2 起，移交刑事案件线索率为 66.7%；移交、接收行政案件线索 13 起；办结行政案件 8 起，其中涉检一般行政案件 1 起、“两简案件”7 起（含涉检 1 起）。常德海关缉私分局行政立案 6 起、办结 6 起。

【海关统计】2021 年，常德海关共撰写报送统计分析文章 20 篇，其中 19 篇被长沙海关《统计分析》采用；报送统计监督文章 3 篇。向常德市报送该市进出口外贸形势分析 10 篇，常德市《信息快报》采用有关 RCEP 实施、高新技术产品税收优惠政策等方面的专题研究与分析文章 3 次。依申请提供统计数据查询服务 8 次。

【服务地方经济】2021 年，常德海关推行“两步申报”、“提前申报”、进出口手续全流程国际贸易“单一窗口”办理等便捷通关措施，关区整体通关时间压缩为进口 43 小时、出口 1.32 小时。与 2020 年相比，进口报关单通关总时效压缩 57.2%，接单时效压缩 15.6%，通关放行时效压缩 58.2%；出口报关单通关总时效压缩 37.8%，接单时效压缩 52.4%，通关放行时效压缩 37.7%。

2021 年，常德海关指导企业用好用足原产地规则，提供“一企一策一清单”服务。年内签发原产地证书 533 份，金额 3,508.48 万美元。

2021 年，常德海关落实助力乡村振兴 18 条措施，年内出口肉类 3,097 吨，货值 1.3 亿元；柑橘 7,844.4 吨，货值 4,754.8 万元；茶叶 17.3 吨，货值 58.6 万美元；供港“每日鲜蛋”242 批，货值 580.8 万美元；大闸蟹 61.3 吨，货值 1,605 万元。其中，助力汉寿县首次向非洲出口大闸蟹 438 千克；帮扶石门县“每日鲜蛋”供港 196 批，货值 445.2 万美元，打造供港品牌。助推桃花源机场口岸开放，该项目列入国家口岸发展“十四五”规划。服务地方对外开放平台建设，常德市保税物流中心项目获湖南省政府批复并进入项目建设阶段。

【信息宣传】2021 年，常德海关 5 条信息被海关相关刊物采用；向“红色湘关”推送文章 14 篇；有 28 篇新闻报道被央视频、新华社、今日海关、海关发布、12360 海关热线微信公众号、“学习强国”海关号、湖南卫视、《湖南日报》等媒体采用。

【财务保障】2021年，常德海关落实“过紧日子”要求，建设节约型机关，实现“保人员经费、保正常运转”目标；严格预算执行，中央财政预算执行率为100%；完成固定资产清查、报废资产处置和扶贫物资采购任务。

【科技和后勤保障】2021年，常德海关完成计算机机房搬迁、业务办公楼消防系统改造和值班室迁建等项目；公务用车未发生违纪违规情事和交通安全事故；实行报餐制和菜品采购清单每日公开制，职工食堂持续受到干部职工好评。

【队伍管理】2021年，常德海关梳理和明确了处级职责、科级职责和岗位职责，完成“两级一岗”试点工作；修订完善《常德海关考核工作实施办法》，强化考核导向，激发干部争先创优激情；加大队伍资质管理和培训力度，一线岗位资质人员由2020年的44%增长到93.8%。

【石门县“每日鲜蛋”供港】2021年，常德海关采取上门调研了解需求，指导企业做好资质备案、优化产品源头管理、加强安全风险监控与疾病监测、给予快速通关等举措，帮助湖南省内单体栋规模最大的蛋鸡养殖企业——石门县常德哲武农牧科技有限公司打造供港“每日鲜蛋”品牌。自是年6月起至12月，石门县“每日鲜蛋”供港196批，货值445.2万美元。

【汉寿县大闸蟹首次出口非洲】2021年，常德海关采取及时出具动物卫生证书、严格安全风险监控与疾病监测以及实施“产地—口岸”联动，货到即检、即检即放等举措，助推常德市汉寿县三建水产食品有限公司的洞庭湖大闸蟹出口肯尼亚。是年11月10日，30件、438千克洞庭湖大闸蟹搭乘航班前往肯尼亚内罗毕，这是洞庭湖大闸蟹也是中国大闸蟹首次出口非洲。

▲2021年10月11日，常德海关开展出口大闸蟹现场监管工作

（撰稿人：周则灵　高　巍）

张家界海关

【概况】张家界海关于2012年1月5日正式开关。内设办公室、综合业务科、旅检（监管）科3个科室。

2021年，张家界海关始终坚持以习近平新时代中国特色社会主义思想为指导，坚决落实党中央、国务院重大决策部署，深入推进“五关”建设，扎实开展“基层基础建设年”活动，全面服务国家经济社会发展大局，全面服务湖南“三高四新”战略定位和使命任务，党建工作、队伍管理、业务执法、运行保障基础更加牢固，各项工作有序推进、成果丰硕。1人获评长沙海关优秀党务工作者，2人获评长沙海关优秀共产党员。

2021年，张家界海关监管货运量987吨，同比增长1,600%；税收入库148.6万元，同比增长874.6%；监管进出境飞机232架次，同比下降2.5%；监管进出境人员878人次，同比下降95.4%。办理行政案件7起。

【党建工作】2021年，张家界海关坚决落实“第一议题”制度，开好每月形势分析及工作督查例会，制定推进政治建关14条项措施，组织党委中心组学习9次，抓实支部集中学习研讨，引导党员干部忠诚捍卫“两个确立”，增强“四个意识”、坚定“四个自信”、做到“两个维护”。

2021年，张家界海关深化开展“强基提质工程”，落实“支部建在科上”要求，原党支部改设为党总支，3个一线科室分别设立党支部。组织党员干部赴贺龙故居、“苏维埃溪口区政府旧址”、“长征出发地”等红色教育基地开展“沉浸式”红色教育。开展“礼赞百年风华 建设红色湘关”主题演讲比赛和“我讲家乡党史故事”活动，以身边人的红色故事感染人、激励人。《马桑树儿搭灯台》被选送华中片区“学史铸魂　永远跟党走”主题宣讲线上展播，并被总署《海关影像》栏目刊播。

【队伍管理】2021年，张家界海关制定实施党委加强自身建设、自觉接受监督14项措施，制定推进清廉海关建设23项措施，扎实开展“现场监管与外勤执法权力寻租”专项整治和警示教育月活动，推动以案促改、以案促建、以案促治。

2021年，张家界海关强化岗位资质人员实操培训，新取得岗位资质、人员资质14人次。

【检验检疫】2021年，张家界海关坚持“外防输入、内防反弹”总策略，落实“三查三排一转运”等措施，检疫出入境货运包机232架次，检疫机组人员878人次。坚持“人、物、环境同防”，严格按照布控指令对进口水果和食用水生动物开展查验。持续提升口岸核心能力，完成14台口岸卫生检疫设备采购，新旅通卫生处置应用成功上线。

2021年，张家界海关截获非检疫性有害生物2批次。在口岸范围内持续开展外来杂草监测和红火蚁监测。

2021年，张家界海关坚决落实食品安全“四个最严”要求，开展出口食品生产企业“审批改备案”事中事后监管，对1家不符合监管要求的出口食品生产企业予以注销备案。

▲2021年10月23日，张家界海关对入境航班进行卫生检疫

【综合监管】2021年，张家界海关深化综合治税，强化属地纳税人管理和税政调研，报送税收风险信息3条、税则修订调整建议3条、税政调研报告2篇，均创新高。

2021年，张家界海关全面实施“多证合一”“证照分离”“注销便利化”等改革措施。逐一核查备案企实际运营状态，梳理出“僵尸企业”42家，完成32家企业注册信息变更，注销备案企业11家。开展出口食品备案企业、保税货物、企业注册信息核查13次，制发核查建议书2份。做好管理政策宣传，将2家企业纳入信用培育对象。全程指导保税仓库运营单位按时完成保税仓库设立（延续）审批。开展出口食品备案企业、保税货物、企业注册信息核查13次，制发核查建议书2份，有效地完善了对海关备案企业的日常管理。办结稽查作业2起。

【打击走私】2021年，张家界海关围绕省内流通领域存在的贩私、储私、销私情况，建立联合专项领导小组，制订《张家界市“国门利剑2021”联合专项行动方案》，在全市范围内组织开展专项行动，深入推进反走私综合治理，精准施策，持续用力，始终保持打击走私高压态势。

【服务地方经济】2021年，张家界海关规范行政审批窗口建设，严格执行出口食品生产企业审批改备案等制度。落实内部及跨部门联合执法“双随机、一公开”要求，依法公示执法信息46条。落实减税降费政策，联合开展进出口环节涉企收费检查，督促口岸运营单位规范、透明收费。加强进出口货物通关保障，提供7×24小时预约通关服务，指导企业采用“提前申报”“两段准入”模式进口生鲜产品，实现快速提离。关区进、出口整体通关时间分别为5.82小时、

▲2021年3月16日，张家界海关支持土家织锦出口

0.52小时，均优于全省平均水平。全年实现进出口总值12.9亿元，同比增长28.1%。有进出口实绩的企业由2020年的18家增加至2021年的27家。

【政务管理】2021年，张家界海关加强值班应急管理，建设完成24小时值班室，实现24小时全天候应急值守。加大信息和新闻宣传力度，促进粽叶、莓茶、土家织锦等本地特色产品出口的新闻素材，先后15次被今日海关、“中国海关”强国号等相关平台及湖南卫视、《湖南日报》等省级以上媒体报道。

2021年，张家界海关严格落实“谁执法谁普法”责任，在“4·15”国家安全教育日、“4·26”知识产权宣传周、“8·8”海关法治宣传日、“12·4”国家宪法日等重要时间节点，通过悬挂横幅、宣传展板、赴企业开展“送法上门”等多种方式组织开展法治宣传，重点宣讲海关法、进出口商品检验法、国境卫生检疫法、食品安全法等与海关业务密切相关的法律知识，并结合工作中典型案例和常见问题进行讲解答疑，引导广大进出口企业学法守法。

▲2021年6月2日，张家界海关推动粽叶出口

【财务保障】2021年，张家界海关坚决落实“过紧日子”要求，扎实推进节约型机关建设，“三公”经费支出下降。科学安排资金调度，集中财力优先保民生、重点保运转、精准保发展，2021年张家界海关地方拨款收入同比下降8%，中央财政拨款预算执行率100%。

（撰稿人：梁　德）

益阳海关

【概况】 2019 年 5 月 28 日，益阳海关正式挂牌开关。下设办公室、综合业务科、监管稽核科 3 个科室。

2021 年，益阳海关坚持统筹疫情防控和经济社会发展，统筹发展和安全，持续强化监管优化服务。2021 年，益阳海关获批省级文明单位，在益阳市发展经济环境测评中排名第 3 位。

【党建工作】 2021 年，益阳海关抓实"第一议题"制度，修订完善《中共益阳海关委员会工作规则》《益阳海关形势分析及工作督查例会制度》。推进模范机关建设，制定下发《中共益阳海关委员会关于印发加强党的政治建设 推进政治建关措施的通知》《益阳海关"基层基础建设年"活动实施方案》《益阳海关创建"让党中央放心、让人民群众满意的模范机关"实施方案》等文件。

【党史学习教育】 2021 年，益阳海关深化党史学习教育，组织党委理论学习中心组、"三会一课"、"主题党日"等学习活动 25 次。开展"我为群众办实事"实践活动，为企业解决减免税办理等问题 20 个，帮助结对社区解决道路建设、困难儿童助学等民生问题 4 件，为干部职工解决报关大厅挡风御寒玄关、快递柜等实事 4 件。开展"永远跟党走"主题宣传，在"学习强国"、海关发布、《中国国门时报》等媒体发表稿件 20 余篇。

2021 年，益阳海关推进"强基提质"工程，开展支部标准化、规范化建设，开展文化建设"五个好"活动，新建"红色堂"党建阵地，建成图书阅览室并添购书籍 700 余册，开展"悦读分享会"4 次。

【队伍管理】 2021 年，益阳海关认真落实准军事化纪律部队建设要求，开展"内务规范强化

▲2021 年 8 月 6 日，益阳海关开展志愿者社区抗击新冠肺炎疫情工作

月”“警示教育月”活动。开展“现场监管与外勤执法权力寻租”专项整治，查摆廉政风险12个，制订并完成整改措施24项。一体推进巡视巡察整改；开展中央巡视整改“回头看”4次，自查问题39个，制定整改措施74项；制定巡察整改方案，提出整改措施92项；巡视巡察全部完成整改。加强人员培训，开展跨科室互教互学，实施跨科室ABC角制度；7人获危险品检验资质，8人获稽查执法资质，新增2名动植物检疫专家查验岗和1名动植物检疫普通查验岗资质。

▲2021年4月13日，益阳海关开展军事训练工作

【检验检疫监管】2021年，益阳海关开展危包鉴定257次，其中危包使用鉴定247票，性能鉴定10票；检出1批进境棉花短重8.1吨，协助企业对外索赔5.98万元。开展风险监测，抽取农产品、水生动物、工业品等114批；新收集本底植物标本600个。

【税收征管】2021年，益阳海关税收入库3,242.9万元，比2020年度增长8倍。

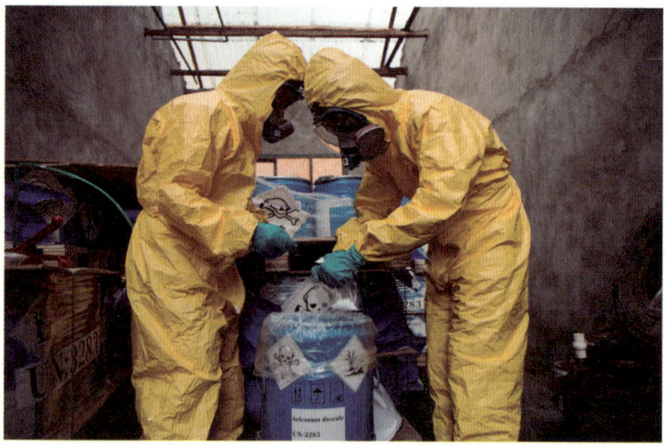

▲2021年7月6日，益阳海关开展危险化学品出口监管工作

加强税政调研，上报进口晶片电阻浆料税则调整建议。支持湖南黑茶首次以专有税号申报出口，全年出口黑茶2.2吨，货值12.8万元。指导湖南城市学院办理湖南省首票“十四五”期间进口科教用品减免税业务，为其进口荧光分光光度计、离子色谱仪等设备减免税款6万余元，货值51.1万元。发挥原产地证作用，审核原产地证书1,185份，签证金额51,931万元。

【稽核查工作】2021年，益阳海关接收稽核查、主动披露指令59起。其中，稽查4起，核查52起，首次引导企业主动披露3起；查发问题作业42起；移交缉私6起，追补税3起，追补税实现零突破。

【打击走私】2021年，益阳海关办理行政案件12起，涉案金额414.4万元，罚款2.88万元。推动召开2021年益阳市打击走私综合治理工作会议，协同益阳市市场监管部门处置1起走私冻品案件线索，没收走私冷冻猪肚12.96吨、货值19.44万元，罚款97.2万元。

【服务开放型经济发展】2021年，益阳海关推进业务改革，参与益阳市对接中国（湖南）自由贸易试验区相关政策制度修订，推进深化跨境贸易降费提速和审批赋权改革等工作，推广“单一窗口”“提前申报”“两步申报”“自报自缴”等改革举措。支持开放平台建设，指导益阳市申建保税物流中心。开展企业调研走访，进行政策宣讲20余次，指导3家出口食品企业备案、4家备案粮食存储企业完成品种扩项，开展企业信用培育4家，帮助3家企业获批海关总署知识产权海关保护备案。

【财务及后勤保障】2021年，益阳海关中央财政资金预算执行率100%。连续3年获评益阳市平安建设先进单位，首次获评益阳市平安单位。

（撰稿人：曹红华）

郴州海关

【概况】2007年9月，长沙海关驻郴州海关办事处设立。2009年4月16日，长沙海关驻郴州办事处挂牌成立。2018年机构改革后，原郴州出入境检验检疫局划入海关。2019年9月，郴州海关正式揭牌。下设办公室、运行监控科、综合业务科、监管科、稽核科、快件监管科、综合保税区监管科7个科室。

2021年，郴州海关始终坚持以习近平新时代中国特色社会主义思想为指导，深入贯彻党中央各项决策部署，全面落实海关总署和长沙海关各项工作要求，以庆祝中国共产党成立100周年为契机，开展党史学习教育，夯实基层党建、队伍管理、业务执法、运行保障基础。

2021年，郴州海关审结报关单1.06万票，同比增长3.8%；监管货运量6.1万吨，同比下降8.1%，货值15.9亿美元，同比下降22.3%；新增备案企业416家，增长124.9%；税收入库1.8亿元，同比下降18.2%；监管快件35.6万票，同比下降48.1%；加工贸易手册实际进出口总值17.8亿美元，同比下降26.4%；进出境检验检疫1221批次，同比增长32.4%，货值3.9亿元，同比下降48.1%。

【党建工作】2021年，郴州海关坚持党委带头示范，发挥党委理论学习中心组和“三会一课”主阵地作用，开展党委中心组集中学习23次、各支部开展集中学习96次，党员干部撰写心得体会30余篇。开展“庆祝建党100周年”系列活动，举办“学史·铸魂”红色讲堂2期，举办习近平总书记“七一”重要讲话精神读书班、十九届六中全会精神学习班；各支部组织党员围绕党史学习教育，依托“半条被子”故事发生地等本地红色资源，开展“我讲家乡党史”“红色故事会”等活动，引导党员干部传承红色基因、汲取奋进力量。

2021年，郴州海关按照支部建设标准化、规范化建设要求，大力培树先进典型，4名党员获评优秀共产党员，1名党员获评“优秀党务工作者”。推进“一支部一品牌一特色”建设，办公室党支部“红耀五岭”党建品牌获评长沙海关基层党建培育品牌。

▲2021 年 6 月 10 日，郴州海关赴沙洲村开展党史学习现场教育暨“永远跟党走”主题宣传教育活动

【清廉海关建设】2021 年，郴州海关深入开展“现场监管与外勤执法权力寻租”专项整治活动，组织相关人员撰写心得体会 48 篇，开展谈心谈话 57 人次，查摆廉政风险 10 条，制定整改措施 18 项，推动建立长效机制 11 项。充分运用监督执纪“第一种形态”，开展提醒谈话 9 人次。发挥特约监督员作用，召开 2 次座谈会，征集意见建议 6 条。开展“警示教育月”活动，推行每周“廉政一刻钟”教育制度，组织廉政警示学习教育活动 300 余次。推进全面从严治党向科室延伸，制作“基层书记谈责任”视频访谈 1 期。

【队伍管理】2021 年，郴州海关制定岗位规范，明确岗位职责和工作要求。实行工作实绩积分管理机制，将结果运用到评先评优、干部推荐之中。成立常态化工作检查组，及时防范工作差错，堵塞工作漏洞。开展文化建设“五个好”活动，1 人获评“湘关好青年”，1 人获评“红色关姐”，组织撰写各类文章 38 篇，征集好建议 36 条。

【通关监管】2021 年，郴州海关突出抓好业务风险防控，建立并完善规章制度 7 项。每日开展报关单监控，提高“两步申报”“提前申报”报关单占比，巩固整体通关时间压缩成效。推进内销选择性征收关税措施，为企业节省税款 201 万元。开展边角料内销税单双抬头业务，为企业节省税费 20 余万元。实施一般纳税人试点，涉及货值 1.30 亿元。指导企业加工贸易边角废料网上公开拍卖，成交 10 批，货值 391 万元。

▲2021 年 3 月 5 日，郴州海关对首班中欧班列郴州—马拉跨境电商班列进行现场查验

2021 年，郴州海关加强稽核查等后续监管，办结稽核查作业 64 起，移交缉私线索 3 条；办理一般案件 3 起，罚没入库 16.9 万元。加强国门生物安全风险监测，开展检疫性实蝇监测调查 42 次，监测发现外来有害生物红火蚁。加强银精矿监管，持续抓好剩余保税货物处置，强化手册设

立风险防控，试行信用承诺制，做好中后期监管及内销关税保证保险转税工作；针对擅自内销、擅自抵押等高风险违规情事开展专项稽核查，发现异常即移交缉私部门严肃查处。

【服务经济发展】2021 年，郴州海关指导企业办理中欧班列申报、货物流转等业务流程，保障中欧班列（郴州）顺利开行 8 趟，货重 4,031 吨，货值 1.8 亿元。支持农产品扩大出口，竹木草制品实现首次出口，供港脐橙 880 吨，鲟鱼等水产品出口 292 吨、货值 690.4 万元。推进郴州槐树下铁路货栈提质改造工程，通过长沙海关验收。落实中国（湖南）自由贸易试验区郴州片区改革措施，实施内销选择性征收关税政策、综合保税区包装材料循环利用模式和保税维修业务等创新举措，牵头改革试点任务完全实施 6 项，牵头落实举措完成 15 条、实施 8 条。获评郴州市“自由贸易试验区建设专组”先进单位，1 人获评“郴州高质量发展贡献奖”。

▲2021 年 1 月 19 日，郴州海关对辖区首批出口木制家具产品开展现场查验

【财务及后勤保障】2021 年，郴州海关开展资产清查工作，实现所有资产归属到人。开展办公用房清理自查工作，实地核查、测量、归类，统计完整办公用房数据信息，调剂使用闲置办公用房，提高资产使用效率。落实“过紧日子”要求，改造水电节能器具，开展节约能源资源知识、垃圾分类宣传教育，顺利通过节约型机关创建验收。加强预算执行管理，预算执行率 100%。建成 24 小时值班室，持续做好领导带班和 24 小时值班工作。强化民生关怀，优化食堂菜品，改造健身房，落实节日慰问、定期体检等保障措施。

（撰稿人：李翔宇）

永州海关

【概况】永州海关2019年9月19日正式开关，下设办公室、综合业务科、监管稽核科3个科室。

2021年，永州海关坚持以习近平新时代中国特色社会主义思想为指导，坚决落实党中央、国务院重大决策部署，认真落实“五关”建设总体要求，切实履行监管服务职责，助力永州开放型经济高质量发展，政治建设、队伍管理、业务执法、运行保障基础更加牢固，各项工作有序推进、成果丰硕。

2021年，永州海关审结报关单5,313票，同比增长35.8%；监管进出口货运量2.8万吨，同比增长155.8%，监管进出口值18.3亿元，同比增长25.2%；实施出入境货物检验检疫1.43万批，同比下降21.9%，检验检疫货值21.9亿元，同比下降17%；签发检验检疫证书6,237份；签发原产地证书3,102份，签证金额7,812.2万美元；设立加工贸易备案手册61本，加工贸易实际进出口值4.3亿美元，同比增长9.8%；新增备案企业169家，实有备案企业1,026家；审批征免税证明份数1份，减免税款11.1万元；税收入库2,899万元，同比增长1.2%；办结核查作业181起、稽查作业6起。

【政治建设】2021年，永州海关坚持落实“第一议题”制度，召开党委会25次、形势分析及工作督查例会12次，学习习近平总书记重要讲话和重要指示批示精神85篇次，建立任务台账，组织落实，增强“两个维护”的政治自觉和行动自觉。加强党委班子自身建设，修订永州海关党委工作规则等制度机制4项，制定、修订推进政治建关等工作任务清单5份。推进巡视整改，落实“挂图作战”、定期督办、对账“销号”等制度，完成立行立改和中期整改措施32项，长期整改措施和6个方面的专项工作治理取得阶段性成效。落实意识形态工作责任制，开展“基层海关青年关员发展与需求”思想动态调研。

【党建工作】2021年，永州海关认真开展党史学习教育，组织党委中心组学习21次。用好红色资源，组织到李达故居、永州市烈士陵园等红色教育基地开展革命传统教育。参加长沙海关党史知识竞赛获团体三等奖，1 人获“我讲家乡党史故事”演讲比赛二等奖。每日制作“语润潇湘”微信推送，开展党史宣传603 期。

2021 年，永州海关深化“强基提质工程”，推进基层党组织规范化建设，成立永州海关党总支，建设“供港‘菜篮子’先锋卫队”基层党建示范品牌，党委书记党课《生活需要仪式感——感受建党百年的伟大成就》获评长沙“十佳党课”。

▲2021 年 4 月 20 日，永州海关党支部赴永州市烈士陵园开展“学史增信祭英烈 砥砺前行再出发”主题党日活动

【队伍管理】2021 年，永州海关持续教育关员适应全面从严管理要求，引导关员在任务重、标准高、要求严的常态下，正确对待和处理压力问题。推进“两级一岗”工作，编制“两级一岗”工作手册，明确岗位职责 120 项，常规工作任务 267 项，执行操作要点 128 项，主要风险点 227 项。严抓日常纪律作风问题专项整治，强化内务规范建设，开展内务督察及视频检查 25 次。永州海关获评全国“青年文明号”，经验做法获《中国青年报》《中国国门时报》《湖南日报》专题报道。

【通关监管】2021 年，永州海关推进“两步申报”“两段准入”“提前申报”“多证合一”“证照分离”等改革，“两步申报”应用率达到 47.1%。巩固压缩进出口整体通关时间成效，进口通关时间 1.74 小时，出口通关时间 0.83 小时。发挥“互联网 + 海关”作用，行政审批事项全部实现网上办理，推进检验检疫证书信息电子化。落实企业管理工作措施，开展认证培训、细化信用培育工作，新增高级认证企业 1 家。

2021 年，永州海关履行蔬菜出口质量安全监管责任，开展供港澳蔬菜种植基地定期管理类核查 52 起，将 2 家违反海关监管规定的加工厂移交缉私部门立案处理，取消 23 个不符合条件的基地资质。检验检疫出口蔬菜 1.18 万批，完成 15 个供港蔬菜品类 41 个样品采样送样，占长沙海关抽检任务的 51.3%。

2021 年，永州海关抓好危化品出口检验工作，完善出口氯酸钾检验合格评定程序，检验出口氯酸钾及其他危化品 152 批，检验出口打火机 827 批，检出不合格危化品 32 批。

2021 年，永州海关开展橘小食蝇、橘大食蝇、瓜实蝇等外来有害生物监测，科学评估出口蔬果检验检疫风险，首次监测发现外来有害生物红火蚁。监管进境加工、储备粮食 26.5 万吨，同比增长 4.5 倍，助力中储粮完成储粮任务。落实非洲猪瘟防控要求，加强注册饲养场管理，实施全链条监管措施，坚持批批到场监装和双人作业，运用远程视频实时远程监控注册饲养场，坚持每月开展两次非洲猪瘟疫病监测。开展供澳活猪耐药性研究，配合香港食环署开展注册饲养场远程抽检，监管供港澳活猪140批，增长84.2%，出口数量1.2万头，增长98.7%。

2021年，永州海关受理一般行政案件9起（含涉检案件2起），办结一般行政案件12起（含涉检案件5起），罚没收入26.9万元，补税208.3万元。办理“两简案件”12起，罚款4,000元，给予警告8次。推动永州市打击走私综合治理工作，年度考核得分排名湖南省第2位。

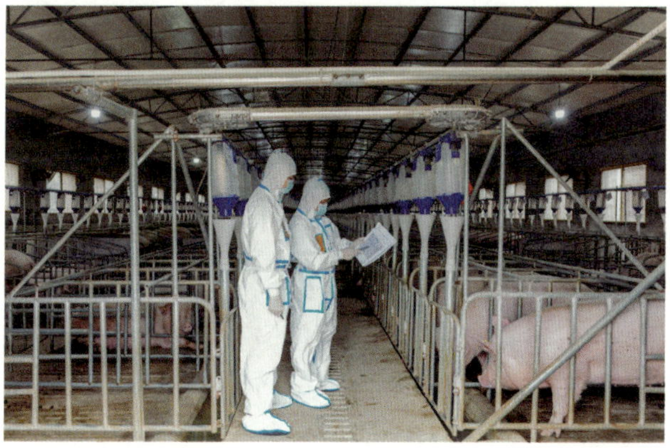

▲2021年10月20日，永州海关上门帮扶养殖企业注册供港澳活猪饲养场

【服务经济发展】2021年，永州海关优化口岸营商环境，开展“我为群众办实事”实践活动，完成实事清单20项，政务服务“好差评”系统满意率保持100%。落实出口原产地证书智能审核、自助打印等通关改革措施，签发原产地证书3,102份，签证金额7,812.2万美元，其中签发优惠原产地证书1,735份，优惠金额704.7万美元，相关事迹获海关总署门户网站、湖南省政府网站、《中国国门时报》、《湖南日报》等媒体宣传。落实《长沙海关助力乡村振兴促进农产品出口十八项措施》，支持永州蔬菜扩大出口，出口蔬菜67.2亿元，增长48.7%，占湖南蔬菜出口值的96.1%。全年永州进出口总值288.1亿元，增长33.6%，创历史新高，排名湖南省第6位。

▲2021年12月29日，永州海关助力蔬菜出口

【财务及后勤保障】2021年，永州海关落实“过紧日子”要求，加强节约型机关建设，严控“三公”经费支出和差旅费，预算执行率100%。优化值班应急管理，实现24小时值班。加强食堂、车辆等管理，做好干部职工就地过年等后勤服务保障。

【永州海关获评全国“青年文明号”光荣称号】2021年9月17日，《中国青年报》揭晓第20届全国青年文明号评选结果，永州海关报关大厅获评全国“青年文明号”。同日，《中国青年报》在头版通讯《勤勉敬业 忠诚履职尽责——第20届全国青年文明号系列报道之一》报道永州海关等10个全国“青年文明号”先进事迹。

（撰稿人：石巍巍）

怀化海关

【概况】 2019 年 10 月 18 日，怀化海关正式开关，下设办公室、综合业务科、监管稽核科 3 个科室。

2021 年，怀化海关主动服务湖南“三高四新”战略和怀化市“三城一区”建设，荣获省直模范职工之家、长沙海关先进基层党组织、怀化市平安建设先进单位、怀化市“青年文明号”、怀化市园林单位、怀化市扫黑除恶专项斗争先进集体等荣誉称号。

2021 年，怀化海关监管货运量 7,249 吨，同比增长 18.6%；税收入库 1477.6 万元；检验检疫货物 398 批次，同比增长 56.7%；货值 2 亿元，同比增长 170%。查验危险货物及包装 330 批，检出不合格包装 12 批次。行政立案 11 起，同比增长 266.7%。新备案进出口企业 63 家，实有备案企业 415 家。

【党的建设】 2021 年，怀化海关坚持政治机关建设，坚决落实“第一议题”制度，组织党委中心组集中学习 14 次，召开党委会 22 次、形势分析及工作督查例会 12 次，引导党员干部坚决捍卫“两个确立”、做到“两个维护”。全力做好巡视巡察整改，集中整改任务完成率 100%。

2021 年，怀化海关推进党史学习教育，制订工作方案，细化 26 项重点任务，坚持“每日一学、每周一荐、半月一讲、每月一赛、每季一评”，开展党委理论中心组学习 14 次，支部、工会、青年理论学习小组开展学习活动 34 次，班子成员、党员讲党课 16 次，干部职工撰写心得体会 69 篇。举办“庆百年辉煌 聚奋进力量”庆“七一”联欢会等庆祝活动，参加长沙海关党史知识竞赛，拍摄《喜迎国庆颂党恩》祝福视频。开展“党旗在基层一线高高飘扬”系列活动，“学史增信　凝聚奋进力量”主题党日活动获“学习强国”刊载。开展“我为群众办实事”实践活动，12 个民生项目全部落地见效；推动出口危包国标更正相关条款，促进企业增加出口。

2021 年，怀化海关推进党建“强基提质工程”，总结提炼支部工作法、党员积分管理办法等，获评“长沙海关先进基层党组织”，4 名党员获长沙海关“七一”

表彰，领导班子党建工作绩效考核位列隶属海关第一。

2021年，怀化海关深入推进开展“现场监管与外勤执法权力寻租”专项整治，梳理22个风险点，建立“三个清单”。组织开展“警示教育月”活动，培育“爱廉说”廉政文化，推动廉政教育常态化制度化。主动接受派驻纪检组监督，发现并整改问题10个。加强新海廉系统运用，梳理内控节点78个，筑牢基层自控防线。

▲2021年4月24日，怀化海关党支部组织开展“学史增信 凝聚奋进力量”主题党日活动

【队伍管理】2021年，怀化海关强化干部队伍建设，严格考勤和工作日志管理，安装启用人脸识别考勤打卡系统，实施24小时值班制度。强化日常纪律作风养成，开展“内务规范月”活动和日常纪律作风专项整治，每月开展“流动红旗”评比，推动内务督察由关容风纪向内务规范全领域延伸。深化业务培训大练兵，学法考法参与率通过率均为100%，取得专业资质人数占总人数77%，人均资质3.4项，其中1人获8项检验检疫岗位资质。开展文化建设“五个好”活动，3篇文章获长沙海关学会采用、2篇文章获《湘关记忆5》采编，开展为留守儿童募捐等“做一件好事”活动和“读一本好书”活动，1人获评“十佳好关警员”，1条好建议获评十佳“金点子”。评选表彰“党员示范岗”“巾帼文明岗”“青年先锋岗”等一批先进典型，为4名老党员颁发“光荣在党50年”纪念章。

【通关监管】2021年，怀化海关为企业提供全天候通关保障，进出口整体通关时间大幅优于全国水平，跨境贸易营商评价排在全省前列。落实国家减税降费举措和问题清零机制，为2家单位办理科研项目减免税，免税总额133万元，实现减免税业务“破零”。

2021年，怀化海关查验危险货物及包装330批，检出不合格包装12批次。加强国门生物安全监测和安全风险监控，检验检疫进出口货物398批次，同比增长63.1%，实施有害生物监测426次，收集送检虫体610只。

▲2021年6月24日，怀化海关在茶叶基地开展备案指导

【查缉走私】2021 年，怀化海关办理行政案件 11 起，案值 1.1 亿元。办结稽核查作业 20 起，查发企业 10 家。履行怀化市打击走私领导小组办公室工作职责，开展打击“洋垃圾”，冻品、粮食、烟草、成品油等食品农产品，假冒伪劣疫情防控物资和涉枪涉毒走私等专项活动，怀化市打击走私综合治理绩效考评进入全省第一档。

【服务经济发展】2021 年，怀化海关全力支持“一港一园”建设，指导怀化国际陆港铁路监管作业场所规划建设，聚焦深化对东盟经贸合作，加强与口岸等地海关的沟通协调，撰写《怀化海关关于湖南（怀化）国际陆港建设工作的建议》等研究分析文章 10 余篇，为怀化国际陆港建设建言献策。

2021 年，怀化海关助推产业转移承接，支持基础电子元件加工企业向怀化转移，建立关企联络员制度，实施“一企一策”精准服务，免收手册风险担保金，有效缓解企业资金压力。引导企业运用海关主动披露政策，对企业主动发现轻微程序性违规行为依法免于处罚。

2021 年，怀化海关实施助力农产品出口 18 条措施，注册出境水果果园和水果包装厂、备案的蔬菜基地 50 余家，出口农产品 3,731.2 万元，同比增长 13%。助力溆浦县脐橙出口老挝，实现湖南省水果首对老挝出口零突破。促成长沙海关技术中心与怀化市农业农村局签署合作备忘录，为怀化市农产品检测提供优惠服务。对标进口国（地区）要求，指导竹制品企业完善质量管理制度，帮助企业出口竹砧板、竹筷子等竹制品至韩国、东南亚、中国台湾等国家和地区。

▲2021 年 12 月 4 日，怀化海关助力湖南水果首次出口老挝

【综合保障】2021 年，怀化海关稳步提升综合运行保障能力，开展制度“立、改、废”建设，制定内部管理制度 51 个、党建工作指引 27 个、工会制度 8 个。开展安全生产隐患排查专项行动，制定“1 + 6”内部操作指引，发现并整改问题 12 个。

2021 年，怀化海关深化精神文明建设，依托怀化海关青年志愿者服务队、志愿服务岗、志愿服务企业群等平台，深入社区、企业开展普法宣传，参加社区困难户帮扶，开展留守儿童助学、文明劝导、无偿献血、义务植树等志愿服务活动 10 余次。

2021 年，怀化海关坚决落实过“紧日子”要求，推进节约型机关建设，开展国有资产清查，完成大院改造等民生项目。

（撰稿人：阳　琼）

娄底海关

【概况】2020 年 12 月 26 日，娄底海关正式开关，下设综合业务科、监管稽核科 2 个科室。

2021 年，娄底海关始终坚持以习近平新时代中国特色社会主义思想为指导，坚决落实党中央、国务院重大决策部署，认真贯彻落实海关总署、长沙海关各项安排部署，按照长沙海关党委“新关要有新气象、从一开始就要严格管理”的指示要求，以“小步快跑”的奋进姿态紧跟整体工作步伐，党建工作、队伍管理、业务执法、运行保障基础更加牢固。

2021 年，娄底海关审结报关单 706 票；监管货运量 890.07 万吨；入库税款 5.49 亿元；备案加工贸易手册备案 13 本，备案金额 1.67 亿美元，加工贸易实际进出口值 8,635.71 万美元；审批办理减免税 2 份，货值 6.82 万美元，减免两税 6.06 万元；办理新企业备案 110 家，实有备案企业 618 家；实施出入境货物检验检疫 880 批，货值 18.45 亿元；出境危险货物包装检验 169 批；签发各类检验检疫证书证单 276 份，电子底账 621 条，签发原产地证书 669 份；办结核查作业 27 起，查发 6 起；办结稽查作业 4 起，查发 2 起，追补税款 101.6 万元。

▲2021 年 3 月 28 日，娄底海关助力湘村黑猪恢复供港

【党建工作】2021 年，娄底海关全面加强政治机关建设，坚持把学习习近平总书记重要讲话和重要指示批示精神作为形势分析及工作督查例会、党员会、关员会的“第一议题”，及时跟进学、联系实际学，引导全体干部忠诚捍卫“两个确立”，增强“四个意识”、坚定“四个自信”、做到“两个维护”。

2021 年，娄底海关发挥党建引领作用，成立娄底海关党支部，制订党建工作计划和主题党日活动安排，做好“党建+业务”融合文章，创建“红关星”党建品牌，打造“红色堂”党建阵地。扎实开展党史学习教育，引导党员干部读经典、学党史，到蔡和森纪念馆、李聚奎故居等地开展现场教学。严格落实“三会一课”制度，组织支部党员集中学习12次，支委成员带头讲党课7次，开展主题党日活动12次。

【队伍管理】2021年，娄底海关对照海关总署党委巡视长沙海关党委情况反馈意见，细化整改工作任务分解表34项，建立整改工作台账，明确整改时间表、任务书，逐项清理销号，印发方案、制度4项，完成整改工作27项。

2021年，娄底海关开展“现场监管与外勤执法权力寻租”专项整治，召开专题推进会议4次，集中学习讨论有关违纪违法典型案例通报7次，确定廉政风险清单事项19项，实现关员、协管员撰写专题心得体会、专题谈心谈话全覆盖。聘请10名特约监督员并召开特约监督员座谈会、媒体记者座谈会等，建立关领导、派驻纪检组外勤执法跟班制度，开展跟班作业40余次。

2021年，娄底海关全面深化准军建设，强化上下班纪律，以铃声为号令严格考勤管理。组织全员学习海关内务规范，观看内务规范示范片，每周开展一次常态化队列训练、内务督察和晨跑、夜读等活动。

【检验检疫监管】2021年，娄底海关开展国门生物安全风险监测，设置实蝇监测点32个，开展观测700余次，收集样本1,700个。对7家进口粮食定点加工工厂、中储粮仓库及周边1公里范围，开展外来有害杂草、红火蚁现场监测20余次。开展出口食用农产品和饲料安全风险监控，抽取供港活猪风险监控样品15个，其中猪尿样12个、猪肝样2个、猪肌肉2个。抽样检测重点监测疫病27次，一般监测疫病3次，潜在风险疫病2次，检出二类传染病（伪狂犬病）1次。

2021年，娄底海关加强进口粮食调运后续监管，完成2家进口粮食储备库和1家出境果园及包装厂注册的备案考核，完成进口粮食调运初审12.77万吨，实际到货11.17万吨（含储备库出库1.8万吨）。开展出口果园、进口粮食存放、加工企业厂区及周边外来杂草、红火蚁监测。

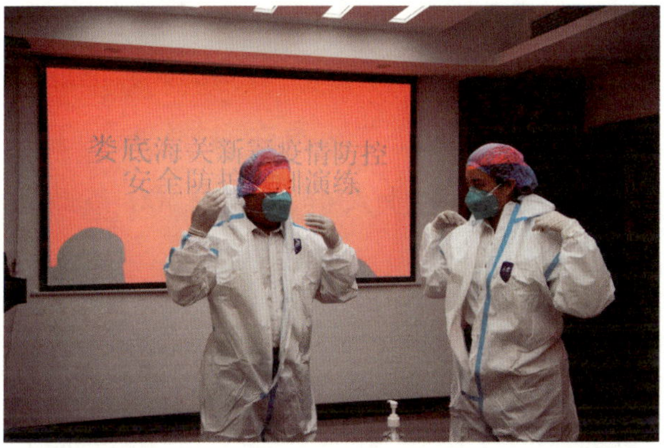

▲2021年11月5日，娄底海关开展安全防护演练

【综合业务】2021年，娄底海关实行税款担保多元化，指导企业合理调整保函、保证金比例，推进银行保函、集团财务公司担保等创新担保方式，办理税收担保202份，担保金额14亿元，其中保证金23份，银行保函31份，集团财务保函148份，为两家钢企节约财务成本1,000万元以上。加强属地纳税人管理，将两家重点税源企业纳入管理范围，采集企业基本信息、行业发展信息和进出口、纳税、补税等信息，建立企业底账，开展企业纳税遵从度评估。

2021年，娄底海关推广应用“提前申报”“两步申报”等便捷通关模式，通关无纸化率100%，“单一窗口”报关覆盖率100%，电子支付率98.9%；进口整体通关时间26.14小时，出口整体通关时间0.27小时，均优于全国海关平均水平。

【服务经济发展】2021年，娄底海关加强政策宣传，走访调研5个县（市）区、娄底经开区和万宝新区，以及10余个市直部门单位；召开企业座谈会7场次，实地走访企业20余家，与50多家企业面对面交流。建立“外贸企业服务”工作群，120余家企业入群，推送500条政策措施解读。

2021年，娄底海关开展“我为群众办实事”实践活动，支持娄底经开区获批增设国内地区代码和海关统计经济区划代码，59家外贸企业完成海关编码信息更新维护。开展华菱涟源钢铁集团有限公司高级认证企业重新认证工作，企业可继续享受降低查验率、部分免担保等一系列通关便利措施。推荐华菱涟源钢铁集团有限公司申请备案中国—毛里求斯自贸协定项下经核准出口商，成为《中国—毛里求斯自由贸易协定》实施以来湖南省首家备案企业。推动湘村黑猪恢复自营供港，出口黑猪35批次2,400头。推动解决VAMA二期技改项目减免税备案、湖南伍星生物出口牛胶原蛋白肽签证资质、优化双峰珊瑚科技氯酸钾出口送检频次等具体问题。

▲2021年6月17日，娄底海关到华菱涟源钢铁集团有限公司开展AEO实地认证工作

【综合保障】2021年，娄底海关打破科室职责限制、业务干部身份限制，充分发挥协管员作用，建立党务工作、政务服务、财务后勤保障3项工作机制，建立工作制度31项，推动各项工作正常运转。成立团支部、工会，开展读书分享会、厨艺比赛、球类运动会等活动。

（撰稿人：义雪斌）

湘西海关

【概况】2019 年 10 月 18 日，湘西海关成立，下设办公室、综合业务科和监管稽核科 3 个科室。

2021 年，湘西海关全面推进“五关”建设，积极服务湖南“三高四新”和湘西自治州“两区三地”发展战略，扎实开展党史学习教育。2021 年，获评省直“青年文明号”、湘西州文明创建标兵单位、湘西州首届“书香机关”。

2021 年，湘西海关审结报关单 226 票，同比增长 59.2%；监管进出口货运量 5525 吨，同比下降 15.4%；货值 1.5 亿元，同比增长 42.5%；税收入库 108.5 万元，同比增长 173.4%；实施进出境货物检验检疫 241 批次，同比增长 18.7%，货值 1.3 亿元，同比增长 56%；实施出境货物危险包装使用鉴定 121 批，同比下降 25.8%；签发各类原产地证书 203 份，同比增长 47.1%，签证金额 4,700.4 万美元，同比增长 72%。

【政治建设】2021 年，湘西海关坚决落实“第一议题”制度，以实际行动坚决贯彻落实习近平总书记重要指示批示精神，抓好助推乡村振兴、打击“洋垃圾”走私、新冠肺炎疫情防控、维护国门生物安全、稳外贸稳外资等重点工作。推进模范机关建设，举办党委中心组（扩大）学习 10 次，开展专题学习 7 次，引导党员干部忠诚捍卫“两个确立”，增强“四个意识”、坚定“四个自信”、做到“两个维护”。

【党的建设】2021 年，湘西海关扎实开展党史学习教育，组织党员干部赴十八洞村、湘鄂川黔革命根据地旧址感悟初心使命，开展“我讲家乡党史故事”、红色经典诵读会、学习习近平总书记“七一”重要讲话精神研讨会等活动。1 名党员获长沙海关“学史达人”称号、1 名党员荣获主题演讲比赛二等奖、1 名党员荣获书画摄影作品展二等奖。拍摄的《向往》微视频获新华社、海关总署“海关影像”采编。

2021 年，湘西海关加强党建基础建设，坚持每月对标工作指引，编制《湘西海关党建工作月刊》。落实“支部建在科上”要求，成立湘西海关党总支，下辖办公室党支部、综合业务科党支部和监管稽核科党支部。

2021 年，湘西海关扎实做好巡察整改工作，整理问题具体表现 42 项，提出具体整改措施 83 项并全部完成，部署开展制度建设、安全监管、办文办会等 3 个质量效率提升工程。

▲2021 年 6 月 2 日，湘西海关赴湘鄂川黔革命根据地开展“赓续红色基因、凝聚奋进力量”主题党日活动

【队伍管理】2021 年，湘西海关加强党委班子自身建设，修订《中共湘西海关委员会工作规则》《湘西海关形势分析及工作督查例会制度》《湘西海关贯彻落实“三重一大”决策制度实施办法》，完善党委议事清单，规范党委会议题收集审批、会前酝酿、会议组织、议事程序和督办落实。贯彻民主集中制原则，召开党委会议 19 次，“三重一大”事项均经过集体研究决定。

2021 年，湘西海关加强纪律作风建设，开展“内务规范强化月”“纪律作风整顿月”等活动，定期开展队列训练。开展“现场监管与外勤执法权力寻租”专项整治，组织纪法教育和警示教育 11 次，逐一谈话 47 人次，确定 12 个重点关注单位，梳理廉政风险清单 26 个风险点，对 6 家特约监督员企业开展问卷调查，修订完善制度 7 项。2021 年，湘西海关先后有 2 人次荣立三等功，2 人次被个人嘉奖，9 人次被通报表扬。

【监管工作】2021 年，湘西海关扎实开展国门生物安全监测，布置实蝇监测点 29 个，送验虫体样本 2,800 余只；设置外来杂草监测点 4 个。着力提升稽核查成效，办结稽查作业 5 起，办结核查作业 11 起，移交案件线索 5 起，涉及税款 2,870 万元。

2021 年，湘西海关深入开展打私综合治理，行政立案 4 起，办结 4 起。牵头负责湘西州打击走私领导小组办公室工作，开展部门联合执法、联合宣传，推动 2021 年湘西州打私综治工作排名全省第一。

【服务经济发展】2021 年，湘西海关助推地方外贸快速增长，整理“一企一策”台账，鼓励和扶持企业开拓海外市场，新增注册企业 82 家，增长 110.3%。深入县区开展调研，因地制宜服务县域开放型经济发展，湘西州外贸总值 16.84 亿元，增长 50.8%，增幅全省第一，其中 28 家企业实现破零增长。在湘西州优化营商环境考核中，湘西海关排名第 4。

2021 年，湘西海关支持湘西食品农产品出口，全程指导企业办理出口水果果园注册、出口水果加工厂注册等资质备案，落实出口食品生产企业备案改革。指导出口葛粉、脐橙、茶叶等食品农产品559万元，指导湘西州酒鬼酒股份有限公司白酒出口357万元，连续2年实现倍增。帮扶湘西州茶油、茶籽首次打开国际市场。

2021年，湘西海关推动外贸平台建设，完成吉首华泰公用型保税仓库重新设立验收，向地方政府提出推动特殊监管区域建设工作建议，被写入湘西州“十四五”规划。汇编海关特殊监管区域、海关监管作业场等政策文件，结合湘西州实际开展可行性分析，与湘西州高新区管委会赴岳阳综合保税区进行实地调研。

▲2021年10月19日，湘西海关助力酒鬼酒股份有限公司拓宽海外市场

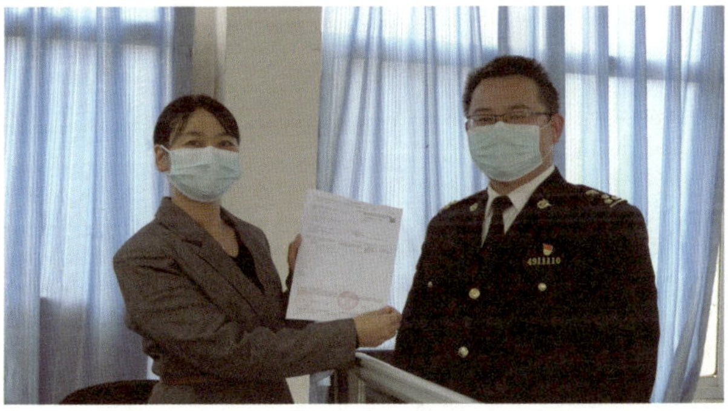

▲2022年1月1日，湘西海关出具湖南省首份RCEP证书

【综合管理】强化政务服务效能，加大工作督办力度，制订重点工作任务分解方案，及时跟进督办党委会议、形势分析及工作督查例会议定事项落实情况。

2021年，湘西海关扎实开展法治建设，开展新冠肺炎疫情防控、《中华人民共和国民法典》、《中华人民共和国行政处罚法》、“4·15”国家安全教育日、“8·8”海关法治宣传日、“12·4”宪法宣传日等普法宣传活动，举办“送法上门”、现场讲解等活动20余次。开展知识竞赛、学法分享等活动，全员通过普法考试，1人参加《湖南省法制宣传教育条例》实施10周年有奖竞答，荣获一等奖；3篇政策解读类文章被总署12360、长沙海关12360公众号采用。

【服务保障】2021年，湘西海关不断提高服务保障水平。在财务处指导下，积极申报边关生活设施保障能力提升项目，顺利获得总署批复支持。用足用好总署对艰苦地区边关的支持政策，推动边关小洗衣房、职工活动室、网球场等设施建设，增强干部职工获得感、幸福感。优化值班应急管理，建成24小时值班室，明确应急值班工作分管领导，指定值班工作联络员，建立值班工作制度、值班室值班职责制度。

【全面从严治党】2021年，湘西海关深入推进全面从严治党，细化分解全面从严治党、推进清廉海关建设重点任务37项，研究部署党风廉政工作近20次。

2021年，湘西海关制定加强班子自身建设、强化对“一把手”和领导班子监督23条具体任务。党委班子定期与派驻纪检组共同研究全面从严治党工作，党委书记坚持每月对照派驻纪检组工作提醒函逐项部署，接收派驻纪检组工作联系单12份，整改问题25项，完善制度6项。

（撰稿人：袁湘果）

第七篇

直属事业单位

后勤管理中心

【概况】2021 年，后勤管理中心内设办公室、财务科、采购科、生活服务科、车辆管理科、物业管理科、经营管理科 7 个科室。后勤管理中心对外投资企业 5 个，包括湖南长沙天平物业管理有限公司、湖南新海悦酒店管理有限公司、长沙海曦物业管理有限公司等。参股中国检验认证集团湖南有限公司、湖南口岸信息技术有限公司 2 家企业。

2021 年，后勤管理中心获评 2021 年度湖南省厂务公开民主管理工作先进单位。

【新冠肺炎疫情防控】2021 年，后勤管理中心在湘府路办公区安装 6 台“健康码自动识别终端”，做好加强社区联动，排查“红码”“黄码”人员及居家监测人员。采购防疫物资 27 批次，发放防疫物资 17.6 万件。“上门验收”一线部门急需急用物资，压缩工作时间 2 个工作日以上。完成 7 批次、1.3 万件物资入库。24 小时保障 20 余批次 1.4 万人次入境人员卫生检疫岗位工作人员封闭管理。

2021 年，后勤管理中心保障“就地过年”干部职工“年夜饭”菜品半成品 1,204 份、保障 2,520 人次用餐。

【安全生产】2021 年，后勤管理中心学习安全典型案例 36 次，组织消防安全知识培训、应急处置实操演练 7 次，重要部门、关键岗位达到全员覆盖。对 7 个院区、69 套公有住房组织专项安全隐患排查，梳理风险点 37 个，立行立改。

2021 年，后勤管理中心加强办公区人、车进出安全管理，验放东二环办公区、湘府办公区外来人员 9,000 余人次、车辆 7,000 余台次。

▲2021 年 2 月 9 日，后勤管理中心组织春节节前安全检查

▲2021 年 9 月 22 日，后勤管理中心组织“中秋 832 平台扶贫产品特卖会”

▲2021 年 10 月 26 日，后勤管理中心对入院快递进行消毒处理

【工程基建】2021 年，后勤管理中心完成零星工程 134 项、采购项目 187 个，涉案财物出入库 59 批次。

【后勤保障服务品牌】2021 年，后勤管理中心建设“满意食堂”，推出特色餐品，组织物资特卖活动，增加早点、新菜品 30 余种。开展厨艺交流、礼仪培训、餐饮服务培训，问卷调查满意度 92%。

2021 年，后勤管理中心建设“暖心物业”，设立“1332”物业服务热线，安装热水设备、“防蚊虫污水井盖”，升级新能源车牌识别系统，协调雨花区文体局在湘府办公区安装 7 套室外健身器材，落实“我为群众办实事”8 项，解决干部职工及家属反馈的问题 34 个。

2021 年，后勤管理中心建设“平安车队”，做到全年零事故、零违章、零投诉。

【资产管理】2021 年，后勤管理中心完成归口管理的 3,033 项长沙海关本级固定资产清查工作。

2021 年，后勤管理中心积极开展“厉行节约、反对浪费”宣传活动，结余采购资金 146 万余元。

【所属企业改革】2021 年，后勤管理中心完成所属企业湖南天平熏蒸消毒有限公司脱钩注销，妥善安置员工 6 人。通过采用吸收合并方式减免房屋过户过程中所需缴纳的税费。

【党支部建设】2021 年，后勤管理中心 1 人获评长沙海关“优秀党务工作者”、7 人获评长沙海关评“优秀共产党员”。提升“工匠后勤”党建示范品牌建设，规范 6 个党小组组长职责，培训业务能力，完善党小组台账。

【队伍建设】2021 年，后勤管理中心完成事业编人员岗位聘用工作，完善岗位绩效考核指标 141 项，规范聘用员工管理，强化员工保密教育，开展 10 批次业务技能、岗位实操培训，参训人员 150 人次。

2021 年，后勤管理中心获集体嘉奖 1 次、个人记功 6 人次、个人嘉奖 19 人次、个人通报表扬 3 人次。

（撰稿人：蔡婧怡）

技术中心

【概况】2021 年，技术中心内设综合部、业务运营部、财务部、市场开发部、食品安全实验室、工业品实验室、动物检疫实验室、植物检疫实验室、烟花爆竹实验室 9 个机构。技术中心设有食品安全检测、猪传染病检测、烟花爆竹检测、杂交水稻种子检疫与除害处理、陶瓷检测 5 个国家级重点实验室，食品安全科学技术湖南省重点实验室、湖南省烟花爆竹安全工程技术研究中心 2 个省级重点实验室，以及陶瓷实验室（醴陵）、打火机实验室（邵阳）等 6 个综合实验室，检测技术能力涵盖食品、农产品、动植物及其产品、烟花爆竹等 16 大领域 223 类产品，获得国家计量资质认定（CMA）和中国合格评定国家认可委员会实验室认可（CNAS）。

【政治建设】2021 年，技术中心推进“安全哨”党建品牌培育，开展庆祝中国共产党成立 100 周年“七一”系列活动，践行“我为群众办实事”11 项，为长沙海关乡村振兴驻点帮扶村免费检测农产品 2 批次，实现出口烟花爆竹包装生产企业就地送检，开展国门生物安全进校园宣传 2 次。

▲2021 年 7 月 1 日，技术中心举行庆祝中国共产党成立 100 周年“七一”升国旗仪式

【队伍建设】2021 年，技术中心安排高职称、高学历人员承担业务把控、科研攻关、课题开发等任务共计 25 项，获集体嘉奖 1 次、个人记功 2 次、个人嘉奖 8 人次、通报表扬 8 人次。

【实验室能力建设】2021 年，技术中心参加能力验证、测量审核 43 次，开发检测新方法 40 项。2021 年，鉴定发现红火蚁等检疫性有害生物 26 批次，在湖南口岸首次检出白带长角天牛等 3 个品类；鉴定 21 批次象牙等濒危动物及其制品，鉴别和归类化验42批次涉及固体废物属性样品；完成新冠病毒德尔塔变异株基因测序技术攻关1项。

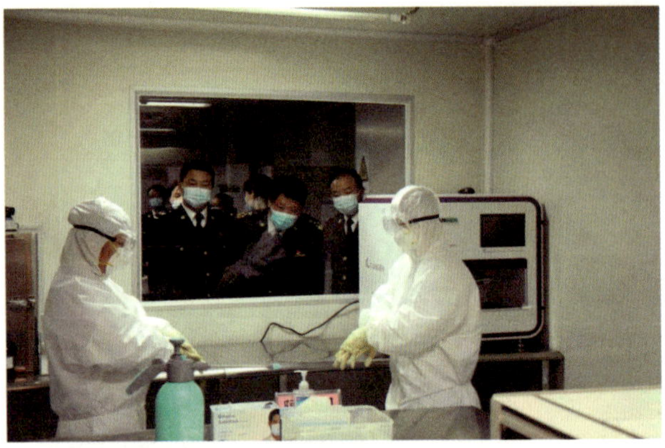

▲2021年12月10日，技术中心开展生物安全应急演练

【制度建设】2021年，技术中心对本级68项制度做好“立改废”工作，完善内设部门99项职责清单，新增10项隶属海关综合实验室职责，防控风险143项，做到“进系统、留痕迹、可追溯”。

【法检保障】2021年，技术中心完成法检任务4,689批、检测项目81,098个，同比分别增长28.68%、21.7%。其中，法定入境检验801批，法定出境检验1,177批，法定监管检验2,670批，同比分别增长19.02%、149.36%、6.08%。检测项目覆盖蔬菜检测19,784项，同比增长8.21%；烟花爆竹检测10,167项，同比增长4.64%；乳制品检测8,684项，同比增长5.84%；血样5,319项，同比增长19.53%；饲料3992项，同比增长70.29倍。检出不合格项目427项，同比增长454.55%。

▲2021年5月12日，技术中心开展关区法检样品检测

【商业委托】2021年，技术中心完成商业委托8,200批，主要产品包括烟花、乳制品、蔬菜、茶叶等，占比为87%。

【科学研究和标准制定】2021年，技术中心2项国家科技部重点研发项目，3项总署科研项目通过验收；“食品中非法添加物及其他化学危害防控关键技术研究与应用”“口岸风险因子监测技术装备研发与应用”2项工作获评海关科技一级成果；3项总署科研项目，3项长沙海关微创新项目获批立项；发布3项国际标准化组织（ISO）标准、1项国家标准；参与制定或修订13项行业标准；申请4项发明专利、4项实用新型专利；3项动物检疫领域行业标准建议获总署采纳。持续推进与澳门市政署合作开展的“关于供澳活猪细菌抗生素耐药性调查研究二期”项目。

【实验室一体化建设】2021年，技术中心形成“1+4+3”实验室格局，即以1个本级实验室为主，整合辖区4个综合实验室，突出烟花爆竹、陶瓷、打火机3个特色实验室。统一实验室质量管理，派驻专家“一对一”指导；加强海关实验室信息化建设，推进总署新一代查验管理系统与实验室管理系统对接试点工作。技术中心制作的“出口烟花爆竹”和“打火机检验监管”课件被总署用来开展培训。

（撰稿人：刘正华）

保健中心

【概况】保健中心于1999年经中央机构编制委员会办公室批复成立。2018年机构改革后，经中央机构编制委员会办公室批复更名为湖南国际旅行卫生保健中心（长沙海关口岸门诊部）。保健中心内设综合部、口岸检疫部、旅行医学部、健康管理部4个部门。

2021年，保健中心承办业务4.74万单次，较2020年增长108.81%。其中，出入境人员健康监测及预防接种0.99万人次，同比增长36.88%；新冠病毒核酸检测3.75万份，同比增长137.22%。

【政治基础】2021年，保健中心加强党员干部教育，利用湖南红色资源开展集中学习22次、专题学习6次，发布党史学习教育新媒体专刊7篇。

【党建品牌建设】2021年，保健中心深化“医路向前”品牌建设，党支部获评“省直机关先进基层党组织”，团支部获评“省直五四红旗团支部”，在长沙海关党史知识竞赛获团体第一名，“知史爱党守初心 弘扬传统担使命”主题党日获评长沙海关2021年度“最佳主题党日”，1人获评优秀党务工作者，1人获评长沙海关“党史学习达人”。党员积极参加义卖活动，助力乡村振兴；主动为服务对象排忧解难，收到感谢信8封；积极开展“五个好”文化建设，组织读书投稿17篇、提出好建议19条。

【巡视巡察】2021年，保健中心接受长沙海关巡察审计，针对反馈的4方面22个问题，制定整改措施32条，立查立改、问题清零。对总署党委巡视长沙海关涉及的15项问题，整改落实34条措施。修订《湖南国际旅行卫生保健中心重大财务事项集体审批管理规定》等13项制度、新增《保健中心接诊管理办法》，完善长效机制。

【口岸卫生检疫】2021年，保健中心完成入境人员新冠病毒核酸检测0.78万人次。经基因测序，检出湖南首例德尔塔、奥密克戎变异株。

实施“人物同防、多病同防”，开展入境货物和环境样本新冠病毒核酸检测0.41万份，增长191.06%。5月25日，首次在湖南口岸入境货物样本中检出新冠平素阳性。

2021 年完成媒介样品鉴定和监测 36 批次。7 月，检出湖南首例新冠肺炎确诊病例合并疟疾病例。强化国际旅行者医疗救助协会（IAMAT）国际医疗救助服务工作，提供出入境医疗救助与指导。

2021 年，保健中心与高校合作，完成总署应急科研课题《新型冠状病毒（SARS－CoV－2）快速检测技术非实验室环境应用的安全性和工作机制的研究》。

2021 年，保健中心不断发掘身边先进典型，抗疫事迹“青春心向党——我在抗疫第一线”在海关总署“金钥匙”微信公众号编载。

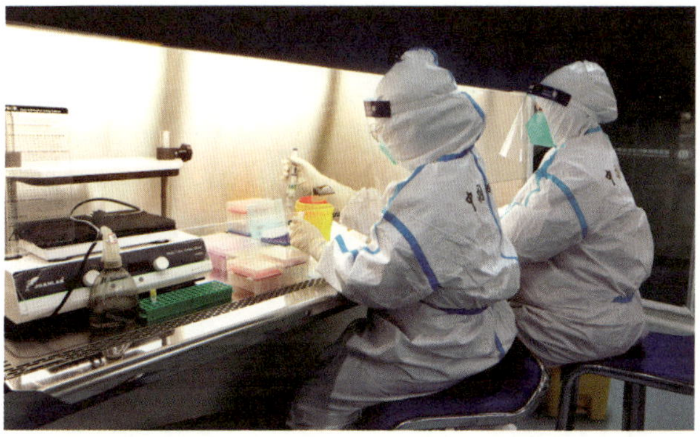

▲2021 年，保健中心实验室开展新冠病毒核酸检测

【传染病监测及预防接种】2021 年，保健中心完成出境人员健康监测 0.8 万人次，同比增长 57.1%，其中入境健康监测 0.19 万人次，同比下降 10.7%；检出肝炎 24 例、梅毒抗体阳性 20 例、HIV 阳性 3 例。完成预防接种 0.9 万针次，同比增长 40.7%。

【技术能力建设】2021 年，保健中心强化技术设备配备，增配 16 排 32 层断层扫描 CT 仪、96 通道提取仪、五分类血液分析仪等。11 月 25 日，新增移动 P2＋实验室新冠病毒核酸检测资质，为湖南省唯一获此资质的检测单位。技术中心强化人员培训，提升工作能力，检测人员均获得临床基因扩增检验实验室技术人员上岗证、生物安全培训合格证，采用检测人员交替流水作业，提升 PCR 实验室检测能力，新冠病毒核酸日检测量由原 600 人份增至 2,000 余人份（双试剂）。

▲2021 年 3 月 25 日，保健中心移动 P2＋实验室支援张家界荷花机场口岸

【科普宣教】2021 年，保健中心加强口岸卫生检疫、国门生物安全宣传教育，开展“全国疟疾日”“世界艾滋病日”线上线下传染病防病知识宣传，“防艾不防爱”宣传投稿被“学习强国”采用。

【基础设施建设】2021 年 8 月，保健中心完成湘府路办公区搬迁改造项目主体工程，9 月 1 日对外办理业务。

【一站式服务中心】2021 年，长沙海关加强与相关部门合作，全国首创“三窗合一”（外国人来华一窗式办理国际旅行

▲2021 年 9 月 2 日，保健中心举行搬迁揭牌仪式

健康检查证明书、工作许可证、居留许可证）措施。10 月 29 日，“湖南自由贸易试验区外国人来华工作一站式服务中心”在保健中心正式入驻。

（撰稿人：吴玥蓉　周唐薇
符璇芝　彭飞武）

中国电子口岸数据中心长沙分中心

【概况】中国电子口岸数据中心长沙分中心（以下简称“数据分中心”）成立于2003年，为长沙海关下属二类事业单位。

【业务情况】2021年，数据分中心有序开展电子口岸服务业务，新增电子口岸入网企业3,217家、制发电子口岸IC卡7,057张，注销企业333家，服务热线和远程技术服务19,124次。建成并运维数据交换平台传输跨境电商业务单证8,763.04万单，同比增长38%。

【党建引领】2021年，数据分中心抓实“第一议题”制度，强化党史学习教育，以党小组为单位学习13次，集中学习研讨36次，制作推送“党史故事每周读”34期。运用湖南红色资源开展现场教育，引领党员干部职工，切实提高政治站位、把准政治方向，结合“讲政治、守纪律、负责任、有效率”要求，强化政治机关意识教育。积极推动与科技处的联合支部建设，锤炼“科技青年特战队”服务保障能力，擦亮“湘关科技排头兵”党建品牌，确保党建业务一体化融合发展。

【廉政警示教育】2021年，数据分中心组织集中学习党规党纪、廉政规定，定期推送廉政提醒，营造风清气正氛围，针对聘用人员较多、人员流动性较大的特点，开展谈心谈话20次，及时掌握人员思想动态。根据工作需要调阅热线录音、电话回访记录，加强对重点岗位人员的纪律监督，确保一方平安。

【制度建设】2021年，数据分中心制定《中国电子口岸数据中心长沙分中心岗位职责（试行)》《中国电子口岸数据中心长沙数据分中心薪酬管理办法（试行)》《中国电子口岸数据中心长沙分中心聘用人员绩效考核管理办法（试行)》，修订《中国电子口岸数据中心长沙分中心公务车辆管理规定（试行)》《中国电子口岸数据中心长沙分中心聘用人员劳动纪律管理规定（试行)》，下属经济实体制定《湖南口岸信息技术有限公司部门设置及岗位职责（试行)》共6项内部制度，逐步完善管理制度。

【科技保障】2021年，数据分中心协助做好中国共产党成立100周年、全国

"两会"、国庆、党的十九届六中全会，以及网络攻防演习、"6·18"电商购物节、"双11"购物节等重点时期网络安全保障工作，完善24小时应急响应机制，解决卡口过卡慢、分拣线收不到物流数据等问题。完成电子口岸数据交换平台数据库扩容及备份工作，承接"信息化项目管理和系统集成服务""前台设备维护服务""机房值班运维保障服务""执法记录仪运维服务"等保障工作。

【科技创新应用】2021年，数据分中心建设"湘关科技1999"智能客服系统，接通率为100%、智能解答命中率为77%。开发掌上智能制卡系统，实现全程无纸化。服务跨境通关便利，全国首创在电子口岸专网开通市场采购贸易校验功能数据传输服务，传输效率提升80%。

【安全生产】2021年，数据分中心组织消防安全知识学习，联合科技处对机房等重点信息化场所监控设备、消防设施进行现场检查，实地演练报警处置、逃生、自救等行为，整改机房线路、消防设施等问题。深入落实《中华人民共和国数据安全法》，强化数据安全防护，对运维服务、机房值守、对外窗口服务等重点岗位做到实时监督检查。

【财务管理】2021年，数据分中心牢固树立"过紧日子"思想，严控"三公"经费和一般性支出，积极推进资产清查工作，分三批次对已达使用年限的固定资产进行报废处置，提升国有资产使用效率。

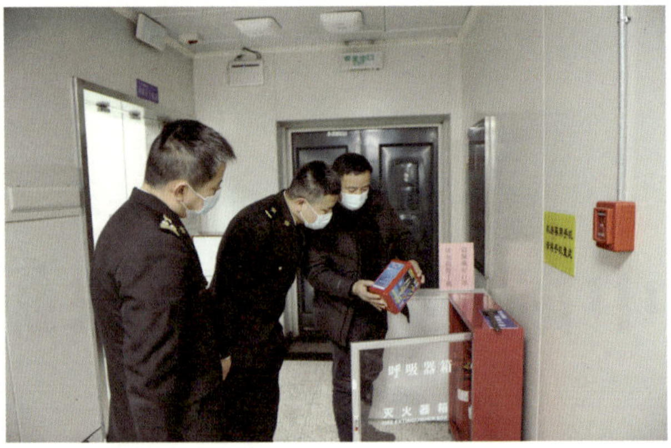

▲2021年4月2日，数据分中心开展信息化场所安全生产风险隐患排查

【队伍管理】2021年，数据分中心公开招录、招聘高水平技术人员。改变固定薪酬制模式，优化绩效考核，让劳动报酬与工作实际紧密结合，充分调动人员工作积极性，奖优罚懒突出实绩。

【培训实践】2021年，数据分中心联合第三方机构开展专业技能培训合作，激励员工考取专业资质证照，提升科技运维保障和项目开发实践水平。

▲2021年5月21日，数据分中心开展信息化运维技术交流

【便民服务】2021年，数据分中心协同中国建设银行湖南省分行，在全省开通

21 个合作制卡代理点，开通数列全国 42 个分中心第一位，实现省内 14 个地市州全覆盖，该项工作宣传稿件被海关总署网站、《湖南日报》、红网、“学习强国”等多家媒体平台采用并发布。分发各业务窗口 4,500 份《电子口岸业务办理指南》，便利企业。

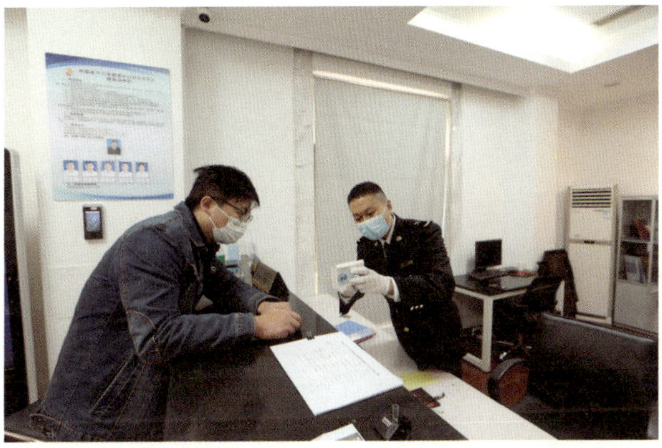

▲2021 年 10 月 22 日，数据分中心对外服务窗口人员向业介绍“关银一 KEY 通”共享盾

（撰稿人：刘　彪　刘慧琴　陈文超
李成效　李　猛　崔　创
谢　媛　谭　昕）

第八篇

人物荣誉

2021年长沙海关“两优一先”名录

一、优秀共产党员

蒋芳兰 陈 为 谢正文 易文强
丁 沙 刘 鹏 杨仲景 管恩学
王 鹏 张弘雷 刘拼拼 杨毕佳
刘利彬 陈 华 唐卫兵 邓群赞
谢 桢 黄 毅（女） 卢颂华
韦 平 刘 婷 罗 集 贺文基
罗 亮 周 丽 夏志明 刘彦戎
王凯旋 唐剑丽 张贻旺 朱海燕
易 胜 汤 浩 尹丹妮 杨 咪
雷兆龙 李辛柯 谭小华 薛 程
莫申书 谭 武 唐 萌 曹 蔷
李术明 陈 琪 刘子暄 刘耀天
邓中秋 张佑伟 申志波 彭正华
周建军 唐吉祥 尹 炎 周德生
何俊仪 姚 巍 欧阳怡佩 颜 可
周振宇 张明富 吴 静 欧 民
宋 渊 王 卫 姚兰姝 宋丹丹
方 丛 雷洪哲 陈 昶 黄文辉
刘鑫中 李江民 曾伟男 李 淳
阳 琼 罗志光 刘如山 彭梦香
周孝华 张小辉 莫 瑾 黄迎波
陈 芳 麻祝安 彭飞武 李志东
陈运高 王 穗 刘飞浪 张榆林
周小卫 柴永康 李卫国 王伯勋
彭三和 刘时长 杨承溢 刘歌红
刘季子

二、优秀党务工作者

王友华 杨 鑫 扶忠践 刘劲波
黄才新 贺俊华 王世益 刘劲彪
王象贤 时 悦 黎中意 邬石宝
郭 岱 李 磊 张文博 王 颖
徐承军 江和平 甘 博 张 艳
乔伯林 洪 辉 杨 涛 何永佳
刘晓明 陈贤贵 吴玥蓉 邹曼如
丁 宁 陈新焕

三、长沙海关先进基层党组织

办公室党支部
卫生处党支部
食品处党支部
监察室党支部

黄花机场海关旅检四科党支部
星沙海关浏阳办事处党支部
韶山海关党支部
衡阳海关第三党支部
怀化海关党支部
离退休干部党总支

2021年长沙海关表彰奖励名录

一、长沙海关“红色关姐”名单

王世益　　江紫薇　　龚幼玲
张　艳　　王丽红　　姜　俐
禹思宇　　刘　铮　　陈　芳
彭晓霞

二、长沙海关“湘关好青年”名单

（一）敬业奉献好青年

张弘雷　　姚　俊　　朱海燕
易　臻

（二）勤学上进好青年

李昕怡　　赵　鑫　　杨英刚
陈　佳

（三）开拓创新好青年

向剑雄　　王鹤洋　　贺　军
雷洪哲

（四）文明服务好青年

代　玮　　王　穗　　李名慧

（五）崇德清廉好青年

赵佳威　　魏　嘉

（六）“湘关好青年”提名

王　冰　　姚　巍　　李　洋
曾俊杰　　赵雅婷

三、《长沙海关关于对新冠肺炎疫情防控和2020年度重点工作中表现突出的集体和个人予以奖励的命令》（湘关人发〔2021〕18号），共对27个集体，135人次予以表彰奖励

（一）口岸疫情防控

三等功：机场海关彭旺；

嘉奖：机场海关黄扬声、夏志明、丁非同、方珊、陈海斌、戴李叶、赵越、杨帆（4914450）、边巴卓玛、朱常顺、谭九洲，邮局海关高琦。

（二）进口冷链食品风险监测和口岸环节预防性消毒

集体嘉奖：进出口食品安全处。

嘉奖：食品处徐芊、徐小荣、江紫薇，监管处涂红伟、张弘雷，机场海关曹榕，邮局海关朱海燕，岳阳海关段达程。

（三）疫情防控综合保障（综合，财务、后勤、科技、人力资源保障，内部疫情防控，疫情防控普法宣传，专业培训，专门监督）

集体三等功：卫生检疫处。

集体嘉奖：办公室、财务处、监察室。

三等功：卫生处刘劲波，办公室陈贤贵。

嘉奖：办公室和莎莎、潘虎，法规处曹田广、谢正文，综合处伍祥刚，卫生处邓思芸，财务处高勤、周建霞，科技处邓群赞，人教处张煌、时悦、卢颂华，机关党委（政工办）秦林威、成玮，第二派驻纪检组吴泰伟，星沙海关程碧云，后勤管理中心李志东、刘承伟、马冬初、李尚书、李顺生，技术中心贺鹏。

（四）长沙海关国旗仪仗队

集体嘉奖：长沙海关国旗仪仗队（人员：曾勇、庞德军、卞玲飞、郑西安、傅旋洲、李昕怡、李星洲、李姣、黎中意、苏立、谢凌钦、张卓贤、刘凌云、成玮、彭宇龙）。

（五）推动政治理论学习常态化

嘉奖：机关党委（政工办）黎中意。

（六）税政调研

集体嘉奖：税政调研专项工作组（人员：关税处徐玲娜、袁华、蒋伟华、杨鑫、曾群策、王晖，星沙海关刘念琳，株洲海关颜涛，风控分局余立羽）。

三等功：关税处徐玲娜、曾群策、蒋伟华。

（七）信息宣传

集体嘉奖：办公室、统计处，机场海关、星沙海关、常德海关。

嘉奖：办公室李昕怡，星沙海关彭铃涵，机场海关代玮。

（八）拍摄微视频《宪法里的国和家》

嘉奖：办公室陈为。

（九）重大新闻报道在中央媒体播出或刊载

三等功：办公室黄勇华。

记功：办公室林俊。

嘉奖：衡阳海关贺军。

（十）撰写要情信息或者统计分析文章表现突出

嘉奖：办公室王新宇，商检处郑西安，统计处刘梁、欧阳静子、王鹤洋，机场海关田天池，株洲海关刘耀天，岳阳海关肖文波，永州海关姜泽健，益阳海关赵雅婷。

（十一）妥善处置网络舆情

嘉奖：办公室曹克。

（十二）“红色湘关”公众号编辑、运维

嘉奖：机关党委（政工办）王炜鉴。

（十三）保障湖南活猪安全稳定供澳

集体嘉奖：推动湖南活猪安全稳定供澳工作组（人员：动植处盛胜军、李欢尧、郭上时，星沙海关储海辉，衡阳海关康勇，永州海关李江民，技术中心朱金国、黄迎波、周慧平、袁小雅、彭梓）。

嘉奖：永州海关雷天昂、李依烁，技术中心唐连飞、禹思宇。

（十四）烟花爆竹安全监管

三等功：星沙海关李磊。

嘉奖：商检处王鹏，株洲海关刘龙生、孟长胜。

（十五）稽查补追税款较 2019 年增长 2 倍

集体嘉奖：企管处、星沙海关稽查专项工作组（人员：企管处刘凌云、陆俊颖、杨炎，星沙海关谭武、马亚）。

（十六）关区首次检出植物检疫性有害生物

三等功：动植处孙小洁、岳阳海关周振宇。

（十七）推动永州蔬菜直供香港试点工作

嘉奖：食品处徐芋、永州海关魏优。

（十八）在商品归类工作中表现突出

嘉奖：关税处袁华、王晖，风控分局余立羽。

（十九）迎接总署经济责任审计工作

集体嘉奖：迎接总署经济责任审计工作组［人员：王象贤、王忠华、陈杰、刘小兵、祖逖、高勤、邓群赞、韩亮、赵金楠、秦林威、李志东、刘源、谢桢、黄毅（4913000）、蔡婧怡、李尚书］。

（二十）预算管理工作

三等功：财务处王世益。

（二十一）在非贸渠道打击走私、禁限类物品违规入境

集体嘉奖：风控分局非贸渠道打击走私工作组（人员：沈水平、杨凯）。

（二十二）常德海关对湘西致远矿产品贸易有限公司专项稽查向缉私部门移交重大案件线索

三等功：常德海关宋怡，湘西海关唐堂；

嘉奖：常德海关欧民。

（二十三）移交缉私案件线索数量多、成案率高

集体嘉奖：机场海关快件监管科、查验科，邮局海关监管科。

（二十四）重点产品专项调研

集体嘉奖：重点产品专项调研工作组（人员：刘梁、欧阳静子、王鹤洋、衷韬、丁沙、刘凌云）。

（二十五）承担总署关税司 4 项司级课题和 4 项关级课题

集体嘉奖：课题研究专项工作组（人员：刘立、王晖、曾群策、李璇、龚如兰、李岸青、熊芳、许杰、田灏、颜涛、胡凯、曾俊杰、张清、赵雅婷）。

（二十六）跨境电商退货、B2B 试点工作

集体嘉奖：跨境电商退货、B2B 试点工作组（人员：龚先明、范丹娜、马茂鑫、张志为、陈军平、杜浩）。

（二十七）巡察审计联合监督工作

集体嘉奖：赴岳阳海关巡察审计组（人员：田方团、王忠华、肖中宁、谢兵、夏彤、张云超、王鹏、韩亮、韦平、姜栋、陈昊），赴郴州海关巡察审计组（人员：郭承志、曹建全、肖敏、钟建军、任文辉、杨鑫、朱燕琼、孙小洁、王冰、欧民、姜栋、刘婷）。

嘉奖：督审处韩亮，机关党委（政工办）杨禹，株洲海关朱燕琼。

（二十八）派驻监督工作中发现重大问题并督促改进

嘉奖：第四派驻纪检组傅明，第五派驻纪检组李莉，第八派驻纪检组肖中宁。

（二十九）执纪审查工作

嘉奖：监察室汤军、朱小君。

（三十）取得4项高级（专家）岗位资质

嘉奖：动植处李欢尧，星沙海关储海辉，韶山海关申志波，常德海关刘利荣。

（三十一）外出参加专项工作表现突出

嘉奖：办公室刘源，星沙海关杨章辉。

（三十二）编印《战疫有我 湘关记忆4》

嘉奖：机关党委（政工办）刘婷。

（三十三）办理房产变更手续，免缴税费2100万元

记功：后勤管理中心罗红辉。

（三十四）妥善解决原张家界教育培训基地职工十余年信访问题

嘉奖：人教处张卓贤，财务处何腊。

（三十五）平安建设（综治工作）

嘉奖：办公室王诗题，后勤管理中心王超。

（三十六）推荐获评多项省级表彰奖励

嘉奖：机关党委（政工办）卫芳。

（三十七）担任兼职教师表现突出

嘉奖：企管处杨毕佳。

（三十八）科技“微创新”工作

集体嘉奖：“微创新”工作组（人员：刘劲彪、张明磊、邓群赞、粟大为、夏茵、曾时应、滕侠峰）。

（三十九）关区数据安全专项行动工作

通报表扬：加强海关业务数据安全专项行动工作专班。

（四十）境外动植物疫情信息收集

通报表扬：工作组成员（动植处孙小洁，韶山海关易海清，张家界海关冯思轩，怀化海关李淳，湘西海关易臻、彭梦香）。

（四十一）网络安全和运维管理工作

通报表扬：科技处网络安全和运维管理工作组。

（四十二）总关节能管理工作

通报表扬：工作组成员（财务处李东芝，后勤管理中心胡蓝天、郭雪霞）。

（四十三）参与总署全球贸易监测中心工作

通报表扬：统计处王鹤洋。

（四十四）获得省直单位的广播体操比赛团体第一名

通报表扬：周健、孙小洁、龚幼玲、刘凌云、葛晨昕、石沛璇、江紫薇、王蜀燕、李璇、韦平、吴超、彭安琪、慕恒敏、李昕怡、彭俊松、成玮、刘婷。

二、《长沙海关关于对表现突出的集体和个人予以奖励的命令》（湘关人发〔2021〕121号），共对25个集体，95人次予以表彰奖励

（一）邮局海关截获日本邮寄入境的活体苗木200余株

嘉奖：邮局海关郭铁文、罗志萍。

集体通报表扬：监管工作组（邮局海关周雄、秦小希、吕朝、徐湘湘）。

（二）总署客观指标得分率靠前

通报表扬：食品处、办公室、动植处、统计处。

（三）打击走私查发移交线索成效突出

通报表扬：星沙海关、怀化海关、永州海关、湘西海关。

（四）口岸疫情防控数据及个案信息日报工作

嘉奖：卫生处邓思芸，机场海关杨帆、方珊。

（五）拍摄《坚守2·战“疫”有我》纪录片

嘉奖：机场海关周丽、代玮。

集体通报表扬：拍摄工作组（食品处夏雄伟，人教处石云，机场海关郭岱、张超、邹苗）。

（六）拍摄健康申报教学引导视频

嘉奖：机场海关郭岱、彭旺。

集体通报表扬：拍摄工作组（机场海关夏志明、张超、周丽、刘彦戎、杨帆、李娟、戴李叶、高伟峻）。

（七）有效防范新型冠状病毒通过进口非冷链食品渠道传入

嘉奖：食品处江紫薇，岳阳海关王东辉、肖文波，保健中心李名慧。

集体通报表扬：工作组（食品处徐芊，岳阳海关郜成、张尔达、颜可，保健中心孙菲、王婕敏、周皓）。

（八）新旅通系统卫生处置应用工作

嘉奖：机场海关王光锋、张剑。

集体通报表扬：处置应用工作组（张家界海关刘劲波，监管处龚先明，机场海关夏志明、王勃维，科技处肖俊，技术中心张烨，保健中心李名慧）。

（九）总署集中工作表现突出

嘉奖：永州海关魏嘉。

通报表扬：湘西海关李其达，邵阳海关刘光绿。

（十）应对张家界突发疫情防控措施得力，确保全体干部职工“打胜仗、零感染”

嘉奖：张家界海关邓子为、田刚、乔伯林。

（十一）参与总署举办的“红色传承红色湘关”在线访谈工作

嘉奖：办公室陈为、林俊（记者站），机关党委（政工办）秦林威。

（十二）获评湖南省2020届文明标兵单位

嘉奖：怀化海关阳琼，衡阳海关彭正华，常德海关康燕，岳阳海关甘新龙。

通报表扬：怀化海关李渊，常德海关张艳，衡阳海关隋鑫，岳阳海关胡茜。

（十三）首次获评2020年度省直国家机关“谁执法谁普法”普法责任制考评优秀等次单位

嘉奖：法规处谢正文。

通报表扬：法规处余钧、王珂。

（十四）首次获评省食品安全工作 A 级（先进）单位

嘉奖：食品处邓大为。

通报表扬：食品处吴超。

（十五）2020 年省绩效考核工作获评“优秀单位”

通报表扬：办公室潘虎。

（十六）成功申报全国工会职工书屋示范点

集体嘉奖：机关工会工作组（卫芳、张云超、刘婷、杨禹）。

（十七）查发输入性恶性疟疾确诊病例

嘉奖：机场海关张贻旺、王勃维。

通报表扬：机场海关刘中青。

（十八）扎实推进中国（湖南）自由贸易试验区建设和海关牵头任务工作

三等功：综合业务处伍祥刚。

嘉奖：岳阳海关黎浩琳，综合业务处庞德军。

（十九）“进口转关货物内河运费不计入完税价格的审价创新模式”海关监管创新举措获海关总署备案授权试点

三等功：关税处王晖。

嘉奖：关税处袁华，综合业务处易文强，法规处余钧，风控分局刘祖福，岳阳海关邱潇潇。

通报表扬：岳阳海关洪余喆、李俊毅、欧阳怡佩，关税处刘沂。

（二十）推进中非海关“经认证的经营者”AEO 互认合作

嘉奖：企管处刘凌云，星沙海关肖江柳。

（二十一）重点商品调研报告顺利通过复核、答辩与署长审定

嘉奖：统计处刘梁，商检处衷韬，关税处丁沙，企管处刘凌云。

集体通报表扬：答辩工作组（统计处谢志杰、王鹤洋，关税处徐玲娜，商检处农渝，企管处朱仲平，株洲海关刘耀天，衡阳海关隋鑫，怀化海关曾俊杰）。

（二十二）首次承担对冈比亚输华花生、腰果准入评估工作

集体嘉奖：评估工作团队（食品处黄才新、任文辉、吴超、江紫薇、邓大为，湘西海关李其达，技术中心黄迎波、周慧平、姜金林）。

（二十三）哥伦比亚口蹄疫解禁风险分析工作

集体嘉奖：分析工作组（动植处郭上时，韶山海关易海清，邵阳海关徐玉，技术中心侯义宏）。

（二十四）2021 年上半年内部审计项目

通报表扬：督审处戴永和、易盛艳。

（二十五）2021 年上半年关内专项督察项目、总署专项审计自查项目

嘉奖：督审处韩亮，星沙海关王忠华，株洲海关朱燕琼。

集体嘉奖：督察工作组（督审处王象贤、李献坤，监管处龚先明，商检处胡平、王鹏，动植处杨仲景）；

审计工作组（缉私局法制处刘铮，卫生处石丹，商检处沈兵，监管处李星洲，财务处漆建平、曹一丽、谢兵，食品处任文辉，综合处夏彤，企管处刘凌云、肖敏，动植处李欢尧）。

（二十六）接受总署巡视

嘉奖：机关党委（政工办）韦平，人教处石云，后勤管理中心王穗。

集体通报表扬：迎接巡视工作组机关党委（政工办）王蜀燕、秦林威，办公室陈杰、苏立，科技处谢桢，后勤管理中心李尚书、李顺生，监察室吴栋。

（二十七）庆祝中国共产党成立100周年系列活动

嘉奖：统计处陈蓉，机关党委（政工办）黎中意、成玮、韦平、秦林威，办公室黄勇华，离退办贺文基、曾勇。

集体通报表扬：庆祝建党100周年系列活动工作组（秦长林、李友筠、李昕怡、刘凌云、吴超、江紫薇、刘慧琴、杨禹、梁雄杰、杨鑫、周承佳、彭俊松、缪云、高轩、刘耀天、李洋、姚兰姝、杨惠婷、粟大为、卢颂华、王蜀燕、王超、周学英、刘婷、李渊、丁宁、曾丹、朱学仕、谢桢、彭安琪、范伊琳）。

（二十八）庆祝建党100周年活动网络安全保障工作

嘉奖：科技处朱学仕。

（二十九）固定资产清查

嘉奖：财务处李东芝，口岸监管处彭宇龙，科技处肖俊，后勤管理中心王敬东。

集体通报表扬：资产清查专项工作组（财务处曹一丽，星沙海关尹丹妮，株洲海关饶讯，韶山海关杨英刚，衡阳海关屈湘伟，邵阳海关赵佳威，岳阳海关李玉娟，常德海关汤特，张家界海关邓子为，益阳海关温兵辉，郴州海关赵旭，永州海关曾伟男，怀化海关阳琼，娄底海关梁健兴，湘西海关袁湘果，机场海关粟可，邮局海关王政，技术中心陈芳，保健中心吴波，后勤管理中心韩伟洲，数据分中心崔创）。

（三十）助力乡村振兴，促进湖南省农产品扩大出口

集体通报表扬：湘西海关工作组（罗武、刘如山、唐堂、易臻、毛先平）；郴州海关监管科（雷洪哲、夏远辉、陈姝瑾、贺树林）；邵阳海关中药出口监管组（张振、陈弼飞、吴倩、刘光绿、徐玉、金红卫、彭丁）；益阳海关工作组（吴愈柏、彭晓霞、朱小卫、张逸帆）。

（三十一）完成长沙海关本级基本养老保险错后期资产清算工作

嘉奖：人教处尹夏磊。

（三十二）获得8项检验检疫岗位资质的人员

嘉奖：怀化海关李淳，衡阳海关康勇，株洲海关刘子暄、赵鑫，常德海关宋渊。

（三十三）组织参加首期危包资质培训及考核成效明显

个人通报表扬：商检处张毅、衷韬、郑西安，人教处卢颂华。

（三十四）圆满完成保健中心湘府路搬迁改造项目

嘉奖：保健中心范正兴、陈晓婷。

（三十五）顺利完成醴陵燃放试验场移交工作

嘉奖：株洲海关刘龙生、饶讯。

三、《长沙海关关于对表现突出的集体和个人予以奖励的命令》（湘关人发〔2022〕41号），共对18个集体，322人次予以表彰奖励

（一）连续三个月4902关区不合格食品（化妆品）查获率均超过10%

集体三等功：岳阳海关查验科（肖文波、周生磊、郜成、张尔达、周振宇、齐畅年、陈丽军、沈军民）。

（二）检疫性有害生物截获率同比增长28.8%

集体嘉奖：岳阳海关工作组（肖文波、周生磊、郜成、张尔达、周振宇、齐畅年、陈丽军、沈军民）。

（三）新闻宣传暂列B序列第一

集体嘉奖：办公室、统计处、综合处、机场海关、星沙海关、衡阳海关。

嘉奖：办公室王新宇。

通报表扬：衡阳海关贺军，邮局海关包然，益阳海关赵雅婷，常德海关李洋，机场海关代玮，关税处曾群策，韶山海关张颖，卫生处邓思芸，张家界海关梁德。

（四）专项稽核查工作

集体嘉奖：专项稽核查工作组（企管处刘利彬、廖建民、陆俊颖、杨炎，星沙海关谭武、黎甜、马亚、曹斌、唐萌，机场海关刘侃、吴雅丽，岳阳海关段达程、姚巍，常德海关欧民、杨成，郴州海关方超、刘鑫中）。

（五）确保“外防输入”各项措施落实到位

集体嘉奖：工作专班（周波、王旭初、徐昱峰、文玉辉、欧阳健、蒋丛军、谭强、储海辉、杜浩、肖湘黔、张宏旭、赵培超、薛程）。

（六）承办长沙海关党建工作推进会

集体嘉奖：韶山海关党建工作推进会专班（徐承军、邓中秋、张佑伟、朱明、钟斐、王慧、何古璇、朱玉婷、杨英刚、张颖、毛可）。

（七）在供港澳活羊中检出限用类药物恩诺沙星超标

集体嘉奖：郴州海关监管工作组（王丽红、任文辉、雷洪哲、陈姝瑾）。

（八）在关区首次检出黄瓜绿斑驳花叶病毒

集体嘉奖：植物检疫实验室工作组（彭梓、朱金国、黄迎波、周慧平、袁小雅）。

（九）科技人员跟班作业工作

集体通报表扬：科技人员跟班作业工作组（刘劲彪、张明磊、粟大为、朱学仕、邓群赞、谢桢）。

（十）《新闻联播》刊发报道长沙海关画面11次，省直主要媒体发稿28篇

三等功（记功）：办公室黄勇华、林俊。

嘉奖：株洲海关陈琪。

（十一）及时应对处置人保财险湖南公司发生关税保证保险延期赔付情事

三等功：关税处徐玲娜。

嘉奖：关税处王晖。

通报表扬：法规处曹田广，缉私局查私处肖鹏程，企管处杨毕佳，办公室和莎莎。

（十二）税政调研

三等功：关税处袁华，株洲海关颜涛。

嘉奖：关税处刘沂，曾群策，邮局海关易胜。

通报表扬：关税处王晖，衡阳海关胡凯，韶山海关肖湘杰，娄底海关张清，星沙海关许杰，益阳海关方丛，郴州海关张杨林，邵阳海关龙庚哲，湘西海关刘如山。

（十三）在进境原木中检出检疫性有害生物白带长角天牛成虫3只、幼虫1只

三等功（记功）：岳阳海关周生磊，技术中心姜金林。

通报表扬：岳阳海关肖文波、张尔达、邵成、陈丽军、周振宇，动植处杨仲景、孙小洁。

（十四）在出境水生动物中检出白斑综合征阳性，在供港澳活猪中检出口蹄疫非结构蛋白抗体阳性

三等功（记功）：衡阳海关康勇，技术中心唐连飞。

通报表扬：法规处郭上时，动植检处陈周昊，技术中心刘象文、彭争光。

（十五）严格履行出口烟花爆竹检验监管职责

三等功：星沙海关邓伟超。

嘉奖：商检处刘昌琪、郑西安，星沙海关陈芳、苏安、邓年祥，株洲海关余文斌。

（十六）有效实现海关样品送收样环节在途监管“进系统、留痕迹、可追溯”

三等功：科技处邓群赞，食品处徐芊。

嘉奖：科技处张明磊，星沙海关储海辉，科技处夏荫，食品处徐小荣，永州海关罗扬帆。

（十七）推进关区“正风反腐”执纪问责取得成效

三等功：监察室汤军、龙斌。

嘉奖：监察室王宏鹏、罗集、张建军、谭思羿。

（十八）借调总署期间工作表现得到总署政工办的认可

嘉奖：郴州海关雷林峰。

（十九）集中工作获总署食品局充分肯定和表扬

嘉奖：常德海关翟艳伟，永州海关雷天昂。

（二十）首次牵头开展进口种猪戊型肝炎安全监测

嘉奖：技术中心朱忠武。

（二十一）参加总署巡视工作且评价结果为“优秀”

嘉奖：督审处戴永和。

通报表扬：综合处刘廷，株洲海关

王颖。

（二十二）信息宣传

嘉奖：办公室李昕怡，食品处邓大为，监管处马茂鑫，统计处王鹤洋，杨章辉，企管处廖建民，缉私局万远，郴州海关张扬林。

（二十三）被省保密委评为“十三五”时期保密工作先进单位

嘉奖：办公室蒋芳兰，科技处朱学仕。

（二十四）推广中欧班列出口货物“提前申报”改革

嘉奖：综合业务处杨柳，星沙海关侯鹏飞。

通报表扬：星沙海关李辛柯，株洲海关田灏，怀化海关何国荣，郴州海关张扬林，衡阳海关刘念。

（二十五）开展知识产权保护专项行动

嘉奖：综合业务处杨春勇，星沙海关侯鹏飞，机场海关张志为，邮局海关朱海燕，风险防控分局张小辉。

（二十六）综合治税

嘉奖：关税处蒋伟华，星沙海关李辛柯，机场海关罗亮。

通报表扬：韶山海关匡智，财务处漆建平，关税处龚如兰，科技处张明磊，岳阳海关李俊毅，衡阳海关周建军，娄底海关义雪斌，株洲海关陈文华，郴州海关吕兆洋。

（二十七）保障疫情防控指挥部的运转高效

嘉奖：技术中心张烨，湘西海关毛先平。

通报表扬：卫生处邓思芸，监管处龚先明，张弘雷。

（二十八）检出伪狂犬 gE 抗体和检出牛病毒性腹泻/粘膜病

嘉奖：技术中心禹思宇、成婧，常德海关刘利荣，邵阳海关刘光绿，岳阳海关张尔达，益阳海关彭晓霞，郴州海关夏远辉。

（二十九）获批开展市场采购贸易方式出口预包装食品业务

嘉奖：食品处徐芊。

通报表扬：食品处黄才新，星沙海关杜浩。

（三十）进口冷链食品疫情防控工作总署“零通报”

嘉奖：食品处夏雄伟、徐芊、江紫薇，技术中心张烨，监管处张弘雷，星沙海关欧阳健、储海辉、文玉辉，岳阳海关周生磊。

（三十一）获评 2021 年度岗位练兵“优秀组织奖”，3 名同志进入全国百强

嘉奖：商检处农渝，株洲海关孟长胜、童宁，机场海关邹苗。

（三十二）出口烟花爆竹、出口打火机检验监管两项教学视频项目

嘉奖：商检处郑西安，邵阳海关吴倩。

（三十三）长沙海关二级监控指挥中心在总署监控指挥中心考核中 7 次取得第一名

嘉奖：监管处龚先明、祖逖。

通报表扬：监管处马茂鑫、张弘雷，卫生处鲁少平，动植处杨仲景，食品处江紫薇，监察室邬石宝。

（三十四）年度中央财政预算执行率100%

嘉奖：财务处周建霞、单莉、陈琨、陈珑方。

（三十五）取得了8项获得认可的检验检疫岗位资质

嘉奖：衡阳海关王轮，岳阳海关张尔达。

（三十六）获中央、总署等新媒体采用100余篇次

嘉奖：政工办黎中意。

通报表扬：机场海关孙丽，星沙海关王冰，岳阳海关张聪聪等。

（三十七）党史学习教育工作

嘉奖：政工办汤纪文，株洲海关王颖个人。

通报表扬：政工办成玮、刘婷，关税处李岸青，机场海关孙丽，星沙海关雷兆龙。

集体通报表扬：韶山海关、邵阳海关、永州海关、湘西海关。

（三十八）巡察工作

嘉奖：督审处李献坤，企管处肖敏，第六派驻纪检组孟军，株洲海关王颖，湘西海关罗武，技术中心曾伟男。

通报表扬：财务处谢兵，综合处夏彤，株洲海关陈振圜，永州海关何昌笠，韶山海关朱明。

（三十九）巡视整改工作

嘉奖：政工办汤纪文、杨禹、秦林威。

通报表扬：办公室苏立，人教处张卓贤，监察室朱小君，综合处向剑雄。

（四十）申报获评第20届全国“青年文明号”及后续宣传宣传工作中表现突出

嘉奖：永州海关魏优、何昌笠。

（四十一）夯实党风廉政建设基层基础

嘉奖：监察室吴栋，办公室苏立，动植处陈周昊，机场海关彭琳超，星沙海关李想。

通报表扬：督审处朱建平，益阳海关洪辉，永州海关何永佳，第七派驻纪检组陈义双，法规处李莉，技术中心肖中宁，第二派驻纪检组吴泰伟，综合处杨柳，食品处吴超，监管处彭宇龙，企管处刘凌云，督审处韩亮，政工办成玮，韶山海关张颖，衡阳海关屈湘伟。

（四十二）借调总署疫情防控工作期间表现得到认可

嘉奖：机场海关张凯欣。

（四十三）封闭管理期间克服困难，确保“打胜仗、零感染”

嘉奖：机场海关王福建、郭岱、张剑、丁非同、王凯旋、王勃维、刘中青、高伟峻、邹苗、张雪苹，动植处扶忠践，株洲海关易余，技术中心聂众，邮局海关陈伟。

（四十四）妥善应对DHA藻油食用油脂制品信息公开、投诉、行政复议案件

嘉奖：机场海关代玮，法规处余钧。

通报表扬：机场海关于青，技术中心

刘小兵，法规处曹田广，食品处夏雄伟、徐芊。

（四十五）检出3名感染奥密克戎变异毒株旅客

嘉奖：机场海关王凯旋、张贻旺。保健中心周皓、王婕敏。

通报表扬：机场海关刘中青、于霄。

（四十六）集中办结56起快速办理案件

嘉奖：星沙海关黄健。

通报表扬：星沙海关肖江柳、曹蕾、侯鹏飞。

（四十七）稽查补税并征收滞纳金共计1,799.79万元

嘉奖：星沙海关谭武、黎甜。

（四十八）株洲海关报送的《助力中国高铁出海的“海关牵引系统”》入选总署“百佳项目”

嘉奖：株洲海关戴勇、田灏、颜涛。

（四十九）首趟湘粤非铁海联运班列正式开通运行

嘉奖：株洲海关刘子暄、易余。

通报表扬：株洲海关谢湘伟、颜涛。

（五十）公开拍卖处置涉案废钢2619.82吨，成交价格高出评估价50.3%

嘉奖：衡阳海关屈湘伟。

通报表扬：衡阳海关林建军、江和平、彭正华。

（五十一）圆满完成后勤管理中心所属天平熏蒸公司清理注销工作

嘉奖：后勤管理中心张志荣、周宪辉。

通报表扬：后勤管理中心王敬东、凌娜。

（五十二）支援实验室口岸新冠病毒核酸检测工作9个月

嘉奖：技术中心谭建锡。

（五十三）《红色湘关》展现2020年工作成绩，获得良好反响

通报表扬：办公室曹克、黄勇华。

（五十四）《阳光之下》获得公益宣传片类作品特等奖，《百年公馆》被央视频、新华社等转载

通报表扬：办公室陈为、苏立，常德海关李洋。

（五十五）连续12年获评湖南省平安建设工作“先进单位”、连续10年保持省“平安单位”称号，首次获评“无烟党政机关”

通报表扬：办公室王诗题，后勤管理中心王超。

（五十六）推动长沙海关首次获评湖南省2020年国家安全人民防线建设先进单位

通报表扬：办公室刘源。

（五十七）积极组织开展系列普法宣传活动

通报表扬：法规处王珂，邵阳海关吴倩。

（五十八）组织湖南省党内法规学习竞赛活动

通报表扬：永州海关易柳庆、魏优，益阳海关赵雅婷，湘西海关唐建伟。

（五十九）做好职能统筹和监督检查

通报表扬：卫生处石丹、刘鹏，监管

处马茂鑫，第一派驻纪检组刘红望，监察室王宏鹏，第七派驻纪检组吴伟亮。

（六十）长沙海关收集报送的境外动物疫情信息被动植司采用33条

通报表扬：韶山海关易海清。

（六十一）在关区组织开展《中华人民共和国进出口食品安全管理办法》《中华人民共和国进口食品境外生产企业注册管理规定》宣贯工作

通报表扬：食品处徐小荣、盛友良，岳阳海关颜可，机场海关代玮，衡阳海关王文静，湘西海关易臻。

（六十二）协助完成总署多项重点工作

通报表扬：统计处王鹤洋。

（六十三）完成与各地市场监管部门联合抽查

通报表扬：综合处宋锃，企管处廖建民、卞玲飞，星沙海关陈泳。

（六十四）企管处、星沙海关查发两家进口商和供应商违规非法销售进境大豆给非指定加工企业的情事

通报表扬：企管处廖建民，星沙海关陈泳，技术中心章茂林。

（六十五）稽查工作

通报表扬：企管处刘利彬、陆俊颖、杨炎。

（六十六）节能管理工作

通报表扬：后管中心田际平，星沙海关尹丹妮，技术中心曾伟男。

（六十七）顺利完成张家界基地2021年度及以前年度税款清缴工作

通报表扬：财务处何腊，张家界海关姜栋。

（六十八）征集、审稿81篇，精挑细选42篇予以编发

通报表扬：食品处盛友良，怀化海关李淳，湘西海关易臻。

（六十九）省直工委青年理论学习活动

通报表扬：办公室李昕怡，驻村工作队王炜鉴，机场海关代玮，星沙海关陈芳，常德海关李洋。

（七十）多名个人在省总工会、省直工会获评获奖

通报表扬：政工办邓中秋，怀化海关张平清，韶山海关王慧，邵阳海关龙庚哲，后勤管理中心陈运高。

（七十一）完成旅检现场卫生检疫智能化建设

通报表扬：机场海关张剑、王光锋，科技处朱学仕，卫生处刘鹏，监管处范丹娜。

（七十二）查获象牙制品18件0.61千克、砗磲制品0.74千克、海马干0.22千克

通报表扬：机场海关周新广、方珊、贺永霞、高伟峻、陈海斌。

（七十三）在省内综合保税区中首次提出“视频结构化”微创新项目

通报表扬：岳阳海关姚巍、段达程。

2021年长沙海关荣获省部级以上表彰奖励名录

长沙海关获评全国海关系统及全省抗击新冠肺炎疫情先进集体 2 个、先进个人 7 名

长沙海关获评国家营商环境评价迎评工作先进单位

长沙海关获评 2020 年度省直国家机关“谁执法谁普法”考核优秀等次

长沙黄花机场海关旅检现场通过全国“青年文明号”复查

永州海关报关大厅获评 2021 年全国“青年文明号”

韶山海关党支部“韶山’冲’”品牌获评 2021 年全国海关基层党建示范品牌

监察室党支部“纪先锋”获评全国海关基层党建培育品牌

衡阳海关监管科党支部“雁阵”获评全国海关基层党建培育品牌

机关工会获评全国总工会“职工书屋”示范点

机关工会获评省直单位工会工作先进单位

机关团委湖南省直首批“青年理论学习小组”

衡阳海关报关大厅获评 2019 至 2020 年度湖南省“青年文明号”集体

保健中心党支部获评省直先进基层党组织

和莎莎同志获评全国海关保密工作先进工作者

梁栋同志获评湖南省先进工作者

蒋伟华同志获评省直优秀共产党员

成玮同志获评省直优秀党务工作者

长沙海关人教处获评“湖南省脱贫攻坚先进集体”

长沙海关获评 2021 年无烟党政机关

长沙海关获评 2021 年平安建设先进单位

长沙海关获评 2021 年食品安全工作 A 级（先进）单位

长沙海关获评省“谁执法谁普法”考评优胜单位

边巴卓玛获评湖南省直优秀共青团员

第九篇

大事记

2021年长沙海关大事记

1月

▲1日　长沙海关组织拍摄的微视频《宪法里的国和家》首次在央视频上线，系海关系统2021年在央视频上线的首部作品。

长沙海关在2020年湖南省核安全工作年度考核中以总分第一名的成绩获评优秀单位。

▲4日　长沙海关完成首单进口非冷链货物预防性消毒作业。

长沙海关获评湖南省“学习强国”学习平台推广使用工作先进单位，全省共46家单位获此荣誉。

▲8日　关长李全出席缉私局首个“中国人民警察节”荣誉仪式，为8名民警颁发从警周年纪念章，并为重温入警誓词仪式监誓。

▲18日　邮局海关监管科、风控分局彭熙熙分获湖南省“扫黄打非”优秀集体和优秀个人。

▲19日　湖南省人民政府新闻办举办2021年长沙海关专场新闻发布会，关长李全发布2020年湖南省外贸进出口、2021年关税政策调整、长沙海关服务湖南开放型经济发展等情况。

▲22日　湖南省直工会“送文艺进机关下基层”活动走进长沙海关，该活动由湖南省直工会主办、湖南省演艺集团承办、湖南民族乐团出演。

▲23日　副省长、省公安厅厅长许显辉在《长沙海关缉私局关于2020年度工作总结的报告》上作出批示：“长沙海关缉私局围绕中心，打击突出走私工作卓有成效，望新的一年取得更大成效。”

▲27日　首批湖南黑茶以黑茶专有税则号申报出口，共3种规格、40余千克。

长沙海关获评2020年度全省政务信息工作先进单位，在所属类别中排第3名，创历史新高，办公室王新宇、统计处王鹤洋获评政务信息工作先进个人。

2月

▲3日　长沙海关黄勇华同志拍摄的机场海关监管检疫美国纽约入境临时航班照片入选中国海关《战“疫”日志》。

▲5日 长沙海关召开2021年长沙海关工作会议暨全面从严治党工作会议。

怀化海关保障首趟“怀化—北部湾港”铁海联运班列开行。

▲8日 长沙海关在湖南省2020年度行政执法案卷评查中获评优秀。

▲9日 长沙海关谢志杰、刘梁撰写的《湖南省外贸发展结构分析研究》《新形势下海关统计调查工作的创新与发展》入选海关总署2020年优秀统计调查工作成果汇编。

▲10日 副省长朱忠明到黄花国际机场旅检、货运现场调研督导新冠肺炎疫情防控工作，对长沙海关严格落实口岸新冠肺炎疫情防控各项要求予以肯定，认为“海关是国门第一道防线，加强‘人物同防’、维护国门安全，为湖南省新冠肺炎疫情防控做出了非常大的努力，为湖南省推进‘三高四新’战略做出了突出贡献”。

▲18日 《中国（湖南）自由贸易试验区建设海关制度创新责任清单》印发。

▲19日 长沙海关获评2020年度湖南省绩效优秀单位，此系长沙海关连续三年获此殊荣。

▲20日 长沙海关技术性贸易措施工作案例列入全国海关2020年技术性贸易工作经典案例，内容为“长沙海关完成烟花三项国际标准并由国际标准化组织正式出版”，系全国海关仅有的4个入选案例之一。

长沙海关获评2020年度省直单位工会工作先进单位。

▲22日 长沙海关获评2020年湖南省食品安全工作A级（先进）单位，系长沙海关首次获此殊荣。

▲23日 省政府办公厅印发《关于非法入境固体废物处置有关问题的会议纪要》，标志着海关查获非法入境固体废物由地方统一处置工作在湖南落地见效。

▲24日 岳阳海关保障湖南至香港水运航线时隔3年后复航。

3月

▲1日 长沙海关缉私局召开2021年长沙海关缉私工作会议。

▲5日 长沙海关召开2021年长沙海关信息宣传工作会议。

长沙海关召开2021年长沙海关财务工作会议。

▲11日 长沙海关党建理论研究课题获评2020年度全省机关党建优秀理论研究成果三等奖。

▲15日 长沙海关召开“现场监管与外勤执法权力寻租”专项整治工作动员部署视频会议。

▲16—18日 副署长王令浚到张家界、湘西、怀化海关调研艰边地区海关建设和外贸发展情况。

▲20日 长沙海关完成2021年度考试录用公务员面试工作，副关长韦泳亮担

任主考官。

▲23日 长沙海关缉私局在总署缉私局统一指挥下，开展“国门利剑-CS2102”严厉打击“水客”走私专项行动，抓获犯罪嫌疑人10名，成功打掉走私团伙5个，涉案案值860万元，涉嫌偷逃税款约290万元。

▲24日 关长李全在监控指挥中心与倪岳峰署长视频连线，就长沙海关“特种车变速箱”“机车用柴油发动机”两项重点商品课题进行汇报和答辩，总署邹志武副署长、统计司课题组工作专班陪同倪岳峰署长听取汇报。副关长韦泳亮、纪检组组长张相梅以及课题组有关同志参加视频连线，并回答倪岳峰署长提问，完成汇报任务。

▲25日 长沙海关技术中心研究员戴华被聘请为湖南省食品安全专家库第一批入库食品安全专家。

▲26日 长沙海关开展党委理论学习中心组（扩大）学习暨党史学习教育第一专题学习，邀请韶山毛泽东同志纪念馆馆长阳国利同志，以“学伟人 悟思想 知党史——学习感悟毛泽东思想”为题作专题辅导。

▲29日 长沙海关获评为2020年度省直国家机关“谁执法谁普法”考核优秀等次。

▲30日 长沙海关12360热线入驻湖南自由贸易试验区长沙片区综合服务中心。

长沙海关被财政部湖南监管局评为2020年度工作先进单位。

▲31日 星沙海关保障首趟“长沙—河内”东盟国际货运班列开行。

4月

▲6日 长沙海关办公室获评湖南省委信息工作先进单位，李昕怡被评为先进个人。

▲9日 机关团委获评2020年度省直“五型”示范团（青）组织，星沙海关青年突击队和湘西海关青年突击队获评2019年—2020年度湖南省直青年文明号。

▲12日 海关总署党委第九巡视组正式进驻长沙海关开展为期2个月的常规巡视。

▲13日 长沙海关首次获评湖南省2020年国家安全人民防线建设先进单位。

星沙海关保障首列“长沙—基辅”中欧班列开行。

▲14日 长沙海关缉私局成功劝返1名外逃香港走私犯罪嫌疑人，该犯罪嫌疑人系“6·11”涉嫌走私水产品案在逃人员。

▲19日 长沙海关赴湖南革命陵园开展“缅怀先烈 致敬英雄”活动。

▲20日 长沙海关通过湖南省文明标兵单位复查，继续保持“湖南省文明（标兵）单位”荣誉称号。

▲23日 郴州海关保障首趟“郴州—马拉”中欧班列开行。

▲25 日　署长倪岳峰和湖南省省长毛伟明在北京签署《海关总署　湖南省人民政府战略合作备忘录》。

▲28 日　长沙海关举行先进制造业企业座谈会，三一集团有限公司、中联重科股份有限公司等 15 家企业参加。

▲30 日　长沙海关人教处荣获湖南省脱贫攻坚先进集体。

5 月

▲6 日　机关团委受邀组织参加团省委“实现中国梦 建设新湖南”青年工作成就图片展暨舞剧《热血当歌》首演。

▲7 日　长沙海关获评湖南省“十三五”时期保密工作成绩突出单位。

长沙海关知识产权案件获评“湖南省打击侵犯知识产权和制售假冒伪劣商品典型案例”。

▲8 日　长沙海关在韶山海关举行党建工作现场推进会。

长沙海关驻村帮扶工作队一行 3 人正式进驻永州市江永县潇浦镇和兴村开展乡村振兴工作。

▲11 日　总署缉私局副局长陈涛到长沙海关缉私局检查调研。

▲14 日　副省长何报翔在长沙海关报送的《当前湖南省外贸情况分析及建议》上作出批示：“转恢清同志阅研。各级商务部门要加强调研调度，作好预研预判，防止大起大落，确保外贸稳中有进稳中提质。”

▲28 日　湖南省召开打击走私综合治理工作电视电话会议。

6 月

▲13 日　株洲海关保障首趟“株洲—塔什干”中欧班列开行。

▲17 日　海关总署举办主题为“红色传承 红色湘关”的在线访谈。此系长沙海关首次参与总署在线访谈，关长李全作为嘉宾参与访谈并在线回答网友提问，副关长蒋莉、黄志强全程参加。访问量达到 128 万余次，网友提问 483 个，网友提问量创总署在线访谈的历史。

长沙海关牵头组织长沙黄花综合保税区（二期）验收工作。

长沙海关拍摄的微视频《百年公馆：它所经历的湖南人民海关回收运动》在央视频、总署门户网站同步发布。

▲21 日　长沙海关举办“学党史 感党恩 跟党走”党史知识竞赛决赛。

▲22 日　长沙海关举行“光荣在党 50 年”纪念章颁发仪式，党委书记、关长李全为参加仪式的 29 名老党员代表颁发“关荣在党 50 年”纪念章。

▲23 日　驻黄花机场办事处缉私分局获评全省禁毒工作先进集体。

▲24 日　湖南省疾控中心经基因测序在长沙海关移交的阳性样本中检出湖南省首例新冠变异病毒德尔塔毒株。

▲29 日　长沙海关召开庆祝中国共产党成立 100 周年大会。

星沙海关成功办理首单企业集团加工贸易监管改革业务。

7月

▲1日　长沙海关组织收看习近平总书记在庆祝中国共产党成立100周年大会上重要讲话现场直播。

▲2日　机场海关保障湖南首架融资租赁异地监管飞机落地长沙。

▲6日　长沙海关与中国建设银行湖南省分行签署战略合作协议。

▲14—15日　驻署纪检监察组组长陶治国来长沙海关调研。

▲16日　长沙海关召开“现场监管与外勤执法权力寻租”专项整治实地检查沟通见面会。

▲21日　长沙海关检出湖南省首例新冠肺炎确诊病例合并疟疾病例。

▲22日　长沙海关出台《长沙海关助力乡村振兴促进农产品出口十八项措施》。

▲23日　缉私部门推进长江大保护工作会议在长沙召开，长江流域各直属缉私局签署《缉私部门推进长江大保护工作协助备忘录》。

8月

▲3日　长沙海关指导企业首次进口非洲干辣椒，为200千克、1,536元卢旺达干辣椒，系我国首次进口非洲干辣椒产品。

株洲海关保障国产双层动车组首次出口欧洲。

▲18日　省委常委、常务副省长谢建辉在长沙海关报送的《前7个月湖南省对美进出口成倍增长 美通胀高企或将殃及我对美出口》上作出批示：“海关分析具有较强针对性，请省商务厅阅研。”

▲24日　长沙海关牵头修订的两项铝颜料国际标准正式发布。

▲30日　长沙海关召开全面从严治党工作推进会暨警示教育工作会议。

▲31日　岳阳海关保障湖南首批“国六”平行进口汽车顺利通关。

9月

▲1日　机场海关完成湖南省首单“告知承诺制”国境卫生许可证审批。

▲2日　湖南国际旅行卫生保健中心在长沙海关湘府路办公区举行搬迁揭牌仪式。

长沙海关与华为技术有限公司签署战略合作协议。

▲15日　株洲海关监管首趟湘粤非铁海联运班列开行。

▲17日　永州海关报关大厅获评第20届全国青年文明号光荣称号，同日《中国青年报》专版报道永州海关等10个全国“青年文明号”的先进事迹。

▲26日　中央电视台《新闻联播》首次单条刊播长沙海关报送新闻，标题为“中非双边贸易额年均增长14.5%”。

▲26—29日　长沙海关圆满完成第二

届中国—非洲经贸博览会驻场监管服务工作。

▲29 日　“进口转关货物内河运费不计入完税价格审价创新模式”首单在岳阳海关申报，标志着该自贸创新举措在岳阳自贸片区正式落地实施。

10 月

▲17 日　省委常委、常务副省长谢建辉在《长沙海关工作情况汇报》上作出批示：“长沙海关服务‘三高四新’战略，和湖南开放型经济高质量发展以及自由贸易试验区建设，举措实、方法新，值得充分肯定。请继续努力，再作贡献。”

▲27 日　副省长何报翔到邵阳海关调研。

▲29 日　湖南自由贸易试验区“外国人来华工作一站式服务中心”在长沙海关湘府路办公区正式运行。副省长何报翔为一站式服务中心揭牌，并到一站式服务中心和保健中心各业务场所现场参观。

11 月

▲1 日　副省长何报翔在长沙海关呈报的《长沙海关要情》上批示：“请省开放型经济领导小组办公室阅研，并与长沙海关等部门逐步建立信息共享机制和重大情况会商机制，把稳外贸稳外资工作落到实处。”

▲3 日　星沙海关保障湖南省首单二手工程机械设备出口非洲。

▲3—4 日　湖南省委宣传部组织对长沙海关工作进行重点报道。11 月 3 日晚湖南卫视《湖南新闻联播》在“迎接党代会、谱写新篇章”栏目，以“打造内陆地区改革开放高地”“迈向开放新高地”“长沙海关：改革创新求实效助力湖南开放型经济发展”3 个篇幅，集中报道长沙海关深化海关监管制度创新、优化营商环境，推动自由贸易试验区建设和全省进出口外贸快速增长的工作举措和新闻，总时长超过 10 分钟，创下长沙海关在卫视联播刊发报道的最长纪录。11 月 4 日《湖南日报》头版以“打造开放高地的海关之为”为题推出长沙海关服务湖南开放开作的长篇通讯，并在第二版以“打造‘高地’，长沙海关冲在前”为题为长沙海关配发评论员文章，高度肯定长沙海关工作。

▲10 日　常德海关监管 438 千克、货值 8.63 万元大闸蟹首次出口非洲肯尼亚内罗毕。

▲11 日　长沙海关与湖南省商务厅举行合作备忘录签署仪式。

▲12 日　长沙海关组织收看党的十九届六中全会新闻发布会。

▲16 日　省委书记张庆伟对《长沙海关关于 RCEP 即将实施对湖南外贸发展影响分析及对策研究的报告》作出批示：“商务厅、自由贸易试验区阅。”副省长何报翔也在该报告上批示：“请商务厅阅研。”

关长李全文章《促进对非贸易高质量

发展》在湖南省《“迎接党代会 谱写新篇章”建言献策简报（第103期）》刊发并获省长毛伟明批示：“请报翔同志阅，请省商务厅阅研，抢抓有利时机，推动对非贸易高质量发展。”

▲19日 关长李全在省直机关党代表会议上全票当选中国共产党湖南省第十二次代表大会代表。

长沙海关余钧同志获评2020年全国海关优秀公职律师。

▲25—28日 关长李全参加中国共产党湖南省第十二次代表大会。

▲30日 邵阳海关获评2021年度湖南省直职工书屋示范点。

12月

▲1日 长沙海关12360热线在省内率先完成归并工作，为省内第一条完成归并工作的热线。

邮局海关首次在进境邮件中查获小型燃气罐9个。

▲3日 长沙海关举行2021年宪法宣誓、入关宣誓、授衔和表彰仪式。

▲6日 长沙海关报送的关办公室党支部工作法入选全国海关《支部书记“百问百答”》。

▲10日 技术中心首次检出检疫性有害生物黄瓜绿斑驳花叶病毒（CGMMV）。

▲14日 怀化海关保障19.4吨脐橙首次出口老挝，此系湖南水果首次出口老挝。

▲16日 长沙海关召开长沙海关学会换届选举会议，选举学会第六届理事会会长、副会长、秘书长。

▲17日 根据国务院税则委员会公布的《2022年关税调整方案》，长沙海关报送的降低黄铁矿、可可豆、风电联轴器等15项税政调整建议获国务院关税税则委员会采纳，采纳数量占全国海关五分之一，采纳数量创历史新高。

湖南省疾控中心经基因测序在长沙海关移交的阳性样本中检出首例新冠病毒“奥密克戎”变异株。

▲23日 长沙海关召开中国共产党长沙海关直属机关第八次代表大会，经过预选、正式选举，大会选举产生第八届直属机关党委和第二届直属机关纪委。

长沙海关在全国海关2021年度岗位练兵和技能比武“万人争先”线上练兵比赛中获“优秀组织奖”。

▲24日 《国务院自由贸易试验区工作部联席会议简报（第25期）》刊发“湖南自由贸易试验区长沙片区着力推进‘三个一体化’实现国际邮件、国际快件和跨境电商业务集约发展”案例，此系自2020年9月21日中国（湖南）自由贸易试验区获批以来诞生的首个国家级案例。

▲29日 副省长何报翔带队到长沙海关调研，代表省政府看望慰问海关全体干部职工。

▲31日 总署食品局批复同意长沙海关开展市场采购贸易方式出口预包装食品试点工作。

第十篇

海关统计资料

1993—2021年湖南省进出口商品总值表

年度	进出口		出口		进口	
	人民币（亿元）	同比（%）	人民币（亿元）	同比（%）	人民币（亿元）	同比（%）
合计	37, 202. 11	19. 10	24, 450. 87	20. 80	12, 751. 23	15. 99
1993	99. 86	—	65. 58	—	34. 28	—
1994	185. 47	85. 73	132. 99	102. 79	52. 48	53. 09
1995	170. 50	－8. 07	122. 96	－7. 54	47. 54	－9. 40
1996	155. 17	－8. 99	112. 53	－8. 48	42. 63	－10. 32
1997	156. 66	0. 96	119. 91	6. 56	36. 75	－13. 80
1998	147. 66	－5. 75	106. 25	－11. 39	41. 40	12. 66
1999	127. 77	－13. 46	82. 52	－22. 32	45. 24	9. 27
2000	205. 72	61. 00	135. 19	63. 81	70. 52	55. 88
2001	229. 44	11. 53	145. 17	7. 38	84. 26	19. 47
2002	239. 05	4. 18	148. 71	2. 43	90. 34	7. 21
2003	308. 59	29. 08	177. 58	19. 41	131. 00	45. 01
2004	450. 52	45. 99	257. 09	44. 77	193. 42	47. 64
2005	493. 51	9. 54	308. 05	19. 81	185. 46	－4. 11
2006	588. 49	19. 24	407. 09	32. 15	181. 40	－2. 19
2007	742. 02	26. 08	499. 50	22. 70	242. 51	33. 68
2008	880. 42	18. 65	589. 80	18. 07	290. 61	19. 83
2009	691. 81	－21. 42	374. 76	－36. 46	317. 04	9. 09
2010	993. 61	43. 62	539. 47	43. 95	454. 13	43. 23
2011	1, 229. 72	23. 76	642. 81	19. 15	586. 90	29. 23
2012	1, 385. 67	12. 68	795. 66	23. 77	590. 01	0. 53
2013	1, 560. 81	12. 63	919. 12	15. 51	641. 69	8. 75
2014	1, 894. 83	21. 40	1, 225. 40	33. 32	669. 42	4. 32

续表

年度	进出口		出口		进口	
	人民币（亿元）	同比（%）	人民币（亿元）	同比（%）	人民币（亿元）	同比（%）
2015	1,821.34	-3.87	1,187.72	-3.07	633.61	-5.34
2016	1,740.54	-4.43	1,174.06	-1.14	566.47	-10.59
2017	2,433.86	39.83	1,565.40	33.33	868.45	53.30
2018	3,075.72	26.37	2,024.52	29.32	1,051.19	21.04
2019	4,339.96	41.10	3,076.57	51.96	1,263.39	20.18
2020	4,884.88	12.55	3,303.97	7.39	1,580.91	25.13
2021	5,968.37	22.18	4,210.33	27.43	1,758.03	11.20

注：表中“—”代表无数据。

2021 年湖南省进出口商品月度总值表

月份	进出口		出口		进口	
	人民币（亿元）	同比（%）	人民币（亿元）	同比（%）	人民币（亿元）	同比（%）
合计	5, 968. 37	22. 18	4, 210. 33	27. 43	1, 758. 03	11. 20
1 月	403. 96	31. 85	264. 00	31. 82	139. 95	31. 90
2 月	289. 95	100. 78	186. 28	209. 22	103. 66	23. 16
3 月	445. 34	25. 06	287. 16	23. 95	158. 17	27. 14
4 月	481. 14	2. 03	340. 94	0. 74	140. 20	5. 31
5 月	475. 02	19. 04	324. 41	18. 55	150. 60	20. 10
6 月	504. 13	41. 60	338. 68	58. 35	165. 44	16. 40
7 月	512. 70	20. 06	370. 49	33. 03	142. 20	－4. 24
8 月	573. 87	40. 27	412. 96	44. 89	160. 90	29. 67
9 月	525. 83	19. 42	384. 60	31. 64	141. 23	－4. 66
10 月	504. 63	15. 17	365. 09	18. 86	139. 54	6. 52
11 月	606. 59	17. 80	457. 62	25. 11	148. 96	－0. 10
12 月	645. 16	3. 72	478. 04	4. 54	167. 125	1. 45

2021年湖南省进出口商品国别（地区）前30位总值表

进口原产国（地）出口最终目的国（地）	进出口		出口		进口	
	人民币（亿元）	同比（%）	人民币（亿元）	同比（%）	人民币（亿元）	同比（%）
总计	5,968.37	22.18	4,210.33	27.43	1,758.03	11.20
美国	815.88	51.64	726.88	59.04	89.00	9.89
中国香港	540.65	-8.46	519.12	-9.13	21.53	11.45
澳大利亚	311.42	54.26	71.73	25.77	239.69	65.48
韩国	292.54	21.32	193.51	55.60	99.03	-15.18
越南	221.48	6.16	192.00	27.73	29.48	-49.43
马来西亚	214.97	49.40	133.30	30.66	81.67	95.04
日本	211.32	20.25	114.34	36.88	96.97	5.17
中国台湾	189.08	-13.92	55.37	22.70	133.70	-23.39
泰国	183.78	20.43	108.05	36.41	75.72	3.18
巴西	172.28	31.44	53.30	56.61	118.97	22.61
印度	166.11	79.12	147.96	77.62	18.14	92.40
德国	165.33	-0.48	107.37	18.45	57.96	-23.22
南非	146.96	11.74	53.82	32.30	93.14	2.54
中国①	137.78	36.34	0.00	—	137.78	36.34
印度尼西亚	131.50	92.80	80.80	70.96	50.69	142.10
英国	118.89	15.88	113.57	17.42	5.319	-9.46
荷兰	116.79	17.33	81.75	39.30	35.04	-14.22
菲律宾	108.53	58.60	96.39	55.53	12.147	88.15
加拿大	95.96	6.87	78.99	18.70	16.97	-27.00

① 不含港澳台地区统计数字。

续表

进口原产国（地）出口最终目的国（地）	进出口		出口		进口	
	人民币（亿元）	同比（%）	人民币（亿元）	同比（%）	人民币（亿元）	同比（%）
阿联酋	90.12	38.53	80.68	25.71	9.43	980.30
俄罗斯联邦	87.69	-29.05	72.43	-35.98	15.26	45.78
沙特阿拉伯	69.86	-2.77	64.98	-4.29	4.87	23.28
墨西哥	64.21	52.93	59.30	77.99	4.91	-43.34
智利	62.44	76.85	24.19	110.28	38.25	60.69
新加坡	60.18	-54.46	51.57	-58.06	8.61	-6.15
比利时	57.92	33.85	54.45	31.75	3.47	78.26
意大利	47.59	62.39	40.84	68.89	6.74	31.73
尼日利亚	45.47	77.08	44.48	75.26	0.99	231.85
西班牙	44.76	51.25	37.27	51.42	7.48	50.42
秘鲁	43.49	67.26	14.68	42.02	28.81	83.90

2021 年湖南省进出口商品贸易方式总值表

贸易方式	进出口		出口		进口	
	人民币（亿元）	同比（%）	人民币（亿元）	同比（%）	人民币（亿元）	同比（%）
合计	5,968.37	22.18	4,210.33	27.43	1,758.03	11.20
总值	5,968.37	22.18	4,210.33	27.43	1,758.03	11.20
一般贸易	4,744.49	31.63	3,570.08	35.80	1,174.40	20.41
国家间、国际组织无偿援助和赠送的物资	0.23	-11.44	0.23	-11.44	0.00	—
其他捐赠物资	0.04	-96.84	0.04	-80.01	0.00	-100.00
加工贸易	711.22	-25.18	399.13	-23.34	312.09	-27.41
来料加工贸易	221.54	-19.62	114.07	-15.97	107.47	-23.17
进料加工贸易	489.67	-27.45	285.06	-25.94	204.61	-29.45
寄售代销贸易	0.00	—	0.00	—	0.01	—
边境小额贸易	0.00	-100.00	0.00	-100.00	0.00	—
加工贸易进口设备	0.56	10.86	0.00	—	0.56	10.86
对外承包工程出口货物	1.44	-53.22	1.44	-53.22	0.00	—
租赁贸易	0.01	—	0.01	—	0.00	—
外商投资企业作为投资进口的设备、物品	0.00	-100.00	0.00	—	0.00	-100.00
出料加工贸易	0.21	9.87	0.09	-7.54	0.12	28.20
易货贸易	0.02	—	0.01	—	0.01	—

续表

贸易方式	进出口		出口		进口	
	人民币（亿元）	同比（%）	人民币（亿元）	同比（%）	人民币（亿元）	同比（%）
保税物流	414.56	70.45	152.91	95.55	261.65	58.55
海关保税监管场所进出境货物	161.02	37.18	18.05	-31.44	142.96	57.03
海关特殊监管区域物流货物	253.54	101.47	134.85	160.04	118.68	60.42
海关特殊监管区域进口设备	4.30	21.10	0.00	—	4.30	21.10
其他贸易	91.23	17.36	86.36	19.10	4.87	-6.70

2021 年湖南省进出口企业性质总值表

企业性质	进出口		出口		进口	
	人民币（亿元）	同比（%）	人民币（亿元）	同比（%）	人民币（亿元）	同比（%）
合计	5,968.37	22.18	4,210.33	27.43	1,758.03	11.20
国有企业	795.28	47.30	165.70	13.21	629.57	59.98
外商投资企业	532.56	-1.11	296.75	14.43	235.80	-15.55
中外合作企业	0.07	34.37	0.06	2,936.78	0.01	-79.50
中外合资企业	280.86	-11.87	160.47	4.95	120.39	-27.38
外商独资企业	251.61	14.46	136.21	27.99	115.40	1.76
民营企业	4,636.14	22.00	3,746.54	29.38	889.59	-1.63
集体企业	18.34	0.07	10.90	-13.74	7.43	30.76
私营企业	4,617.08	22.11	3,734.93	29.58	882.15	-1.84
个体工商户	0.71	7.79	0.71	7.78	0.00	—
报关单位	0.00	-97.60	0.01	-97.61	0.00	—
其他	4.37	-27.12	1.31	-42.81	3.05	-17.38

2021 年湖南省进出口商品收发货人所在地总值表

收发货人所在地	进出口		出口		进口	
	人民币（亿元）	同比（%）	人民币（亿元）	同比（%）	人民币（亿元）	同比（%）
合计	5,968.37	22.18	4,210.33	27.43	1,758.03	11.20
长沙市	2,780.74	18.19	1,977.49	27.70	803.25	-0.12
株洲市	229.50	15.92	171.61	22.95	57.88	-0.88
湘潭市	347.55	31.16	216.14	24.98	131.40	42.79
衡阳市	372.47	21.47	193.15	7.65	179.32	40.96
邵阳市	240.25	-8.68	234.31	-9.16	5.93	15.63
岳阳市	612.19	45.94	316.74	71.18	295.45	26.03
常德市	191.14	20.68	168.37	20.80	22.76	19.80
张家界市	12.87	28.11	12.16	26.56	0.71	62.04
益阳市	220.15	21.01	214.39	26.92	5.76	-55.71
娄底市	181.27	20.95	38.78	-5.25	142.48	30.80
郴州市	455.43	34.51	355.82	53.90	99.60	-7.23
永州市	288.06	33.59	279.33	34.57	8.72	8.34
怀化市	19.84	37.10	15.23	26.39	4.61	90.33
湘西自治州	16.84	50.78	16.74	52.97	0.09	-56.45

2021 年湖南省进出口商品运输方式总值表

运输方式	进出口		出口		进口	
	人民币（亿元）	同比（%）	人民币（亿元）	同比（%）	人民币（亿元）	同比（%）
合计	5, 968. 37	22. 18	4, 210. 33	27. 43	1, 758. 03	11. 20
水路运输	4, 146. 50	38. 58	3, 047. 23	40. 05	1, 099. 27	34. 66
铁路运输	96. 29	-18. 20	71. 91	-20. 38	24. 38	-11. 01
公路运输	1, 222. 94	1. 31	708. 17	14. 33	514. 76	-12. 41
航空运输	455. 07	-8. 54	336. 70	-4. 82	118. 37	-17. 69
邮件运输	11. 14	5. 27	10. 60	10. 50	0. 54	-45. 41
其他运输	36. 41	-39. 14	35. 70	-35. 24	0. 70	-84. 95

2021年湖南省进出口商品（章）总值表

商品（章）	进出口		出口		进口	
	人民币（亿元）	同比（%）	人民币（亿元）	同比（%）	人民币（亿元）	同比（%）
总值	5,968.37	22.18	4,210.33	27.43	1,758.03	11.20
01章 活动物	2.16	15.62	2.16	15.62	0.00	—
02章 肉及食用杂碎	36.92	-25.43	1.36	10.40	35.56	-26.34
03章 鱼、甲壳动物、软体动物及其他水生无脊椎动物	23.91	-16.29	0.43	-48.96	23.47	-15.29
04章 乳品；蛋品；天然蜂蜜；其他食用动物产品	4.44	20.69	0.55	423.36	3.88	8.72
05章 其他动物产品	11.37	-31.53	8.41	-32.06	2.95	-29.99
06章 活树及其他活植物；鳞茎、根及类似品；插花及装饰用簇叶	0.10	307.28	0.10	307.33	0.00	-100.00
07章 食用蔬菜、根及块茎	69.54	49.57	69.52	49.57	0.02	69.05
08章 食用水果及坚果；甜瓜或柑橘属水果的果皮	24.32	60.19	4.22	20.31	20.09	72.18
09章 咖啡、茶、马黛茶及调味香料	13.68	27.16	8.83	13.84	4.85	61.59
10章 谷物	19.35	112.81	2.11	27.17	17.24	131.94
11章 制粉工业产品；麦芽；淀粉；菊粉；面筋	0.75	-92.27	0.02	-15.47	0.73	-92.47
12章 含油子仁及果实；杂项子仁及果仁；工业用或药用植物；稻草、秸秆及饲料	138.78	45.29	10.17	2.30	128.61	50.29

续表 1

商品（章）	进出口		出口		进口	
	人民币（亿元）	同比（%）	人民币（亿元）	同比（%）	人民币（亿元）	同比（%）
13 章 虫胶；树胶、树脂及其他植物液、汁	12.87	70.14	12.85	70.07	0.02	128.52
14 章 编结用植物材料；其他植物产品	1.02	138.06	0.34	259.52	0.67	102.62
15 章动、植物或微生物油、脂及其分解产品；精制的食用油脂；动、植物蜡	7.37	6.13	2.45	-20.45	4.91	27.45
16 章 肉、鱼、甲壳动物、软体动物及其他水生无脊椎动物、昆虫的制品	2.27	106.60	2.27	107.08	0.00	-37.85
17 章 糖及糖食	1.58	92.29	0.23	117.30	1.35	88.51
18 章 可可及可可制品	0.03	-30.05	0.00	5.22	0.02	-38.70
19 章 谷物、粮食粉、淀粉或乳的制品；糕饼点心	33.79	-7.72	0.12	-30.47	33.67	-7.60
20 章 蔬菜、水果、坚果或植物其他部分的制品	4.76	4.15	4.71	4.94	0.04	-39.70
21 章 杂项食品	2.89	69.96	1.90	127.51	0.98	14.18
22 章 饮料、酒及醋	2.37	47.26	0.28	48.23	2.08	47.13
23 章 食品工业的残渣及废料；配制的动物饲料	14.85	37.51	13.02	46.87	1.82	-5.42
24 章 烟草、烟草及烟草代用品的制品；非经燃烧吸用的产品，不论是否含有尼古丁；其他供人体摄入尼古丁的含尼古丁的产品	3.86	-1.83	3.86	-1.83	0.00	—
25 章 盐；硫磺；泥土及石料；石膏料、石灰及水泥	7.70	11.57	6.49	15.67	1.20	-6.27
26 章 矿砂、矿渣及矿灰	403.29	39.17	0.27	-46.33	403.02	39.32
27 章 矿物燃料、矿物油及其蒸馏产品；沥青物质；矿物蜡	91.84	46.32	0.80	142.92	91.04	45.81
28 章 无机化学品；贵金属、稀土金属、放射性元素及其同位素的有机及无机化合物	116.72	56.83	106.37	55.85	10.34	67.76
29 章 有机化学品	62.27	40.27	54.11	26.86	8.15	369.88

续表 2

商品（章）	进出口		出口		进口	
	人民币（亿元）	同比（%）	人民币（亿元）	同比（%）	人民币（亿元）	同比（%）
30 章 药品	2. 86	40. 57	1. 40	－21. 22	1. 45	484. 14
31 章 肥料	4. 05	24. 08	4. 05	24. 08	0. 00	—
32 章 鞣料浸膏及染料浸膏；鞣酸及其衍生物；染料、颜料及其他着色料；油漆及清漆；油灰及其他类似胶粘剂；墨水、油墨	18. 90	27. 21	11. 96	62. 96	6. 93	－7. 71
33 章 精油及香膏；芳香料制品及化妆盥洗品	20. 02	27. 80	13. 86	269. 19	6. 16	－48. 28
34 章 肥皂、有机表面活性剂、洗涤剂、润滑剂、人造蜡、调制蜡、光洁剂、蜡烛及类似品、塑型用膏、“牙科用蜡”及牙科用熟石膏制剂	6. 65	0. 96	5. 66	－3. 13	0. 99	33. 16
35 章 蛋白类物质；改性淀粉；胶；酶	5. 07	1. 56	4. 03	7. 07	1. 04	－15. 24
36 章 炸药；烟火制品；引火合金；易燃材料制品	29. 59	18. 31	29. 58	18. 28	0. 00	—
37 章 照相及电影用品	2. 33	132. 26	0. 72	49. 55	1. 61	208. 71
38 章 杂项化学产品	40. 90	12. 28	29. 96	5. 69	10. 94	35. 40
39 章 塑料及其制品	183. 71	14. 43	155. 84	15. 91	27. 87	6. 79
40 章 橡胶及其制品	52. 93	40. 75	11. 70	15. 95	41. 22	49. 86
41 章 生皮（毛皮除外）及皮革	5. 18	51. 24	1. 87	180. 42	3. 31	19. 96
42 章 皮革制品；鞍具及挽具；旅行用品、手提包及类似容器；动物肠线（蚕胶丝除外）制品	144. 74	30. 73	144. 44	30. 56	0. 29	265. 28
43 章 毛皮、人造毛皮及其制品	5. 02	－90. 83	5. 02	－90. 84	0. 00	8. 11
44 章 木及木制品；木炭	34. 10	104. 41	23. 12	102. 87	10. 98	107. 75
45 章 软木及软木制品	0. 12	2, 822. 44	0. 128	3, 353. 44	0. 00	－83. 67
46 章 稻草、秸秆、针茅或其他编结材料制品；篮筐及柳条编结品	1. 12	143. 48	1. 11	144. 05	0. 00	－70. 02
47 章 木浆及其他纤维状纤维素浆；回收（废碎）纸及纸板	13. 52	－22. 12	0. 02	9. 67	13. 50	－22. 16

续表3

商品（章）	进出口		出口		进口	
	人民币（亿元）	同比（%）	人民币（亿元）	同比（%）	人民币（亿元）	同比（%）
48章 纸及纸板；纸浆、纸或纸板制品	63.59	26.56	62.82	32.53	0.77	-72.82
49章 书籍、报纸、印刷图画及其他印刷品；手稿、打字稿及设计图纸	5.60	27.35	4.74	12.08	0.86	406.04
50章 蚕丝	0.05	-25.10	0.05	-25.87	0.00	111.36
51章 羊毛、动物细毛或粗毛；马毛纱线及其机织物	0.87	2.54	0.86	1.58	0.01	1,026.28
52章 棉花	8.52	52.26	5.46	68.91	3.06	29.47
53章 其他植物纺织纤维；纸纱线及其机织物	5.61	39.04	5.51	40.09	0.09	-2.50
54章 化学纤维长丝；化学纤维纺织材料制扁条及类似品	7.75	21.31	7.62	20.60	0.12	87.54
55章 化学纤维短纤	3.13	41.85	2.83	33.39	0.29	254.85
56章 絮胎、毡呢及无纺织物；特种纱线；线、绳、索、缆及其制品	6.96	1.52	6.69	0.85	0.26	21.93
57章 地毯及纺织材料的其他铺地制品	1.77	36.43	1.77	36.42	0.00	50.19
58章 特种机织物；簇绒织物；花边；装饰毯；装饰带；刺绣品	4.17	32.62	3.85	29.18	0.32	95.12
59章 浸渍、涂布、包覆或层压的纺织物；工业用纺织制品	4.34	37.12	3.48	43.28	0.86	16.84
60章 针织物及钩编织物	6.36	74.33	5.54	76.83	0.82	59.13
61章 针织或钩编的服装及衣着附件	105.02	69.99	104.90	70.23	0.12	-23.58
62章 非针织或非钩编的服装及衣着附件	84.54	52.70	84.47	54.56	0.07	-89.40
63章 其他纺织制成品；成套物品；旧衣着及旧纺织品；碎织物	43.21	-50.48	43.03	-50.05	0.17	-83.87
64章 鞋靴、护腿和类似品及其零件	198.07	50.60	197.54	51.19	0.52	-38.64

续表 4

商品（章）	进出口		出口		进口	
	人民币（亿元）	同比（%）	人民币（亿元）	同比（%）	人民币（亿元）	同比（%）
65 章 帽类及其零件	3.92	5.12	3.92	5.50	0.00	-92.18
66 章 雨伞、阳伞、手杖、鞭子、马鞭及其零件	1.73	-21.43	1.73	-21.51	0.00	3,486.57
67 章 已加工羽毛、羽绒及其制品；人造花；人发制品	86.13	6.94	85.60	6.58	0.52	138.68
68 章 石料、石膏、水泥、石棉、云母及类似材料的制品	27.25	-6.81	25.27	-7.73	1.97	6.85
69 章 陶瓷产品	102.77	20.33	102.40	20.87	0.37	-46.34
70 章 玻璃及其制品	76.83	7.94	37.25	40.74	39.57	-11.46
71 章 天然或养殖珍珠、宝石或半宝石、贵金属、包贵金属及其制品；仿首饰；硬币	221.04	-6.76	113.58	-7.91	107.45	-5.51
72 章 钢铁	158.28	364.95	150.00	433.21	8.28	40.07
73 章 钢铁制品	207.03	42.04	204.01	42.84	3.02	3.04
74 章 铜及其制品	23.27	157.15	1.74	29.50	21.52	179.45
75 章 镍及其制品	50.80	590.87	0.70	63.15	50.10	623.73
76 章 铝及其制品	28.42	15.36	25.92	9.18	2.49	179.45
78 章 铅及其制品	0.64	33.93	0.54	74.56	0.09	-41.94
79 章 锌及其制品	0.74	-25.47	0.52	-13.71	0.21	-43.92
80 章 锡及其制品	0.09	-4.20	0.04	43.14	0.05	-24.02
81 章 其他贱金属、金属陶瓷及其制品	44.89	84.43	24.96	60.51	19.93	126.75
82 章 贱金属工具、器具、利口器、餐匙、餐叉及其零件	45.60	25.61	45.16	26.41	0.43	-23.93
83 章 贱金属杂项制品	43.06	12.52	42.83	12.93	0.23	-32.50
84 章 核反应堆、锅炉、机器、机械器具及零件	569.80	43.40	367.82	47.44	201.97	36.58
85 章 电机、电气设备及其零件；录音机及放声机、电视图像、声音的录制和重放设备及其零件、附件	1112.72	3.87	822.15	20.35	290.56	-25.12

续表5

商品（章）	进出口		出口		进口	
	人民币（亿元）	同比（%）	人民币（亿元）	同比（%）	人民币（亿元）	同比（%）
86章 铁道及电车道机车、车辆及其零件；铁道及电车道轨道固定装置及其零件；附件；各种机械（包括电动机械）交通信号设备	11.23	-8.97	10.31	-8.86	0.91	-10.16
87章 车辆及其零件、附件，但铁道及电车道车辆除外	118.83	-4.34	94.78	63.14	24.04	-63.63
88章 航空器、航天器及其零件	0.77	2.74	0.11	19.48	0.65	0.19
89章 船舶及浮动结构体	1.10	-53.45	1.09	-53.63	0.00	430.86
90章 光学、照相、电影、计量、检验、医疗或外科用仪器及设备、精密仪器及设备；上述物品的零件、附件	139.51	-10.53	93.75	-13.37	45.75	-4.08
91章 钟表及其零件	3.89	6.02	3.85	8.56	0.04	-64.49
92章 乐器及其零件、附件	3.01	-6.09	2.98	-5.79	0.03	-25.98
93章 武器、弹药及其零件、附件	0.01	250.54	0.01	250.54	0.00	—
94章 家具；寝具、褥垫、弹簧床垫、软坐垫及类似的填充制品；未列名灯具及照明装置；发光标志、发光铭牌及类似品；活动房屋	273.84	22.80	273.59	23.01	0.24	-57.36
95章 玩具、游戏品、运动用品及其零件、附件	228.84	38.86	228.59	39.57	0.24	-75.83
96章 杂项制品	47.34	18.67	47.25	20.34	0.09	-84.72
97章 艺术品、收藏品及古物	4.60	161.21	2.16	31.20	2.43	2,095.28
98章 特殊交易品及未分类商品	94.51	30.76	91.41	33.35	3.09	-16.93
99章 跨境电商B2B简化申报商品	0.25	-41.32	0.25	-41.32	0.00	—

附录

中共长沙海关委员会关于贯彻落实习近平总书记在全面推动长江经济带发展座谈会上重要讲话精神的意见

2020年11月14日，习近平总书记在江苏南京主持召开全面推动长江经济带发展座谈会并发表重要讲话。今年，海关总署将贯彻落实习近平总书记重要指示批示精神、服务国家区域经济发展战略作为重要指标纳入对直属海关领导班子的考核。8月6日，湖南省专门出台《关于贯彻落实习近平总书记在全面推动长江经济带发展座谈会上重要讲话精神的实施意见》。按照海关总署要求，结合湖南实际，经关党委研究，特提出以下意见。

一、提高认识，深刻领会推动长江经济带发展的重要意义

推动长江经济带发展是党中央做出的重大决策，是关系国家发展全局的重大战略，对于实现“两个一百年”奋斗目标和中华民族伟大复兴的中国梦，具有重大现实意义和深远历史意义。长江经济带覆盖沿江11省市，横跨我国东中西三大板块，人口规模和经济总量占据全国“半壁江山”，生态地位突出，发展潜力巨大，是我国生态优先绿色发展主战场、畅通国内国际双循环主动脉、引领经济高质量发展主力军。湖南省具有“一带一部”区位优势，是长江经济带上的重要省份，全省96%的区域都在长江经济带范围内，推动长江经济带高质量发展，谱写生态优先绿色发展新篇章，打造区域协调发展新样板，构筑高水平对外开放新高地，塑造创新驱动发展新优势，对于湖南省践行新发展理念、构建新发展格局、推动高质量发展作用至关重要。

二、突出重点，准确把握长江经济带开放发展的目标要求

推动长江经济带发展，将其打造成对外开放的新高地，我们要坚决贯彻落实十九大和十九届二中、三中、四中、五中全会精神，坚定不移贯彻新发展理念，统筹

沿海沿江沿边和内陆开放，提升开放水平和贸易便利度，实现高质量引进来和高水平走出去。推动贸易创新发展，加快自由贸易试验区建设，健全高水平开放型经济体制。加快推进规则标准等制度型开放，更高质量利用外资。把握好开放和安全的关系，织密织牢开放安全网。找准在国内国际双循环相互促进的新发展格局中的定位，主动开放市场。推动长江经济带发展和共建“一带一路”的融合，扩大投资和贸易，促进人文交流和民心相通。

三、积极作为，在推动长江经济带发展中彰显海关新担当

关内各部门、单位要认真学习贯彻习近平总书记重要讲话精神，坚决把思想和行动统一到以习近平同志为核心的党中央决策部署上来，切实提高政治站位，完整准确全面贯彻新发展理念，立足海关职能职责和省情、关情实际，统筹安全和发展，主动担当作为，积极支持湖南省更好地融入长江经济带、“一带一路”倡议、中部崛起、粤港澳大湾区建设等国家发展战略。

（一）全力推进自贸改革创新。进一步发挥自由贸易试验区改革创新和先行先试作用，加强协同配合，推动湖南自由贸易试验区《总体方案》更多改革事项落地见效。落实国务院《关于推进自由贸易试验区贸易投资便利化改革创新的若干措施》，推动保税维修业务、提升医药产品进口便利度、完善期货保税交割监管等改革措施尽快实施，探索推行多式联运“一单制”、赋予多式联运单证物权凭证功能等改革举措。推动“进口转关货物内河运费不计入完税价格审价创新模式”落实实施。结合湖南省“三高四新”战略实施，围绕湖南自由贸易试验区三大发展目标，主动加强调查研究和自主改革创新探索，力争推出更多符合省情、关情实际的创新举措，打造长沙海关自贸改革创新特色，力争形成一批可在全国范围内复制推广的改革创新经验。

（二）支持综合保税区高质量发展。狠抓《国务院关于促进综合保税区高水平开放高质量发展的若干意见》落实，研究出台细化举措，优化综合保税区卡口管理，优化区内货物自由流转和区区流转，落实综合保税区检验检疫便捷措施，实施“抽样后即放行”“先入区、后检测”等海关创新监管模式。加大国务院自由贸易试验区改革试点经验复制推广力度，支持自贸改革创新举措在综合保税区先行先试，加强对保税维修、研发、检测、融资租赁、跨境电商等新业态的指导，推动实现保税加工、保税物流、保税服务功能全面发展，支持全省综合保税区更好地对接国际国内两个市场、两种资源，全面提升综合保税区发展绩效。

（三）支持畅通国际物流通道。推动长沙火车北站打造国家中欧班列集拼中心，探索推动“快速通关”“运抵直装”

等模式试点，支持长沙中欧班列、株洲湘粤非铁海联运班列、怀化东盟国际货运班列发展，进一步拓宽湖南与东盟、非洲经贸合作物流方式，推进国际铁路、铁海联运通道建设。支持以长沙火车北站、霞凝港、城陵矶港、长沙黄花国际机场为节点，探索发展多式联运业务。支持长沙黄花综合保税区与黄花国际机场口岸实现“区港联动”。以市场采购及中非经贸博览会为载体，积极拓展对非贸易渠道，支持高桥中非博览会高桥分会场作为长期展馆保留展示，提供中非贸易展示合作的窗口和平台。

（四）强化监管守住安全底线。进一步牢记海关监管职责，坚决落实总体国家安全观，把握好安全与开放的关系，着力增强开放监管能力和防范化解重大风险的能力。坚决筑牢口岸疫情防线，持续从严从紧从实抓好口岸疫情防控和人员安全防护工作。压紧压实高风险商品监管责任，加强风险分析研判，强化现场实际监管，有效防范和化解重大风险。狠抓安全生产工作，加强海关特殊监管区域和监管场所管理，强化事中事后监督，积极推进安全生产隐患问题整改。加大进境洋垃圾、象牙等濒危动植物及其制品等走私打击力度。

（五）持续优化口岸营商环境。进一步落实“放管服”改革部署和跨境贸易便利化措施，全面深化改革创新，持续推进“两步申报”“两段准入”“提前申报”“多证合一”“证照分离”等改革。加大国际贸易“单一窗口”推广应用力度。巩固压缩进出口整体通关时间成效。充分发挥“互联网+海关”作用，行政审批事项全部网上办理，推进检验检疫证书信息电子化。落实企业“问题清零”制度，推动口岸营商环境持续优化。

中共长沙海关委员会关于开展“基层基础建设年”活动的指导意见

为深入贯彻落实2021年长沙海关工作会议暨全面从严治党工作会议精神，扎实推动红色湘关建设，关党委决定在2021年开展“基层基础建设年”活动，特制定如下指导意见。

一、指导思想

以习近平新时代中国特色社会主义思想为指导，坚决贯彻落实党中央关于加强基层治理体系和治理能力现代化建设的意见和总署党委关于加强海关基层基础建设的部署，围绕“五关”建设总体要求，聚焦“基层基础、效率质量”，突出抓基层、强基础，着力解决基层单位突出问题、补强基础工作明显短板，全面开启红色湘关建设新征程，以优异成绩庆祝建党100周年。

二、工作思路

（一）把准“一个主题”。就是奋力推动“红色湘关”建设。关党委决定用两至三年的时间，聚焦“基层基础、效率质量”，通过突出重点、分年实施、逐步推进，努力把长沙海关建设成为“政治信念坚定、基层基础牢固、能力作风过硬、效率质量优良”的红色湘关。

（二）明确“两个阶段”。建设红色湘关，必须要从夯实基层基础、提升效率质量上下功夫。基层基础和效率质量之间是前后相继、有序衔接、递进升级、互为促进的有机整体。抓基层、打基础，是提效率、强质量的前提和基石；提高效率质量，是夯实基层基础工作的内在要求和价值追求。关党委决定分成两个阶段推进：2021年为“基层基础建设年”，重点解决基层基础薄弱问题，提升基层治理效能，推动基础建设全面加强；取得成效后，再将工作重心转到提效率强质量、推动红色湘关高质量发展上去。

三、基本原则

（一）坚持责任导向。压紧压实各级领导班子和领导干部抓基层、强基础的主体责任，要沉下心来，眼睛向下、重心下移，任务细化到人、量化到岗，部署工作倾斜基层，督促检查盯住基层，考核评价突出基层，一级抓一级、一级带一级，形成大抓基层、大打基础的鲜明导向。

（二）坚持问题导向。把发现问题、解决问题作为加强基层基础工作的牵引，既要对突出问题集中攻坚，强化根源整治，加强制度机制建设；又要坚持分类指导、精准发力，各部门各单位从不同职责任务、不同工作特点的实际出发，认真细致查摆，拿出问题清单，分门别类、精准施治。越是情况复杂、基础薄弱的地方，越要突出重点、抓住关键，着力解决基层群众反映的突出问题，着重解决基层组织自身存在的突出问题。对一些久拖不解，病症在下面、病根在上头的问题，要自上而下，共同解决。

（三）坚持实绩导向。坚持用成绩单说话，引导干部队伍真正把心思用在干事创业上，把精力用在狠抓落实上，努力形成勇于担当、敢于负责、善于攻坚的用人导向。既要面向基层一线，把会抓、敢抓、善抓基层基础工作的干部识别出来、提拔起来、重用起来；也要从领导和骨干力量上优先加强基层、充实基层，使基层成为年轻干部争相拼搏、建功立业的主战场和实现自我价值追求的成长地。

四、主要目标

（一）实现党建工作基础牢固。基层党组织建设实现标准化规范化，“一支部一品牌一特色”效果更加突出。文化建设“五个好”活动全面开展，关史馆、“红色堂”建成并发挥作用，机关“灯下黑”问题得到整治，党建与业务“两张皮”得到实质解决，文明创建成果丰硕。“大监督”体系全面覆盖，全面从严治党“最后一公里”顺利畅通。

（二）实现队伍管理基础牢固。处科级领导班子团结有力，“五点共识”“四点要求”深入人心，“两级一岗”全面推行，绩效考评、“三单对账”管理、“满负荷工作法”全面落实，及时表彰奖励等正向激励机制不断完善，日常考勤、个人有关事项报告、严禁酒驾醉驾等纪律规矩意识入心入行。

（三）实现业务执法基础牢固。业务改革落准、落细、落实，对隶属海关业务指导机制更加顺畅，现行监管制度和操作规程执行规范到位，风险隐患排查和防控能力提升，业务专家、岗位能手不断增多，全员打私绩效保持较好水平，干部综合素质逐渐与工作职能职责相匹配，地方政府和社会各界对海关执法的认同感、获得感得到提升。

（四）实现运行保障基础牢固。“马上就办、真抓实干”融入精神血脉，文风会风得到明显改善，“人人写信息”固化为习惯，新闻宣传提质增效，制度“立改废”形成常态，重点工作督察全面覆盖，预算执行保持序时进度，后勤保障效能稳步提升。

五、重点任务

（一）全面提升党建标准化规范化水平。研究制定党建与业务深度融合具体措施，着力破解“两张皮”问题，深化“灯下黑”问题整治。持续抓好“四强”党支部建设，推动组织生活创新和质量提升，着力打造一批有特色、叫得响的基层党建品牌，擦亮全省基层党建工作示范点。组织开展“党旗在基层一线高高飘扬”“我为群众办实事”等活动。建成、用好关史馆、“红色堂”宣传阵地。用好“红色湘关”新媒体，生动鲜活地讲好湘关故事，不断提升毛主席家乡海关党建品牌影响力。

（二）实施“五个好”文化建设工程。组织实施“读一本好书、写一篇好文章、提一条好建议、做一件好事、做一名好关警员”的“五个好”工程，大力培树先进典型，充分发挥群团组织和文体协会作用，完善职工文化生活设施，力争年内全关区文明单位、青年文明号创建取得新成果，不断营造“向上、向善、向前”的良好政治生态。

（三）实施“大监督”体系建设。坚持系统观念，加快构建横向到边、纵向到底的大监督体系，综合运用巡察、督察审计、纪检监察、干部人事及业务职能部门的监督力量，明确协同监督的定位、原则和重点，建立协作配合机制，统筹规划，分类监督，不断增强监督治理效能。创新监督方式方法，对内设处室开展巡察审计，防止“灯下黑”。建立监督部门的暗访机制，明晰工作规则。探索开展对监督部门的再监督，以钉钉子的精神切实推动解决问题、整改问题。

（四）全面推广“两级一岗”。在试点基础上，在全关各部门、单位开展“两级一岗”手册编制工作，坚持依法依规、明晰职责、规范操作、防范风险的原则，重点回答好“干什么”“依据什么”“怎么做”“有什么风险”“管什么”的问题，做到责任到人到岗、风险有效防控。

（五）深化处科级领导班子建设。突出管好处级领导干部，明确“三个十”［在日常管理工作中，处级领导干部每月至少同本部门（单位）10%的工作人员开展谈心谈话，每季度至少有10个工作日现场跟班作业，每年至少对本部门（单位）10%的工作人员进行提示、提醒谈话］要求，全面实行“三单对账”管理，建立领导干部实绩档案，实现一人一册、精准画像。抓好基层科室党支部建设和执法一线科长队伍建设，着力提升“8种能力”（政治能力、专业能力、解决问题能力、沟通能力、学习能力、主动接受监督能力、创新能力、建立相互信任能力）、处理好“4个关系”（关与企、公与私、组织与个人、上级与下级的关系）、做到“3个珍惜”（珍惜时代给我们的机遇、珍惜个人的政治声誉、珍惜自己良好的品德），推动支部“建在科上、强在科上”，不断提振干事创业精气神。加强干部交流调整，不断优化人力资源配置。

（六）抓实准军事化纪律部队建设。 强化练兵备战，深入开展全员培训，灵活组织专项培训，积极开展岗位练兵和技能比武，不断提高干部业务素养和实操能力。深化队伍建设综合管理平台应用，开展内务规范强化月等活动，深化“好差评”系统应用，不断改进日常纪律作风。规范领导干部配偶、子女及其配偶经商办企业行为，加强因私出国（境）管理，严格落实个人有关事项报告等制度。

（七）理顺工作运行机制。 按照脱胎换骨的要求，对关检业务流程全面梳理优化，推动环节嵌入、处置优化，推进关检业务、队伍深度融合。强化业务综合协调，推动业务管理体系重构，明确各部门、层级、岗位的权责清单、职责边界，细化岗位操作指引，优化业务流程，统一执法尺度。深化制度建设，坚持动态清理，着力解决制度盲点和模糊地带，构建系统完备、科学有效的制度体系。强化基层信息安全，建立长效机制，全方位确保网络安全、数据安全和业务安全。

（八）支持湖南自由贸易试验区发展。 抓好自由贸易试验区涉及海关48项创新制度的落地实施。立足需求导向，多“走出去”学、“请进来”教，积极开展“首创性”探索。推动综合保税区功能、政策和管理整合优化，助力全省综合保税区与自由贸易试验区协同发展。支持扩大对非经贸交流，加强中非经贸博览会及签约项目政策指导和通关保障，探索研究对非贸易监管新模式。加强税政调研，落实减税降费政策，支持工程机械等产业关键技术、设备及零部件进出口。

（九）筑牢内控机制“三道防线”。 认真落实内控主体责任，统筹开展经济责任审计和专项审计，把落实重大决策部署情况作为审计重点，实现审计监督全覆盖。加大督察审计整改力度，倒逼完善制度、加强管理、规范执法。深化新海廉平台应用，建立成果转化整改长效机制。定期通报督察审计查发问题，建立“问题库”，对问题屡查屡犯的要加重问责。

（十）提升综合保障效能。 严格公文办理和审核把关制度执行，改进文风会风，守住精文减会的硬杠杠。坚持全员写信息，加强宣传策划，优化考核激励机制，力争多出精品，全国海关排名有新突破。优化值班应急管理，各隶属海关要抓紧建立24小时值班室。提高督查检查实效，确保政令畅通、令行禁止。树牢“过紧日子”的思想，树立全关财务一盘棋理念，想方设法开源节流、综合理财。全面深化预算绩效管理，提升预算执行效能，加强对政府采购、涉案财物、重点基建项目以及经济实体等领域的管控。提升后勤服务保障质量，做好资产清查和整合优化工作。

六、组织保障

（一）广泛动员参与。各部门、单位要加强思想发动，引导广大干部职工充分认识抓基层、强基础的重要意义，将主要精力放到基层基础建设上来，根据指导意见明确的 4 个“基础牢固”、10 大重点任务，结合实际不断拓展思路、创新方式、探索实践、总结经验、宣传推广，掀起基层基础建设的热度和高潮。

（二）上下协同推进。各部门、单位要切实履行基层基础建设工作责任，各职能部门要强化分类指导、健全工作机制，及时研究解决本职能管理领域基层基础建设的突出问题；各隶属海关单位要制订计划、细化措施、加强推动，有针对性地补强工作短板，不断提升规范化管理水平。

（三）加强考核评估。将抓基层基础建设情况作为考核处科级领导班子和领导干部的重要内容，充分运用监察、督察、巡察等手段开展监督检查，以有力的监督保障工作任务的落实。关党委将定期听取专题汇报，对基层基础工作不重视、不认真、不作为的，按规定严肃追责问责。

长沙海关关于服务湖南省“三高四新”战略的实施意见

为深入学习贯彻党的十九届五中全会精神和习近平总书记考察湖南重要讲话精神，认真落实省委十一届十二次全会工作部署，全力支持湖南“三高四新”战略实施，结合海关职责，特制定本实施意见。

一、支持打造国家重要先进制造业高地

（一）指导用好用足国家政策。紧盯国家减税降费政策调整，指导企业用好用足国家减免税政策，支持行业转型升级需要的关键技术、设备及零部件扩大进口，提升企业研发能力和产品竞争力。

（二）加强重点领域税政调研。发挥税政研究先导作用，针对湖南省工程机械、轨道交通、航空航天、信息技术、新材料、生物医药等重点行业开展税政调研，有针对性地向国家部委报送符合湖南先进制造业发展实际的税政调整建议。

（三）支持制造产业创新发展。支持工程机械、通信设备、轨道交通、航空航天、汽车、文印等产业在湖南自由贸易试验区或综合保税区内开展检测维修、保税研发、融资租赁、再制造等新兴业务。

（四）支持制造产业与国际接轨。支持湖南行业龙头企业主导或参与国际标准制定修订，增强国际标准化组织话语权；指导开展国外技术性法规、标准等的收集分析、研究评议和成果转化；指导企业有效应对境外技术性贸易壁垒。

（五）支持制造产业扩大对非出口。支持湖南在自由贸易试验区框架下积极探索开展对非贸易新模式，研究易货方式监管模式，促进湖南工程机制等先进制造装备出口非洲，扩大非洲非资源性产品进口。

二、支持打造具有核心竞争力的科技创新高地

（六）支持科研创新机构发展。支持国家产业创新中心、技术创新中心、工程研究中心、新型研发机构等研发创新机构入驻湖南自由贸易试验区或综合保税区，

充分享受政策功能优势。

（七）支持企业申报科研项目。 引导用好进口税收优惠政策，支持湖南企业、高等院校、科研机构和技术研发机构申请设立国家重点实验室及企业国家重点实验室、国家工程（技术）研究中心、企业技术中心，支持湖南创新型省份建设。

（八）支持免税科研设备合理利用。 支持纳入国家网络管理平台统一管理的免税进口科研教学设备，在符合监管条件前提下用于其他单位的科学研究、科技开发和教学活动，促进科技资源开放共享。

（九）强化知识产权海关保护。 深入开展“龙腾”专项行动，有效打击进出口侵权行为，对本土出口知识产权优势企业实施重点保护、持续培塑，保护本土企业科研创新成果，为企业海外维权提供指导帮助，提升企业创新及维权能力。

三、支持打造内陆地区改革开放高地

（十）支持湖南自由贸易试验区建设。 认真落实《总体方案》要求，争取海关总署支持，确保涉及海关职能的创新举措落实落细，取得实效。持续加强创新政策研究，结合省情实际，做好制度创新储备。

（十一）支持扩大对非经贸合作。 加强中非经贸博览会展会及签约项目政策指导和通关保障；支持推进中非海关“经认证的经营者”（AEO）互认合作；支持中非经贸博览会享受中西部国际性展会税收优惠政策；支持在湖南自由贸易试验区高桥片区设立中非经贸博览会分会场和线下常设展馆，支持高桥大市场开展保税展示交易业务；支持发展经广东港口中转非洲的“湘粤非”铁海联运业务。

（十二）支持综合保税区高质量发展。 强化绩效考核引导作用，持续推动全省综合保税区整合优化；支持综合保税区依托自由贸易试验区进行政策创新和先行先试，支持区港联动建设；支持综合保税区开展保税研发、融资租赁、服务外包、跨境电商、文物回流等新业态。

（十三）支持进一步扩大口岸开放。 支持将常德航空口岸、岳阳航空口岸（货运专属）等纳入国家“十四五”口岸发展规划，支持现有口岸平台叠加更多指定口岸和指定监管场地功能；支持在条件成熟、符合全省统筹布局规划且有实际需求的地区设立保税物流中心（B型）。

（十四）支持畅通国际物流通道。 加强通关协作，支持湖南省对接粤港澳大湾区建设、长江经济带建设和“一带一路”倡议；支持全省增开货运或包机航线；支持岳阳城陵矶水运口岸拓展至日韩、港澳台、东南亚等地江海直达航线；支持长沙铁路北站建设中欧班列集拼中心，支持开行湖南至东南亚的国际班列；支持开行湖南至北部湾港铁海联运班列；支持西部陆海新通道怀化枢纽节点建设。

（十五）支持加工贸易转型升级。 认真落实加工贸易便利化措施，创新加工贸易监管模式，指导企业抓住区当前沿海产业加快转移、产业链供应链深度重组机遇，引导和支持湖南省加工贸易企业开展外发加工、委托加工、深加工结转等保税业务，延伸产业链，提高产品附加值。支持湘南湘西承接产业转移示范区加快发展。

（十六）支持湖南省实现全域开放。加强湖南省开放发展不平衡不充分问题研究，进一步支持和完善全省开放功能平台布局，支持湘西北等欠开放地区设立公共保税仓库、出口监管仓库等小微开放平台；进一步加强基层海关建设，以推动县域经济开放发展为重点，健全关县、关企合作机制，提升县域开放型经济发展活力。

四、进一步优化海关监管与服务

（十七）持续优化口岸营商环境。落实“放管服”改革部署，深入推进海关“两步申报”“两轮驱动”“两段准入”“两类通关”“两区优化”改革，简化进出口环节通关手续，巩固压缩进出口整体通关时间成效，加强国际贸易“单一窗口”应用，持续提升跨境贸易便利化水平。

（十八）守卫国门卫生生物安全。不断提升口岸公共卫生核心能力，持续加大口岸疫情防控力度，重点做好口岸人员疫情防控，冷链食品风险监测和预防性消毒工作，严防新冠疫情输入；落实习近平总书记关于食品安全“四个最严”要求，强化进口食品安全监管，确保进口食品安全；提升口岸动植物检疫能力，提升口岸动植物疫病疫情检出和截获率。

（十九）加强海关统计监测预警服务。加强对湖南外贸发展前瞻性、趋势性的统计分析和研究，及时做好湖南省进出口数据对外发布和解读工作，为湖南经济决策提供数据共享和分析指导。定期开展进口商品、市场和主体等情况的统计、分析与研究，及时为进口企业提供信息服务，帮助企业把握市场和风险变化。

（二十）持续保持反走私高压态势。严厉打击影响湖南省产业发展、危害群众切身利益的商品走私进口。强化反走私综合治理，加强与相关部门的信息共享和执法联动，建立完善口岸、市场综合监管机制，切实为广大守法企业营造规范、公平、有序的进出口环境。

（二十一）创新优化海关服务形式。进一步落实“互联网＋政务服务”各项措施，确保全部行政审批事项网上办理。严格落实“多证合一”“证照分离”改革。推进检验检疫证书信息电子化，为企业提供进口货物海关签发的检验、检疫证书相关信息网上查询和打印服务。充分利用12360服务热线、海关门户网站、在线访谈、政务微博微信等多媒体形式，及时为企业提供政策咨询、业务指导、应急通关和投诉举报等综合服务。

长沙海关支持湖南综合保税区高质量发展若干措施

为贯彻落实党中央、国务院决策部署，持续深入推进《国务院关于促进综合保税区高水平开放高质量发展的若干意见》落实，积极践行湖南省“三高四新”战略，全力推动湖南省综合保税区高水平开放高质量发展，特制定支持湖南综合保税区高质量发展的若干举措。

一、优化综合保税区卡口管理，促进贸易便利化

（一）促进综合保税区进出区便利化，探索优化综合保税区卡口管理试点。优化综合保税区简化进出区的便捷货物、非保税货物、海关监管货物及行政车辆、行人进出区的卡口管理，升级改造卡口硬件设施设备，实现进出卡口流程再造，实施“优化流程、简化申报”的快捷高效全智能卡口闭合管理模式，做到卡口管理既“放得开”，又“管得住”。

（二）全面落实综合保税区保税物流优惠政策，不断优化货物区内自由流转和区区流转，加快推进区港联动创新举措实施。优化综合保税区内货物自由流转，全面运用智能监管手段，创新监管模式，简化业务流程，实行数据自动比对、卡口自动核放，实现区区流转便利化，积极探索实施区港联动，为企业提速降本增效。

二、强化企业市场主体地位，促进国内国际双循环

（三）加快区内企业信用培育，不断优化信用管理，符合条件、新设立的研发设计、加工制造企业直接赋予高级认证企业资质。加强海关信用管理政策宣讲，做好企业信用培育和认证前辅导，支持和指导更多区内企业开展海关“经认证的经营者”（AEO）认证，使更多符合认证标准的区内企业成为海关高级认证企业，不断培育区内企业管理水平和提升区内企业管理质量，让区内企业早日成为海关认证企业，享受更多海关便利措施。

（四）强化企业市场主体地位，全面落实“四自一简”等监管制度。在综合保税区内实施“四自一简”监管制度，对符

合条件的区内企业，支持自主备案、合理自定核销周期、自主核报、自主补缴税款，海关简化业务核准手续，实施网上监管，优先适用企业主动披露优惠措施；全面扩大实施“选择性征收关税”，区内企业生产、加工并经“二线”销往国内市场的货物，企业可根据其对应进口料件或实际报验状态，选择缴纳进口关税，充分释放政策红利，加快综合保税区创新升级，提升贸易便利化水平，不断优化营商环境。

（五）支持企业用好两个市场两种资源。支持区内企业统筹利用国内国外两个市场，指导符合条件的企业开展“增值税一般纳税人资格试点”业务，不断扩大政策红利。

三、支持贸易新业态发展，促进综合保税区多元化发展

（六）支持综合保税区新兴业态发展，推动跨境电商网购保税1210业务在关区综合保税区全面落地。全面支持综合保税区内企业开展跨境电商进出口业务，逐步实现综合保税区全面适用跨境电商零售进口政策，加快推进落实见效。

四、实施创新监管模式，提升通关监管效能

（七）全面落实综合保税区检验检疫便捷措施，实施“抽样后即放行”“先入区、后检测”等海关创新监管模式。“抽样后即放行”指对境外进入综合保税区的食品实施“抽样后即放行”监管，即综合保税区内进口的食品，需要进入境内的，可在综合保税区进行合格评定，分批放行；凡需要进行实验室检测的，可在满足有关条件（进口商承诺进口食品符合我国食品安全国家标准和相关检验要求、进口商已建立完善的食品进口记录和销售记录制度并严格执行）的基础上抽样后即予以放行；“先入区、后检测”指对境外进入综合保税区的动植物产品的检验项目实行“先入区、后检测”监管模式，即动植物产品在进境口岸完成动植物检疫程序后，对需要实施检验的项目，可先行进入综合保税区内的监管仓库，海关再进行有关检验项目的抽样检测和综合评定，并根据检测结果进行后续处置。通过优化检验检疫监管效能，不断缩短企业货物物品港口等待时间，降低时效等综合物流成本。

长沙海关助力乡村振兴促进农产品出口十八项措施

为助力乡村振兴，充分发挥湖南省特色农业产业优势，促进农产品扩大出口，培育外贸增长点，长沙海关发挥职能优势，推出助力乡村振兴促进农产品出口十八项措施。

一、精简工作流程，推动企业获得注册备案资质

（一）简化注册备案流程。取消报关企业注册登记许可，实施备案管理。对“出口食品生产企业备案核准”实施“审批改为备案”改革。对涉及农产品出口的行政许可事项实施全流程网上办理。对长沙海关最终审批的行政许可事项，办理时限压缩至10个工作日。

（二）积极推荐国外注册。推动湖南省优势农产品获得国外市场特别是“一带一路”、中东欧和非洲国家（地区）的准入资格。在满足国外官方准入条件的基础上，积极推荐企业对外注册，对AEO高级认证企业，优先向其他国家（地区）推荐农产品出口企业注册。主动对接国外官方农产品准入评估考核，帮助企业拓宽出口渠道。

（三）推动自贸政策落地。简化中国（湖南）自由贸易试验区内企业准入手续，开通农副产品快速通关“绿色通道”，对区内生产加工的符合“两品一标”标准的优质农产品出口注册备案，原则上实行备案评审。国外无特殊要求的免于出具检验证书。

（四）优化检疫审批程序。在现有动植物检疫便利化措施基础上，对涉及检疫审批的中非经贸博览会进境动植物产品，根据海关总署授权，由长沙海关就近就地办理检疫审批手续（委托检疫审批范围仅限已获得检疫准入的动植物产品）。

二、优化服务措施，提升出口农产品质量安全水平

（五）深入开展培训指导。长沙海关每半年组织关企座谈会1次，及时解决农产品企业的实际困难。各隶属海关每年开展业务培训2次，帮助企业了解国外对农

产品的质量安全规定和要求，对辖区重点农产品出口企业实施“一企一策”，对有意向企业上门送教。

（六）加强法律政策宣贯。通过海关官网、公众微信号、12360 热线等多种方式及时向企业和社会公众公布海关政策法规。持续开展境外国家（地区）农产品安全管理体系研究，为出口企业提供政策咨询服务，强化国内外风险信息收集和分析研判，及时发布预警通报，规避贸易风险。

（七）帮助完善质量体系。加强种植/养殖源头管控，引导出口企业规范农业投入品的管理，鼓励企业开展 GMP、HACCP、GAP 等认证，强化企业质量安全主体责任，建立健全质量安全管理和溯源体系。指导企业完善自检自控体系建设，派遣专家上门开展技术指导，提升企业质量安全管控水平。

（八）促进重点产业发展。促进“湖湘优品”品牌建设，重点推动水果、蔬菜、茶叶、活猪、水生动物、肉类等特色农产品出口。支持企业与海外机构开展深度科研合作，促进杂交水稻种子本地化生产及育种。支持打造湘南出口蔬菜集散地，带动湖南蔬菜产业发展。各隶属海关结合实际推动特色产业做大做强，帮助优势企业开拓国外市场。扶持农产品企业入驻粤港澳大湾区“菜篮子”平台。

（九）完善海关技术服务保障。加大海关动植物检疫、农产品检测等能力建设，开展出口食品农产品疫情疫病、安全风险监测监控，为企业提供预警服务，为地方政府适时提供相关专报。

三、创新监管模式，促进农产品出口通关便利化

（十）确保重点产品通关。加强与粤港澳口岸海关联动机制建设，促进湖南省优质农产品口岸通关便利。加强与深圳海关合作，完善监管体系，推广永州蔬菜直供香港试点工作经验。完善供港澳活猪和水生动物的绿色通道。

（十一）全面提升通关效率。落实“互联网 + 预约通关”服务措施，全面推广预约通关网上办理平台，提供预约通关服务，检验检疫合格后及时签发证书。积极协调口岸海关，确保湖南出口农产品在口岸及时通关。

（十二）优化出口监管模式。对布控查验的农产品，确保在第一时间处置。没有其他风险的前提下，对未布控的农产品原则上直接“审单放行”。对企业要求出具官方检验检疫证书的农产品，加大第三方检测结果采信力度。推动在湖南高桥大市场开展预包装食品市场采购出口试点。

（十三）主动推出政策红利。为农产品出口企业进口符合国家税收优惠政策的设备提供减免税政策服务，将减免税审核确认时间压缩至 5 个工作日。帮助企业享受优惠原产地政策。全面取消农产品出口法定环节各项收费。积极支持符合条件的

农产品出口企业申请 AEO 认证，提高国际竞争力。

四、推动齐抓共管，助力农产品出口持续发展

（十四）加强部门沟通协作。深化与农业农村、林业部门的联系，强化农产品出口基地建设、品牌培育、外向型农业优势产业培育、动植物疫情监测、农产品质量检验等方面的合作，形成信息共享结果互通机制。加强与商务部门在外贸平台建设、电子商务口岸、贸易便利手续等方面协作。

（十五）强化涉外工作交流。按照海关总署的统一安排，积极参与国际间动植物检验检疫和食品安全交流。重点加强与香港食环署和澳门市政署在活猪、水生动物、肉类产品、蔬菜等领域检验检疫监管合作，积极对接港澳官方来湘探访企业活动，落实与澳门市政署的合作项目。

（十六）聚焦破解贸易壁垒。加强技术性贸易措施研究，在长沙海关官网上开辟“技术贸易措施动态”专栏，聚焦湖南重点出口农产品和目标国家市场准入等要求，发布相关研究、资讯和风险提示。针对重点产品、重点企业建立联络机制，关注出口食品农产品贸易情况，指导企业积极应对境外产品通报以及技术性贸易措施。

（十七）支持湖南跨境农业合作。促进湖南农业“走出去”，鼓励湖南出口农产品企业参加各类国际博览会、国际展会，积极为企业提供展品证书签发和通关便利，支持企业建设境外湖南农产品展示展销中心。支持举办中非经贸博览会，促进湖南食品、农产品对非出口。

（十八）维护湖南农产品良好声誉。努力提升湖南农产品质量安全水平，维护良好国际声誉。依法保护企业优质品牌、专利等知识产权，为农产品出口企业发展营造良好环境。打击假冒伪劣，加大案件查发力度，维护好农产品出口秩序。

2021年长沙海关制度“立改废”文件目录

《长沙海关照相摄像器材使用管理办法（试行）》（湘关科发〔2021〕28号）

《长沙海关容错纠错实施办法（试行）》（湘关党发〔2021〕12号）

《长沙海关党委纪检组严肃查处诬告陷害和开展失实检举控告澄清工作实施细则（试行）》（湘关党纪〔2020〕12号）

《长沙海关推进改革过程中问题收集与反馈管理办法实施细则（试行）》（湘关综发〔2021〕41号）

《长沙海关防护监督员管理办法》（湘关卫发〔2021〕42号）

《长沙海关出口烟花爆竹产地检验监管工作规程》（湘关检发〔2021〕45号）

《长沙海关移动式生物安全二级实验室使用管理办法（试行）》（湘关科发〔2021〕48号）

《长沙海关职工困难补助暂行办法》（湘关法发〔2021〕43号）

《长沙海关医疗补助报销办法（试行）》（湘关法发〔2021〕43号）

《长沙海关风险防控中心业务工作实施细则（试行）》（湘关法发〔2021〕43号）

《长沙海关值班工作管理办法（试行）》（湘关办发〔2021〕75号）

《长沙海关机要员岗位职责》（湘关法发〔2021〕67号）

《长沙海关计算机信息系统保密管理规定》（湘关法发〔2021〕67号）

《长沙海关涉密计算机维修维护管理规定》（湘关法发〔2021〕67号）

《长沙海关笔记本电脑安全保密管理规定》（湘关法发〔2021〕67号）

《长沙海关复印机一体机保密管理规定》（湘关法发〔2021〕67号）

《长沙海关禁止进境动植物及其产品和其他检疫物、出入境特殊物品后续处置工作管理规程（试行）》（湘关动植发〔2021〕70号）

《长沙海关海关铅封管理办法》（湘关监发〔2021〕74号）

《长沙海关关于落实《海关总署关于规范人工查验作业的指导意见》的实施细

则（试行）》（湘关法发〔2021〕67 号）

《长沙海关关于预防监管作业过程中放射性污染操作规程》（湘关法发〔2021〕67 号）

《长沙海关预算绩效管理规定（试行）》（湘关财发〔2021〕69 号）

《长沙海关项目支出绩效评价管理规定（试行）》（湘关财发〔2021〕69 号）

《长沙海关预算绩效运行监控管理规定》（湘关财发〔2021〕69 号）

《长沙海关事业单位监督管理委员会议事规则》（湘关财发〔2021〕69 号）

《长沙海关工程建设项目管理规定》（湘关财发〔2021〕69 号）

《长沙海关涉案财物管理工作联系配合实施细则》（湘关财发〔2021〕69 号）

《中共长沙海关委员会工作规则》（湘关党发〔2021〕22 号）

《长沙海关贯彻落实“三重一大”决策制度实施办法》（湘关党发〔2021〕22 号）

《长沙海关形势分析及工作督查例会制度》（湘关党发〔2021〕22 号）

《长沙海关防范化解重大风险决策风险评估工作实施办法（试行）》（湘关党发〔2021〕22 号）

《长沙海关 12360 服务热线工作管理办法》（湘关办发〔2021〕100 号）

《长沙海关政府信息公开审查规程》（湘关办发〔2021〕100 号）

《长沙海关政府信息公开工作规程》（湘关办发〔2021〕100 号）

《长沙海关制度管理办法》（湘关法发〔2021〕99 号）

《长沙海关出口报关单结关管理规定（暂行）》（湘关法发〔2021〕98 号）

《湖南检验检疫局签证质量控制规定》（湘关法发〔2021〕98 号）

《湖南检验检疫系统签证档案管理规定》（湘关法发〔2021〕98 号）

《湖南检验检疫局出境货物无纸化报检工作规范》（湘关法发〔2021〕98 号）

《长沙海关企业管理档案管理规范（试行）》（湘关法发〔2021〕98 号）

《长沙海关党委纪检组处理信访举报工作实施细则》（湘关党纪〔2021〕6 号）

《长沙海关国库集中支付管理工作规程》（湘关财发〔2021〕132 号）

《长沙海关行政事业性国有资产管理规定》（湘关财发〔2021〕132 号 ）

《长沙海关网络安全管理规定实施细则（试行）》（湘关科发〔2022〕1 号）

《长沙海关信息系统应用账号授权管理办法实施细则（试行）》（湘关科发〔2022〕1 号）

《长沙海关内部控制工作规范（试行）》（湘关督发〔2021〕140 号）

《长沙海关内部控制评价操作规程（试行）》（湘关督发〔2021〕140 号）

《长沙海关聘任兼职督察审计员暂行规定》（湘关督发〔2021〕140 号）

《长沙海关受处理处分人员教育管理

工作暂行办法》（湘关党发〔2021〕48号）

《长沙海关党委巡察干部选派管理考核实施细则（试行）》（湘关党发〔2021〕50号）

《长沙海关照相摄像器材使用管理办法（试行）》（湘关科发〔2021〕28号）

《长沙海关容错纠错实施办法（试行）》（湘关党发〔2021〕12号）

《长沙海关党委纪检组严肃查处诬告陷害和开展失实检举控告澄清工作实施细则（试行）》（湘关党纪〔2020〕12号）

《长沙海关推进改革过程中问题收集与反馈管理办法实施细则（试行）》（湘关综发〔2021〕41号）

《长沙海关防护监督员管理办法》（湘关卫发〔2021〕42号）

《长沙海关出口烟花爆竹产地检验监管工作规程》（湘关检发〔2021〕45号）

《长沙海关移动式生物安全二级实验室使用管理办法（试行）》（湘关科发〔2021〕48号）

《长沙海关职工困难补助暂行办法》（湘关法发〔2021〕43号）

《长沙海关医疗补助报销办法（试行）》（湘关法发〔2021〕43号）

《长沙海关风险防控中心业务工作实施细则（试行）》（湘关法发〔2021〕43号）

《长沙海关值班工作管理办法（试行）》（湘关办发〔2021〕75号）

《长沙海关机要员岗位职责》（湘关法发〔2021〕67号）

《长沙海关计算机信息系统保密管理规定》（湘关法发〔2021〕67号）

《长沙海关涉密计算机维修维护管理规定》（湘关法发〔2021〕67号）

《长沙海关笔记本电脑安全保密管理规定》（湘关法发〔2021〕67号）

《长沙海关复印机一体机保密管理规定》（湘关法发〔2021〕67号）

《长沙海关禁止进境动植物及其产品和其他检疫物、出入境特殊物品后续处置工作管理规程（试行）》（湘关动植发〔2021〕70号）

《长沙海关海关铅封管理办法》（湘关监发〔2021〕74号）

《长沙海关关于预防监管作业过程中放射性污染操作规程》（湘关法发〔2021〕67号）

《长沙海关预算绩效管理规定（试行）》（湘关财发〔2021〕69号）

《长沙海关项目支出绩效评价管理规定（试行）》（湘关财发〔2021〕69号）

《长沙海关预算绩效运行监控管理规定》（湘关财发〔2021〕69号）

《长沙海关事业单位监督管理委员会议事规则》（湘关财发〔2021〕69号）

《长沙海关工程建设项目管理规定》（湘关财发〔2021〕69号）

《长沙海关涉案财物管理工作联系配合实施细则》（湘关财发〔2021〕69号）

《中共长沙海关委员会工作规则》（湘关党发〔2021〕22号）

《长沙海关贯彻落实“三重一大”决策制度实施办法》（湘关党发〔2021〕22号）

《长沙海关形势分析及工作督查例会制度》（湘关党发〔2021〕22号）

《长沙海关防范化解重大风险决策风险评估工作实施办法（试行）》（湘关党发〔2021〕22号）

《长沙海关12360服务热线工作管理办法》（湘关办发〔2021〕100号）

《长沙海关政府信息公开审查规程》（湘关办发〔2021〕100号）

《长沙海关政府信息公开工作规程》（湘关办发〔2021〕100号）

《长沙海关制度管理办法》（湘关法发〔2021〕99号）

《长沙海关出口报关单结关管理规定（暂行）》（湘关法发〔2021〕98号）

《湖南检验检疫局签证质量控制规定》（湘关法发〔2021〕98号）

《湖南检验检疫系统签证档案管理规定》（湘关法发〔2021〕98号）

《湖南检验检疫局出境货物无纸化报检工作规范》（湘关法发〔2021〕98号）

《长沙海关企业管理档案管理规范（试行）》（湘关法发〔2021〕98号）

《长沙海关党委纪检组处理信访举报工作实施细则》（湘关党纪〔2021〕6号）

《长沙海关国库集中支付管理工作规程》（湘关财发〔2021〕132号）

《长沙海关行政事业性国有资产管理规定》（湘关财发〔2021〕132号）

《长沙海关网络安全管理规定实施细则（试行）》（湘关科发〔2022〕1号）

《长沙海关信息系统应用账号授权管理办法实施细则（试行）》（湘关科发〔2022〕1号）

《长沙海关内部控制工作规范（试行）》（湘关督发〔2021〕140号）

《长沙海关内部控制评价操作规程（试行）》（湘关督发〔2021〕140号）

《长沙海关聘任兼职督察审计员暂行规定》（湘关督发〔2021〕140号）

《长沙海关受处理处分人员教育管理工作暂行办法》（湘关党发〔2021〕48号）

《长沙海关党委巡察干部选派管理考核实施细则（试行）》（湘关党发〔2021〕50号）

把牢高质量发展主线 奋力打造内陆地区新高地

习近平总书记在第四届中国国际进口博览会开幕式的主旨演讲中强调：开放是当代中国的鲜明标识；中国愿同各国一道，共建开放型世界经济，让开放的春风温暖世界。湖南承东启西，连南接北，既有“一带一部”的区位优势，也有“不靠海、不沿边”的开放短板。“十三五”期间虽然我省外贸年均增速排名全国第一，但放眼全国，正面临着前有标兵、后有追兵，且标兵快跑、追兵迫近的竞争态势。日前，省政府印发推动开放型经济高质量发展打造内陆地区改革开放高地行动方案，为我省新一轮对外开放擘画了宏伟蓝图。进入新发展阶段，我们必须完整准确全面贯彻新发展理念，用改革激发活力，用开放拓展空间，奋力构建新发展格局，才能实现更大范围、更宽领域、更深层次、更高质量对外开放。

一、高质量构建开放平台体系

释放自由贸易试验区制度创新效应。充分发挥自由贸易试验区深化改革“试验田”作用，践行为国家试制度、为地方谋发展、为人民谋福祉三大任务，坚持大胆试、大胆闯、自主改，形成更多可复制、可推广的制度创新成果，促进市场相通、产业相融、创新相促、规则相连。用活用好现有开放平台，发挥各类产业园区、开放口岸、海关特殊监管区域、指定监管场地的政策叠加功能，助推产业集聚、企业集群、资源集约。以创新飞地经济、总部基地、专业招商、智库建设为抓手，打造制度创新制高点、高端要素聚集区、对外开放新高地。

发挥综合保税区辐射带动作用。利用好我省现有综合保税区数量多、功能全的优势，充分释放“免证、免税、保税、退税”政策红利。加快信息化平台建设和升级迭代，优化综合保税区卡口管理，加强区港联动，促进区内外货物自由流转。依托当地产业，加快建设加工制造、研发设计、物流分拨、检测维修、销售服务中心，形成进出口政策洼地和境内关外开放高地。坚持全省“一盘棋”，一手抓招商引资、一手抓项目建设，杜绝“重签约、轻落地”，避免同质化竞争，形成错位发展、优势互补的良好格局。

畅通高水平国际物流大通道。以融入“一带一路”、长江经济带、中部崛起、粤港澳大湾区等为契机，加快建设立体式国际物流大通道。把长沙航空口岸建设作为战略突破口，开辟和加密国际航班航线，增开至北美洲、欧洲、东亚、东南亚等地全货班机，构建中部国际航空枢纽。巩固提高中欧班列运营能力，加快建设长沙中欧班列集结中心，探索“快速通关”“运抵直装”试点，支持株洲湘粤非铁海联运、怀化东盟班列发展，打造中欧班列南方核心枢纽。依托长江黄金水道和内河航道，加快五定班轮、江海联运、近海直航和接力航班等外运业务发展，把岳阳港和长沙港建设成为区域现代物流中心。以长沙火车北站、长沙空港、岳阳港等为节点，大力发展多式联运，开拓“班列＋跨境电商”“班列＋市场采购”新模式。

二、高质量构筑外贸产业集群

坚持高质量引进来。新发展阶段，要主动抢占风口，努力开拓“两个市场”、利用“两种资源”，吸引国内外人才、资本、技术等要素和高端产业聚集三湘，为我省加快开放赋能增效。发挥资源丰富、要素成本低、承载空间大等比较优势，瞄准世界500强、中国500强和中国民营500强，依托“沪洽周”“港洽周”等经贸平台，开展精准招商活动，让更多的高端企业和投资者来湘投资兴业。以湘南湘西承接产业转移示范区等为载体，坚持引进技术、资本密集型产业与引进劳动密集型产业并重，做大一般贸易、提升加工贸易、发展新型贸易。引导“专精特新”企业引进新技术、突破“卡脖子”，打造更多“小巨人”和单项冠军。

坚持高水平走出去。“走出去”和“引进来”双向并重，才能推动更高水平对外开放。要以全面对接RCEP等契机，用好中非经贸博览会等平台，实现借船出海、借梯登高、借力谋势，推动轨道交通、电力装备、汽车、工程施工等装备和优势产能走出去。推动有条件的“湘企湘品”抱团外拓，采取建立研发种植加工物流销售基地等方式融入全球产业链、供应链。鼓励市场采购贸易、跨境电商、海外仓等新业态融合发展，完善线上综合服务平台功能，促进数字贸易和货物贸易深度融合。

三、高质量构造外贸营商环境

不断提升口岸治理能力。深入推进口岸“放管服”改革，加强口岸区域各部门、单位协作配合，打造市场化、法治化、国际化口岸营商环境、全面释放减税降费提效政策红利。大力推进口岸5G、大数据、云计算建设，实现口岸通关、管理、贸易、服务智慧化，创造与国际水平接轨的口岸“绿色通道”。

积极优化海关监管服务。新征程需要新担当、呼唤新作为。长沙海关处于湖南对外开放最前沿，将以推进红色湘关建设为抓手，不断深化改革、强化监管、优化服务，为我省加快打造内陆地区改革开放高地贡献海关力量。聚焦长株潭一体化发展，推进长株潭集约化通关改革，优化通关作业流程，提高通关效率，降低通关成本，优化营商环境，促进全省贸易便利化。擦亮自由贸易试验区外国人来华工作一站式服务中心服务品牌，推动“快捷通道”建设，为外商投资及人员往来提供更多便利。

（《湖南日报》，2021 年 11 月 21 日）

长沙邮局海关在进境书画作品中截获象牙制品

记者17日从长沙海关获悉，长沙海关所属长沙邮局海关近日在对进境邮件的监管中，发现两幅书画的画轴中藏有“猫腻”，经初步检测，两幅书画的画轴头均为象牙材质。目前，长沙邮局海关已对该邮件依法暂扣，做进一步鉴定和处理。

长沙邮局海关相关负责人介绍，现场关员通过智能审图在进境邮件中发现两幅书画作品画轴头影像颜色异常，经过开箱查验后发现，两幅书画的画轴头呈象牙白色，材质可见明显钝角交叉纹路，现场物质识别仪初步检测为象牙材质。每个画轴头直径约2.5厘米、长约3.5厘米，两对共重约200克。

近年来，按照海关总署部署，长沙海关严厉打击象牙等濒危物种及其制品走私，强化风险研判分析，应用智能审图技术提高识别精度，提升审图能力，不断提高象牙等濒危物种及其制品查获效能。

（新华社长沙，2021年3月17日）

“十三五”湖南进出口总值增长22.76% 全国排名从2016年的第19位提升至2020年的第14位

记者从今天举行的2021年长沙海关工作会议上获悉，“十三五”时期，我省进出口总值1.64万亿元，同比增长22.76%；我省外贸实现跨越进位，全国排名从2016年的第19位提升至2020年的第14位。

“十三五”时期，长沙海关监管业务量大幅增加，执法把关效能稳步提升，在筑牢检验检疫、口岸监管、打击走私立体防线、维护国门安全等方面取得丰硕成果。该关共监管进出口货运量1.3亿吨，增长33%；检疫查验出入境人员1,133万人次，增长93.8%；审核报关单90.2万张，增长113.4%；征收税款501.83亿元，增长67.2%；查办走私案件265起，增长2.6%。

我省口岸营商环境持续优化，海关进出口环节监管证件由86种减少到41种；进口、出口整体通关时间大幅压缩，2020年全省进出口整体通关时间较2017年分别压缩78.3%和72.9%，实现通关时间更快、成本更低；广大进出口企业充分享受海关改革红利，截至2020年底，全省累计注册进出口企业1.94万家。口岸通关科技创新应用水平大幅提升，试点上线可视化物流链系统，监管现场智能审图、集中审像、智能卡口实现全覆盖，H986、CT机等一批现代化监管装备设备投入使用。

长沙海关关长李全表示，2021年，长沙海关将加强税政调研，落实税收优惠政策，落实促进加工贸易转型升级措施，积极参与进出口商品技术标准修制订，探索研究对非贸易新监管模式。深化“放管服”改革，优化“一网通办”，支持开放平台发展。

（湖南日报·新湖南客户端，2021年2月5日）

长沙海关推行“提前申报”中欧班列通关时间缩短超90%

今年2月起，长沙海关在内陆海关中率先开展中欧班列出口货物“提前申报”改革，助力企业降本增效。从目前掌握的数据显示，湖南省中欧班列出口整体通关时间，由1月份的5.22小时压缩至6月份的0.41小时，用时不到原来的十分之一，明显优于全国海关出口平均水平，同时也带动全省出口整体通关时间大幅压缩。

长沙海关综合业务处处长伍祥刚介绍，出口货物“提前申报”通关模式，是指货物在运抵海关监管场所前，企业先期向海关申报报关单电子数据；在货物运抵海关监管场所时，海关监管场所经营人向海关发送运抵报告电子数据，与出口报关单电子数据进行比对，对不需进行查验的货物基本可实现“秒”放。

此前，湖南省内经中欧班列出口货物只有待货物进入海关监管场所后，铁路部门才能提供运抵证明，企业凭证明和其他单证才可申报报关单。今年，长沙海关创新采用“预出口运抵电子数据编号”方式，允许企业提前将报关单申报审核。

该方式实行后，湖南省中欧班列出口货物“提前申报”率从1月份的0.08%提升到6月份的87.85%，为企业带来极大便利。

湖南合寿贸易有限公司副总经理朱华平介绍：公司经常一天内有数十单货物，采用提前申报后，报关单申报和审单流程都可提前完成。等货物运抵监管场所后，除了需要查验的货物，其余都可以很快放行，大幅降低了企业的时间和运输成本。

据长沙海关统计，上半年共监管湖南省发运中欧班列372列，同比增长59%。伍祥刚表示，下一步长沙海关将继续在深入推进全国通关一体化改革基础上，用好提前申报、两步申报、两段准入等措施，为湖南外贸持续稳定增长提供支撑。

（人民网，2021年7月30日）

中非紧握“合抱之手”

国际货币基金组织（IMF）近日更新的《世界经济展望》报告显示，2021年撒哈拉以南非洲经济预计增长3.4%，低于全球6%的经济增速。IMF认为，全球经济复苏“断层”扩大，新冠肺炎疫情不断恶化将对非洲经济复苏造成压力。

“合抱之手”是中非合作论坛的会徽，也是中非友好合作关系的生动写照。在世纪疫情给非洲发展带来严峻挑战的背景下，中非双方更加紧握“合抱之手”，在团结抗击疫情的同时深化经贸合作，推动非洲经济复苏和可持续发展，谱写中非命运共同体新篇章。

携手抗疫更坚定

控制疫情是非洲经济实现复苏的重要前提。去年6月份，中非领导人共同倡议召开中非团结抗疫特别峰会，展现了中非双方患难与共的特殊情谊。中国政府向非洲国家提供多批次紧急抗疫物资和疫苗援助，向非洲15国派遣了抗疫医疗专家组，同38个非洲国家的43家医院开展对口医院合作，培训当地医护人员2万多人次，并提前开工建设非洲疾控中心总部，诠释了中非命运共同体的真谛。

中国在新冠疫苗研发完成并投入使用后，坚持疫苗全球公共产品的第一属性，履行了“率先惠及非洲国家”的承诺。与西方国家大搞“疫苗民族主义”不同，中国从今年年初开始克服疫苗供应紧张困难，陆续向近40个非洲国家交付了数千万剂新冠疫苗。在中方对外援助疫苗的接收国中，有超过三分之一是非洲国家。

今年2月10日，中国政府向非洲国家提供的首批疫苗援助抵达赤道几内亚。一年前，在中国抗疫最吃劲的艰难时刻，这个并不富裕的西非国家捐款200万美元，用于支持“中国兄弟”抗击疫情，令人深受感动。中国的投桃报李让赤道几内亚副总统曼格感慨万千：“患难见真情，面对困难时，只有中国把我们放在心上，向我们伸出援手。两国抗疫合作堪称典范!”

中国疫苗是许多非洲国家收到的第一批疫苗，也是他们此后很长一段时间内所能获得的唯一疫苗，这为非洲医护人员、老年人等高风险人群率先建立了免疫屏障，保护了他们的生命安全。而随着中国疫苗在非洲部分国家和地区的普及，当地经济恢复有了坚实的基础。

“隧道尽头的光芒”——津巴布韦总统姆南加古瓦这样评价中国疫苗。在津巴布韦维多利亚瀑布城，中国疫苗似乎冲破了疫情的阴霾，为这个旅游城市带来经济复苏的光芒。当地超过70%的居民已接种中国国药疫苗，按照当地政府的标准，这里成为津巴布韦第一个实现群体免疫的城镇。目前，维多利亚瀑布城的疫情远轻于其他地区，当地政府正逐步放松防疫管控措施，居民生活秩序开始恢复，接种过疫苗的外国游客也可入境旅游，一览世界三大瀑布之一的维多利亚瀑布。

7月12日，中国国药、科兴疫苗进入“新冠疫苗实施计划”（COVAX）疫苗库。根据协议，两家企业10月底前可供货1.1亿剂疫苗，后续长期供货。在8月5日的新冠疫苗合作国际论坛首次会议上，中方决定向COVAX捐赠1亿美元。这些举措将有效缓解COVAX供应压力，进一步支持非洲等发展中国家的疫情防控。按照计划，科兴公司首批供货将于8月底前运抵北非国家阿尔及利亚。

2020年12月，中国与埃及签署《关于新冠病毒疫苗合作意向书》。中国科兴公司随后与埃及企业签署合作协议，并派技术团队赴埃落实本地化生产合作。签署协议仅半年后，中国疫苗在埃本地化生产项目正式灌装投产，短时间内即实现100万剂产量。埃及总理马德布利透露，目前疫苗日产量已达到30万剂，如果原材料充足，日产量可达60万剂。中国疫苗在非洲实现本地化生产，不仅将更加高效地满足非洲疫苗需求，提升非洲应对疫情的能力，也将助力弥合全球免疫鸿沟。

贸易往来更火热

疫情并没有让中非经贸合作停下脚步，中非贸易往来依然火热。中国海关总署公布的数据显示，今年1月至7月，中非贸易总额达1391亿美元，同比增长40.5%。其中，中国对非洲出口798.4亿美元，同比增长36.4%；中国自非洲进口592.6亿美元，同比增长46.3%。

值得一提的是，非洲有超过350种农产品、食品开展对华贸易，中国已成为非洲第二大农产品进口国。2020年，中国自非洲进口农产品金额同比增长4.6%，连续4年保持正增长。随着中国市场对非洲开放程度不断扩大，非洲农产品正搭乘中国经济的“快车”，带动着当地经济的复苏。

小小辣椒就是中非贸易“火热”的最新见证。东非国家卢旺达气候适宜辣椒种植，一年可产两到三季，成本优势明显。8月4日，中国长沙海关为产自卢旺达的200公斤干辣椒出具了入境货物检验检疫证明，这是中国首次进口非洲干辣椒产品。这批干辣椒已作为试用品赠送给食品加工厂，目前反馈良好。根据合同，卢旺达将在5年内向湖南出口干辣椒5万吨，湖南和全国各地喜爱辣味的老百姓将有机会品尝到这种“猛辣型”的辣椒。卢旺达干辣椒供应商迪厄多内表示：“出口中国将增加产品的销量，改善农民生计，也将增进两国之间的贸易往来。”

卢旺达干辣椒走进中国市场，离不开中非经贸博览会这一重要平台。在2019年首届中非经贸博览会上，湖南企业与卢旺达企业达成采购干辣椒的意向。据悉，第二届中非经贸博览会定于2021年9月26日至28日在湖南长沙举办，主题是“新起点 新机遇 新作为”，预计参会参展嘉宾规模约5000人。

卢旺达驻华大使詹姆斯·基莫尼奥表示，卢旺达与中国建交50年来，双方的友好合作在多个领域结出硕果。首届中非经贸博览会期间，卢旺达与中国企业达成了一系列务实合作意向。作为第二届中非经贸博览会主宾国，卢旺达将以更加积极的姿态参与博览会。

项目惠民更实在

目前，已有46个非洲国家和非盟委员会同中方签署了“一带一路”合作文件。面对疫情困难，中非共建“一带一路”合作不断走深走实，中国在非1,100多个合作项目坚持运行，近10万中国工程和技术人员在非洲坚守岗位，为非洲国家复工复产提供有力支持。有关项目还积极履行社会责任，与非洲民众共同成长、共克时艰。

蒙内铁路连接东非第一大港口蒙巴萨和肯尼亚首都内罗毕，铁路全长约480公里，由中国路桥公司负责建设和运营。截至7月8日，蒙内铁路已经安全运营1,500天，累计发送集装箱130.8万个标准箱，累计运送乘客541.5万人次。疫情期间，蒙内铁路日均开行16列货运列车，常态化开行粮食专列和双层集装箱专列，高效保障了东非地区的物流畅通。7月18日，在肯尼亚传统节日来临之前，蒙内铁路发送旅客10027人次，创造了其单日旅客发送量的最高纪录，显示出民众对蒙内铁路的高度认可和欢迎。

蒙内铁路在安全运营的同时，高度重视员工属地化和能力建设。在2,500多人的铁路运营团队里，有80%为当地员工，不仅为当地创造了稳定就业岗位，更有力提升了员工的技术水平。康西莉亚是蒙内铁路首班列车的驾驶员，也是肯尼亚历史上首批女性火车司机。她曾到中国学习内燃机车结构和工作原理，回到肯尼亚后，她跟随中国师傅杨明在实践中学习驾驶、检修与维护的标准程序，与蒙内铁路共同成长。

通过在当地建立人才培训基地和铁路学院，蒙内铁路中方运营团队培养了50余名肯尼亚机车司机，并资助100名优秀高中毕业生前往中国留学，为未来肯尼亚乃至东非铁路网运营储备高端人才。如今，康西莉亚已晋升为指导司机，负责培训新一批学员。谈到蒙内铁路为她和肯尼亚带来的变化，她坚定地说：“我相信肯尼亚的铁路网以后会像中国铁路网一样越来越好！”

7月6日，由中建集团在阿尔及利亚承建的1万套住房项目提前交付，让万家百姓圆了住房梦。阿尔及利亚总理阿卜杜拉赫曼参观样板楼后，为中国企业优质履约点赞，“住房质量高、品质好，配套设施齐全，社区环境十分优美”。据介绍，中建进入阿尔及利亚市场近40年来，已承建并交付了超过17万套住房，让近90万民众圆梦新家。

中国建设者专注于工匠技艺之上、穿梭于钢筋水泥之间的同时，也在用真心履行社会责任。8月9日起，阿尔及利亚多个地区发生森林火灾。获悉灾情后，中建阿尔及利亚公司当地员工都妮娅立即前往受灾最严重的提济乌祖省，加入抢险救灾的公益组织。来到安置点，她心急如焚地在微信朋友圈发布了现场情况：“灾民需要衣服、食物、水和药品，请尽快联系我！”

中建的中方同事看到这条信息后，立刻与都妮娅联系，了解灾区详细情况，并与公司领导商量援助方案。短短一小时后，一封封捐赠倡议书在公司各个群组中扩散开来。次日，一辆辆装载爱心物资的车队从各个项目营地陆续驶来，堆得库房满满当当。公司在整理物资后，第一时间将它们转运到灾区临时安置点。

“公司的车快到安置点时，我看到志愿者们都站在门口，他们的眼神中透露出希望，连声说着谢谢，我的眼眶湿润了。”都妮娅激动地说：“幸好我遇到了这样的中国公司，以及这群热心善良的领导和同事，否则，我不可能有如此大的力量去帮助我的同胞。”

都妮娅的经历是中国与非洲患难与共、风雨同舟的又一缩影。无论是面对新冠肺炎疫情还是极端气候灾害，中国与非洲始终手牵手、心连心，致力于在合作中挽救生命、重建家园、复苏经济。无论面临什么样的国际形势，无论遭遇什么样的艰难险阻，无论受到什么样的干扰破坏，中非友谊都坚如磐石、稳如泰山。

中国和非洲始终是同呼吸、共命运的好兄弟、好伙伴，是休戚与共的命运共同体。在百年变局和世纪疫情叠加共振的背景下，中国和非洲只要拧成一股绳，劲往一处使，汇聚起27亿中非人民的磅礴力量，就一定能捍卫中非的传统友谊和共同利益，就一定能加快中非的共同发展和民族振兴！

（人民资讯，2021年8月30日）

长沙海关关长、党委书记李全：不断汲取和传承三湘大地的红色基因

今天上午，海关总署门户网站举办“红色传承 红色湘关”在线访谈，长沙海关关长、党委书记李全参与访谈，介绍长沙海关“红色湘关”建设、党史学习教育等情况，并在线回答网友提问。

开启红色湘关建设新征程

李全介绍，长沙海关所在的湖南省，是“伟人故里、将帅之乡、红色圣地”，红色历史资源丰富、红色基因厚重。近年来，长沙海关通过大力推进“红色湘关”建设，不断汲取和传承三湘大地的红色基因，推动党建文化培育和党史学习教育开展。

李全表示，今年是长沙海关开启红色湘关建设新征程的第一年，在海关总署党委的坚强领导下，在全关干部职工的奋力拼搏下，1－5月长沙海关交出了一份不错的成绩单。

服务加快构建新发展格局，促成《海关总署 湖南省人民政府合作备忘录》正式签署，全力支持湖南自由贸易试验区建设，今年1－5月湖南省进出口总值2111.2亿元，同比增长25.9%。长沙海关用好改革关键一招，全面落实海关改革“2020”各项任务，“两步申报”“提前申报”应用率不断提高。5月份，关区进出口整体通关时间分别为44.51小时和0.73小时，较2017年分别压缩75.84%、92.06%。

坚持强化监管优化服务，持续做好常态化疫情防控，采取信息化监管手段有效化解烟花爆竹等危化品安全风险，在打击“水客”走私等方面取得了重大缉私战果，维护国门安全更加有力有效。

突出抓基层打基础，出台加强对隶属海关业务指导工作的意见，全面开展业务制度清理，加快推进各项业务“进系统、留痕迹、可追溯”，夯实基层业务基础，全关业务执法规范性、统一性明显提升。

着力锻造“政治坚定、业务精通、令行禁止、担当奉献”的准军事化纪律部队，深入开展“内务规范强化月”活动、“现场监管与外勤执法权力寻租”专项整治，组织实施文化建设“五个好”活动，

在全关形成了“向上、向善、向前”的浓厚氛围。

从严从实推进党史学习教育

李全表示，自党中央决定今年在全党开展党史学习教育并作出动员部署以来，长沙海关党委高度重视，迅速行动，精心策划实施，从严从实推进。全关上下同题、步调一致，掀起党史学习教育的热潮。从前期的工作来看，主要有三个方面的特点：

一是精心部署，强化领导抓落实。组建党史学习教育领导小组，下设领导小组办公室，成立 3 个工作组和 6 个巡回指导组，负责党史学习教育工作的实施推动。细化党史学习教育工作方案，做到每一项活动都有计划书、时间表、路线图。发挥党委理论学习中心组学习龙头作用，已先后开展“学史明理”“学习增信”“学史崇德”三个专题学习研讨，邀请韶山毛泽东同志纪念馆馆长现场授课。组建党史学习教育宣讲团，统筹开展宣讲活动。在管理网开设“党史学习教育”专栏，编发党史学习教育简报，开展“庆祝建党 100 周年”主题征文活动，多角度宣传我关党史学习教育开展情况。

二是拓展课堂，学习教育走“新”入“心”。全关各级党组织将当地红色教育基地作为党史学习教育的实践地，以实物、实景、实例、实事为载体，让党员从湖南这片红色沃土中汲取养分。发动党员干部广泛开展“我讲家乡党史故事”特色活动，取得了积极效果。同时，对照《湖南省就近就地开展党史学习教育现场教学场地推荐名单》，各级党组织组织党员干部走进夏明翰故居、贺龙故居和纪念馆、陈树湘烈士纪念广场等红色教育基地开展形式多样的主题党日，进行现场教学，接受革命教育。

三是精准聚焦，办实事解难题。深入践行“人民海关为人民”理念，从企业群众的痛点难点堵点入手，从最突出的问题抓起，从最现实的利益出发，用心用情用力解决基层的困难事、企业群众的烦心事，增强人民群众的获得感幸福感安全感。如湖南益阳是我国著名的“楠竹之乡”，驻地的益阳海关主动上门送教，宣讲政策，精准施策，今年出口有望突破 1,000 万美元。再如，在岳阳城陵矶综合保税区率先推行区内非保税包装材料循环利用监管模式试点，企业只需通过国际“单一窗口”卡口登记模块向海关申报，即可实现非保税包装材料“一次备案、多次循环利用”，为企业降低成本的同时，也有效减少了资源浪费。还有一些单位积极助力湘村黑猪恢复供港、支持土家织锦和湘西柑橘走出大山远销欧美、支持首次出口金银花提取物等等，都得到当地政府和企业、群众的称赞。

深入挖掘提炼海关红色资源

李全介绍，在用好湖南本土丰富红色

教育资源的同时，长沙海关还组织力量积极做好海关红色资源挖掘、整理和提炼工作，通过成立专项课题组，组织深入研究红色海关历史，启发对传承红色基因、奋力推进红色湘关建设进行更深层次思考。目前这方面的研究主要集中在两个历史时期：

一是大革命时期的“湖南人民收回海关运动”。在党的领导下，1926 年底，湖南省总工会和长沙工会、岳州工会，以及长沙关分会、岳州关分会相继成立，并成立“湖南人民收回海关委员会”、发动收回运动，成功地驱逐了洋人税务司，接收了税务司关防、文卷、保险柜及留存的税款等。根据这一历史题材，长沙海关近期以橘子洲上的长沙关税务司公馆为背景，拍摄了微视频作品《百年公馆：它所经历的湖南人民收回海关运动》。下一步长沙海关还将继续深入进行挖掘、宣传，把这个红色故事讲好、传播好。

二是土地革命时期的“苏区税关历史”。土地革命时期，湖南在全国最早建立了行使革命政权职能的省级苏维埃政府。在挖掘中也发现在革命政权行使过程中，苏区海关（税关）的作用也时隐时现地体现出来，为当时根据地建设和发展提供了有力支持，也为后来的红军长征发挥了重要作用。

通过史料的挖掘、整理和宣传，长沙海关人对于自身红色基因的渊源、红色使命的传承都有了更深的体会和认识。尤其增强了海关人百年来“与党同行”的使命感和责任感，对于更好地传承红色基因，建设社会主义现代化海关，打造一支“政治坚定、业务精通、令行禁止、担当奉献”的准军事化纪律部队，具有重要意义。

（人民网，2021 年 6 月 17 日）

长沙海关11项行政审批昨起“零见面”办理　最快当天可完成审批

长沙海关发布，自2月1日起，《中华人民共和国海关行政许可管理办法》（海关总署令第246号，以下简称《办法》）正式施行，根据《办法》，长沙海关现有报关企业注册登记等行政审批事项11项，均可通过网上审批平台“零见面”“零跑腿”办理，申请材料齐全、符合法定形式的，最快当天可完成审批。

申请方式进一步拓宽。当事人可通过网上办理平台（http：//pre.chinaport.gov.cn/car）、海关行政许可受理窗口及信函、传真、电子邮件等方式申请海关行政许可。全部海关行政许可事项均可网上“零见面”“零跑腿”全流程办理。

审批服务更优化。海关设置专门行政许可业务窗口，如选择线下办理仅需跑“一个窗口”。海关实行满意度评价制度，听取意见和建议。申请人在海关作出海关行政许可决定之前，可以向海关书面申请撤回。

《办法》增加“商业秘密”保护。为加强对当事人在办理行政许可过程中所提交商业秘密等信息的保护，增加了保护商业秘密等信息的条款。申请人需以书面方式向海关提出保密要求，并且具体列明需要保密的内容。

长沙海关法规处负责人介绍，新《办法》注重便民高效，更维护当事人权益。除法律、行政法规另有规定外，海关实施行政许可时不得收取任何费用。《办法》还完善了法律救济途径，公民、法人或者其他组织的合法权益因海关违法实施行政许可受到损害的，有权依法要求赔偿。

长沙海关行政审批事项目录：

1. 报关企业注册登记
2. 出口监管仓库、保税仓库设立审批
3. 海关监管货物仓储审批
4. 保税物流中心（A型）设立审批
5. 保税物流中心（B型）设立审批
6. 从事进出境检疫处理业务的单位认定
7. 口岸卫生许可证核发
8. 出境动植物及其产品、其他检疫物

的生产、加工、存放单位注册登记

9. 进境（过境）动植物及其产品检疫审批

10. 进口可用作原料的固体废物国内收货人注册登记

11. 出入境特殊物品卫生检疫审批

（湖南日报·新湖南客户端，2021 年 2 月 1 日）

湖南：向内陆地区改革开放高地迈进

近年来，湖南省进一步深化“放管服”改革，助推“五好”园区建设。企业开办平均时间压缩至1.5天以内，“一件事一次办”名片进一步擦亮。湖南改革攻坚，在深水区劈波斩浪。

从株洲中车物流基地出发，“湘粤非”铁海联运可以让货物直接从湖南送抵非洲、亚太、中东、拉美等区域内陆，一票直达；中欧班列（长沙）直通亚欧，怀化国际陆港建设如火如荼……“十三五”时期，湖南省进出口总额年均增长21.7%，2020年总值突破4,000亿元大关。湖南对外开放，正迈步走上新台阶。

全面深化改革激发发展活力

湖南全面深化体制机制改革，近日印发了《深化“放管服”改革助推“五好”园区建设二十条措施》。推进相对集中行政许可权和处罚权改革，涉企政策“直给直兑”。实行一次申报、快速兑现。推行洽谈即服务、签约即供地、开工即配套、竣工即办证“四即”改革，为园区项目提供全链条集成服务，创建“五好”园区。

湖南推进审批下沉，推动“全链条集成式向基层放权赋权”。10月25日，发布《关于调整一批行政权力事项的通知》，调整45项行政权力事项，其中新增11项，取消10项，下放24项。自2019年以来，湖南省根据“一件事一次办”改革需要，已调整省政府工作部门行政权力1,106项，在全省县市推广下放33项市级经济社会管理权限，持续为基层发展和治理赋能。2021年，赋予自由贸易试验区97项省级经济社会管理权限，探索推行极简审批。

为基层赋能，营商环境不断改善，群众获得感不断提升。

2020年以来，宁乡市创新推进基层公共服务“一门式”全覆盖工作，推动政务服务事项下沉到村（社区），老年人优待证、生育服务登记、流动党员证等事项实现就近办理，让服务在群众家门口升级。

放眼湖南全省，“一门式”政务服务模式的构建，串联起一个个基层组织，提供各类保障，补齐服务短板。近年来，湖南省出台一系列加强基层建设的新政策，下发包括《规范乡镇（街道）职责权限实施方案》等制度设计在内的一系列文件，推动村（社区）综合服务站点建设，推进村级便民服务点和网上服务站点全覆盖，实行“一站式服务”“一门式办理”。

湖南以全面深化改革破解发展难题，把发现问题、正视问题、研究问题、解决问题贯穿于改革开放的全部实践。

湖南紧扣供给侧结构性改革这条主线，以改革优化供给结构、改善供给质量，提升供给体系对国内需求的适配性，加快推动质量变革、效率变革、动力变革。全面落实完善产权保护、公平竞争、公正监管、市场准入负面清单等基础制度，深化国资国企、投融资体制、要素市场化配置、“放管服”四大改革行动，实施促进民营企业发展“六个一”行动，加快建设高标准市场体系，让改革红利真正释放、要素活力竞相迸发，扎实稳步推进经济高质量发展。

开放型经济实现跨越发展

今年，中欧班列（长沙）平均每天开行2至3趟，跑出湖南外贸的加速度。自贸专列的繁忙背后，是湖南自由贸易试验区长沙片区企业出口需求的迅猛增长。湖南自由贸易试验区获批一年来，长沙片区累计新设立企业超过5,000家，企业国际物流通道需求强盛。

近年来，湖南主动对接、全面融入国家开放开发战略，开放型经济实现跨越式发展。

5年来，跨境电商、市场采购贸易方式从无到有，外贸综合服务中心覆盖全省主要园区，有实绩的外贸企业增长至6800家。2020年，湖南与东盟等传统贸易伙伴的进出口额同比增长30.9%；与“一带一路”沿线国家、非洲等新兴市场的进出口额分别同比增长19.7%、18.3%。

今年7月，2021湖南—粤港澳大湾区投资贸易洽谈活动举行，作为今年湖南在省外举办的首场规格最高、规模最大的经贸活动，共签约261个项目，项目投资额2,424.3亿元，引进资金2,058.2亿元。

2021湖南（国际）通用航空产业博览会、2021中国民营企业500强峰会等重大活动不断，招商引资实际利用资金规模从2015年的4,500亿元增长到2020年的10,186亿元。截至目前，来湘“世界500强”企业已达180家。

湖南对外投资合作已拓展至世界各地，1,600多家湘企走入104个国家和地区，5年来，累计对外实际投资额71.2亿美元，累计对外承包工程完成营业额133.2亿美元，累计派出各类劳务人员5.8万人。

各类开放平台更趋完备。中国—非洲经贸博览会长期落户湖南；中国（湖南）自由贸易试验区成功获批，中非经贸深度合作先行区启动建设；湖南湘西承接产业转移示范区、4个国家跨境电商综合试验区、18个国家级外贸转型升级基地相继落地……湖南迄今拥有16个国家级园区、

123个省级园区、3个国家一类口岸、13个进境指定监管场地，开放平台数量位居内陆地区前列。

开放政策体系逐步完善

按照“一带一部”和“内陆地区改革开放高地”战略定位，湖南主动适应经济发展新常态，积极响应国家“一带一路”倡议，开放政策体系逐步完善，开放的机制创新亮点频出。

近5年，湖南推动构建“1+2+5+N”开放发展战略体系，实现了开放崛起。同时出台一系列政策，推动对外贸易发展。

2021年10月，出台《支持中国（湖南）自由贸易试验区加快发展的若干财政政策》，全方位支持优秀企业和人才到湖南自由贸易试验区投资创业、共赢发展。

聚焦“为国家试制度、为地方谋发展、为人民增福祉”目标，一批原创性、开创性制度创新纷纷落地。获批一年来，截至10月31日，自由贸易试验区总体方案改革试点任务实施率91.7%，实施方案落实举措实施率88.2%，外资、外贸占全省的比重分别达32.72%、28.18%。

创新推出“进口转关货物内河运费不计入完税价格”，为企业节约成本。简化办事流程，各类人才相关证件办理实现“三窗合一”，办理时间压缩2/3；提高国际贸易“单一窗口”覆盖率，货物通关整体时间压缩1/3……湖南办事效率日益提升。

2019年，中国—非洲经贸博览会长期落户湖南。两年来，完成自由贸易试验区首单易货贸易、打造非洲非资源性产品集散交易加工中心……湖南敢为人先，不断探索中非贸易经贸合作的广度和深度。今年，第二届中非经贸博览会上，中非经贸合作促进创新示范园正式亮相，成为中非进出口产品展示、交易、推广中心和贸易促进中心、服务中心。今年1至9月，湖南对非贸易额282.1亿元，同比增长44.1%。

（《人民日报》，2021年11月28日）

关税政策调整利好多　预计可为湖南进口企业带来近2亿元的税收优惠

长沙海关发布消息称，根据国务院关税税则委员会通知，自2021年1月1日起，我国调整部分商品进口关税，对883项商品（不含关税配额商品）实施低于最惠国税率的进口暂定税率。按2020年湖南进出口值静态测算，预计可为湖南进口企业带来近2亿元的税收优惠。

另外，根据我国与有关国家或地区签订的自贸协定或优惠贸易安排，2021年我国将对16个协定、27个国家或地区实施协定税率。其中，自2021年1月1日起，对我国与新西兰、秘鲁、哥斯达黎加、瑞士、冰岛的双边贸易协定以及亚太贸易协定的协定税率进一步降低。2021年1月1日起正式实施的《中华人民共和国政府和毛里求斯共和国政府自由贸易协定》，是我国与非洲国家签署的第一个自贸协定。蒙古国加入《亚太贸易协定》，于2021年1月1日起相互实施关税减让。

值得一提的是，去年，长沙海关积极加强税政研究，提出的10项税政调整建议被国务院关税税则委员会采纳，这些建议实施后有利于我省相关产业更高质量发展。其中，黑茶增列独立税则号列，彻底解决了困扰我省行业多年的黑茶产品出口问题；还降低手机用玻璃税率、高速轨道交通装备进口组件税率、纯电动机坪客车税率，将有助于这些行业的发展。

2021年还有一批国家进出口优惠政策及产业目录将陆续出台。《鼓励外商投资产业目录（2020版）》自2021年1月27日起执行，其中长沙海关提出的4个湖南专有条目被采纳。《海关总署关于执行重大技术装备进口税收政策有关事项的通知》已于2020年12月24日起执行，长沙海关提出的调整关键零部件、原材料监管年限等3项政策建议被采纳，有利于湖南重大技术装备企业更好地享受政策。

长沙海关提醒，部分行业还存在了解政策不够充分、参与度不高的情况，建议相关行业及企业积极了解减免税政策，用足用好政策。

（湖南日报·新湖南客户端，2021年1月19日）

打造开放高地的海关之为

5年减免41.17亿元，居全国第一。这是“十三五”期间我省重大技术装备企业享受的减免进口环节税额。

从30个工作日，缩减为最快10个工作日。这是外国人来华办理相关证件的“湖南速度”，为高端人才来湘提供便利。

从313分钟，压缩至16分钟。这是今年湖南中欧班列出口整体通关时间的变化。

“长沙海关聚焦‘三高四新’战略，积极落实署省新一轮合作备忘录精神，出台了21项措施，大力推动海关监管制度创新，持续高效推进湖南自由贸易试验区建设，培育湖南外贸发展新优势。同时，大力支持综合保税区等开放平台发展，提升通关效率，不断优化口岸营商环境，精准服务湖南更高水平开放、更高质量发展。”长沙海关关长、党委书记李全说。

这一系列举措，成为长沙海关服务湖南“三高四新”战略的生动注脚，见证打造开放高地的“海关力量”。

为湖南外贸稳增长提供重要支撑

第四届中国国际进口博览会将于11月5日至10日在上海举行，卢旺达辣椒经销商特瓦赫瓦已经摩拳擦掌。

此前，特瓦赫瓦向中国出口的是辣椒酱、辣椒油等加工产品。今年3月，中卢两国政府正式签署干辣椒输华双边协议。8月，首批来自卢旺达的辣椒运抵湖南，让特瓦赫瓦看到了新商机。

“在海关总署指导下，长沙海关会同其他直属关积极协调、推进卢旺达干辣椒准入进程。”长沙海关介绍，预计5年内，卢旺达供应商将向湖南出口干辣椒5万吨。

不仅助力湘非贸易一路走高，长沙海关还采取一系列创新举措，推动湖南外贸稳步增长。

过去，即使是同一集团，保税料件却难以在集团内企业间流转。今年6月，长沙海关推动企业集团加工贸易监管改革试点在我省落地，仅蓝思科技一家企业，预计年内可节省经营成本400万元。

受疫情影响，我省供港澳活猪业务一度断崖式下降。长沙海关通过采取帮扶引进优质龙头企业，开展疫病监测和风险监控，完善启运地监管体系等措施，帮助我省供港澳活猪出口实现恢复性增长。1 至 9 月，长沙海关共检验检疫供港澳活猪 2.8 万余头，较去年同期增长 66.98%。

为支持我省先进制造业发展，长沙海关向海关总署上报混凝土泵车、消防车进口税率等 14 项调整建议。其中，针对大型施工机械制造产业的关键零部件“工程机械用底盘”，长沙海关提出延长其免税执行年限。建议被采纳后，为三一重工、中联重科等工程机械企业减免进口环节税 17.08 亿元。

据统计，“十三五”期间，长沙海关帮我省先进制造业企业享受减免税款 68.27 亿元。其中，重大技术装备企业减免进口环节税 41.17 亿元。

今年前三季度，我省进出口 4,251 亿元，同比增长 28.4%，在去年基础上继续保持快速增长的强劲势头。

据统计，截至 2021 年 9 月底，长沙海关累计注册我省进出口企业 21,657 家，较去年同期增长 3,042 家，为湖南外贸稳增长提供了重要支撑。

湖南自由贸易试验区探索“全国首创”

深秋，岳阳城陵矶码头，一艘艘大型船舶载满货物，穿过雨雾朦胧的江面，拔锚远航。

10 月 31 日，岳阳市永大进出口贸易有限公司在向岳阳海关申报一批进口货物时，凭借“进口转关货物内河运费不计入完税价格”自贸创新措施，少缴纳税款 1.5 万元。

“进口转关货物内河运费不计入完税价格”是全国首创，实现了国内段运输费用的合理拆分。科学合理区分进口转关货物的国际、国内段运费，降低了进口征税基数，减轻了企业负担，仅以城陵矶每年进口粮食、肉类等产品测算，就可为企业降低成本 2,600 万元。

9 月 30 日，“进口转关货物内河运费不计入完税价格”在中国（湖南）自由贸易试验区岳阳片区率先开展。该举措落地 1 个月，就有 4 家企业少纳税款 14.37 万元。

大胆试、大胆闯，在湖南自由贸易试验区这块“试验田”上，长沙海关对长沙、岳阳、郴州三个片区市政府、企业共计 54 项请求海关支持事项逐项研究，结合片区、企业发展过程中调研收集情况，已形成 8 项海关自主创新事项。

10 月 29 日，湖南自由贸易试验区外国人来华工作一站式服务中心，在长沙海关湘府路办公区正式运营。外国高层次人才来湘工作，办理国际旅行健康检查证明书、工作许可证、居留许可证实现“三窗合一”。不再“满城跑”，办理时间也压缩了三分之二，为湖南打造具有核心竞争力的科技创新高地提供人才保障。

湖南自由贸易试验区 119.76 平方公里的土地上，海关新举措促进新业态繁荣发展。

支持市场采购贸易发展，1 至 8 月，我省市场采购贸易出口报关单共计 7,420 票，货值 3.57 亿美元；

聚焦跨境电商产业发展需要，推进“跨境电商 B2B 出口监管试点”政策，全省 37 家适用企业已出口货运量 724.07 吨，合计 6,326.84 万元；

实施综合保税区非保税包装材料循环利用监管模式，三大片区 19 家适用企业提升包装材料循环利用率达 50%，据企业测算，可节约成本 675 万元……

在长沙海关助力下，1 至 9 月，湖南自由贸易试验区进出口总值 1,205.3 亿元，占全省进出口总值近三成。

提速增效，为企业优化营商环境

优化营商环境，为企业进出口提速增效，不但体现在行动上，更落实在制度保障上。

仅为了支持中欧班列发展，畅通铁路物流通道，长沙海关就采取了多项措施。

10 月 27 日，一批自长沙国际铁路港启运的“液压锤”，通过中欧班列，经满洲里铁路口岸出境。这是长沙海关会同满洲里海关首次使用“铁路进出境快速通关”业务模式通关的中欧班列货物。该批货物的顺利通关，标志着“铁路进出境快速通关”业务模式在湖南中欧班列正式开启，口岸验放进入“读秒时代”。

该模式下，进出口货物可在属地海关完成报关、查验、放行等通关手续，铁路口岸进出口货物的通关效率大幅提升，有望实现进出口货物在铁路口岸“秒级”通关。

通过全面推广中欧班列出口货物“提前申报”，全省中欧班列出口整体通关时间已由今年 1 月的 313 分钟压缩至 9 月的 16 分钟。

为推进提升中欧班列开行数量，长沙海关首推“预出口运抵电子数据编号”方式，对班列转关手续做到随到随办，保障班列货物快速通关。1 至 9 月，我省申报监管中欧班列数量 783 列，较去年同期增长 84.7%；货值 139.4 亿元，同比增长 22.7%。

装备制造、自由贸易试验区等定制化特色专列先后开行，跨境电商和市场采购货物等通过中欧班列实现常态化出口。在长沙海关支持下，中欧班列正与湖南特色产业及需求深度融合。

对接粤港澳，湖南企业“南下”更便捷。

长沙海关提出“推进粤港澳大湾区口岸和湖南地区通关监管一体化”，开展跨省通关，促进粤港澳大湾区口岸和湖南地区在运输、通关、检验、监管等方面进行区域通关合作。此举实现湖南城市群与粤港澳大湾区口岸跨关区一体化对接互认，为湘粤港澳走廊通道降本增效，加快湘粤港澳形成互补互助的区域合作分享机制。

拓展“水陆空邮”开放型经济发展平台，湖南率先在中部地区实现国际邮件、国际快件、跨境电商三种业态同场监管。在兼容邮、快、跨三种不同业务类型的机检流水线自动分拣下，日均处理能力显著提升，扩容增量 6 倍，效率提升 3.1 倍。

（《湖南日报》，2021 年 11 月 4 日）

打造“高地”，长沙海关冲在前

打造“三个高地”、践行“四新使命”——去年9月，习近平总书记来湘考察，对湖南提出了这样的殷切期望。

基于地处内陆、“不沿边、不靠海”的区位，打造内陆地区改革开放高地，对于湖南来说既是光荣使命，更是巨大挑战。可喜的是，一年多来，我们一步步向着这个目标坚定前进。而身处开放前沿阵地的长沙海关，以扎实有效的担当作为冲在前列。

推进商品准入进程，帮扶引进优质龙头企业，为湖南外贸稳增长提供重要支撑；支持市场采购贸易发展，推进“跨境电商B2B出口监管试点”政策，在湖南自由贸易试验区探索“全国首创”；主动服务、随叫随到，全面推广中欧班列出口货物“提前申报”，开展跨省通关，倾心为企业优化营商环境……从追求新时速，到开辟新路径，再到探索新机制，长沙海关开新局的每一步，都离不开“大胆试、大胆闯”的改革创新。

勤耕有秋，行必有果。数据显示，2021年前三季度，湖南省进出口总值4,251亿元，同比增长28.4%。外观，数据亮眼；内察，底气更足。东盟继续保持湖南省第一大贸易伙伴地位，湖南对美贸易增幅较大，对澳大利亚、欧盟（27国，不含英国）贸易额均保持两位数增长。与此同时，湖南出口机电产品和劳动密集型产品均有所增长，装备制造等优势产业高质量“走出去”。我省外贸质量变革、动力变革、效率变革，实现了贸易结构更加优化、贸易效益显著提升、贸易实力进一步增强。所有成绩的背后，长沙海关功不可没。

如果说海关统计的数据过于抽象，那么对于每一位湖南人来说，则明显感受到长沙乃至整个湖南崭新的开放气象。今年以来，在做好疫情防控的前提下，湖南国际性展会接踵而至，湖南的“朋友圈”越来越大，“国际范”越来越足。湖南沿着习近平总书记指引的前进方向，顺势而为打造内陆地区改革开放高地，有力支撑着产业链、供应链顺畅运转，满足了人们的新需求，提升了人民的获得感、幸福感。

不拒众流，方为江海。新征程上，继

续以改革为“帆”、以开放作“桨”，大胆探索、锐意开拓，我们就能冲破高质量发展之路上的一切险滩激流，开辟出更宽广更耀眼的新天地，抵达现代化新湖南的光辉彼岸。

（湖南日报·新湖南客户端，2021 年 11 月 4 日）